나는 최대집

나는 최대집

최대집
지음

지우출판

시간이 없는 대한민국을 바꿀
거대한 변화가 시작되다

신뢰가 가져 온 기적

박상훈(가명) 씨. 50대 초반의 환자로
나를 의사로서 신뢰했고 나 역시 깊은 신뢰를 보냈던 분이다. 맨 처
음 나를 찾았을 때 고열에 기침, 가래, 경미한 호흡 곤란과 경도의
흉통을 호소했다. 흉부 엑스레이 사진을 찍었을 때 전형적인 좌폐
를 넓게 차지하는 대엽성 폐렴의 소견을 보여 입원 치료를 받게 되
었다. 입원 직후 다시 흉부 사진을 찍었을 때 사진 상 큰 변화는 없
었다. 그런데 뭔가 이상했다. 사진을 자세히 들여다보니 흉부 대엽
성 폐렴 소견과 환자의 증상이 잘 맞지 않았다. 꺼림칙한 느낌이 들
어 입원 이틀째 폐 CT 사진을 의뢰했다. 결과는 환자 증상과 엑스레
이 소견으로는 전혀 예측하지 못했던 폐암 3기 소견이 발견되었다.
물론 대엽성 폐렴도 함께 있었다. 폐렴 증상으로 병원을 방문했다가
우연히 폐암을 발견하게 된 경우인데 흉부 CT 상 폐암 3기 소견이
나와 상황이 좋지 않았다.

나는 박상훈 씨에게 이 사실을 있는 그대로 말하고 인근 대학병원에 연락하여 다음 날 전원하여 입원 치료를 받을 수 있도록 했다. 그로부터 약 3주 후 진료 중 박상훈 씨가 외래 진료 대기자 목록에 떴다. 나는 그 환자가 맞는지 확인했다. 그가 맞았다. 그는 진료실에 들어서자마자 내게 허리를 깊게 숙여 인사를 했다.

"선생님 때문에 제가 살았습니다. 정말 고맙습니다. 왼쪽 폐를 모두 잘라냈어요. 계속 치료받아야 한다고 하는데 수술 결과는 좋다고합니다. 폐렴도 좋아졌고요."

나는 3주 만에 일단은 건강한 모습으로 내 앞에 모습을 나타낸 박상훈 씨를 보고 무척 기쁜 마음이 들었다. 어지간해서는 감정 표현을잘 하지 않는 내가 나도 모르게 그만 그의 두 손을 잡으며 말했다.

"수술이 잘 되었다니 정말 잘 되었습니다, 박 선생님. 하지만 치료는 이제부터 시작이라 생각하고 앞으로 5년간은 지금 다니는 병원담당 교수님의 치료 방침을 잘 따라 주십시오. 5년이 지나고 재발이안 되어야 암은 완치된 것으로 봅니다."

이 일을 계기로 박상훈 씨는 가족 모두와 형제들을 내게 보냈다.자신의 사소한 건강 문제도 늘 나와 상의했다. 나도 정성껏 대했다.처음 폐암 3기 판정 이후 5년을 훌쩍 넘긴 어느 날, 기침과 가래를주 증상으로 그가 다시 나를 찾아왔다. 대화를 하며 보니 그의 좌측뺨에 있던 제법 큰 점 위에 반창고를 붙인 것을 보고 물었다.

"박 선생님, 왼쪽 얼굴에 무슨 상처가 생겼습니까? 어디 한번 볼까요. 상처면 드레싱까지 받고 가시지요."

"어디서 다친 것 같지는 않은데 점 있는 데가 좀 패였네요. 상처가 생긴 것 같아 약을 바르고 붙여 두었습니다."

거즈를 떼자 좌측 안면부 큰 점 위에 작은 궤양이 생겨 있었다. 나는 보자마자 악성 흑색종惡性黑色腫(malignant melanoma)을 생각했다. 점이 평소보다 커져 있는 것 같았고 경계선도 불규칙했다. 거기에 궤양까지. 악성 흑색종도 피부 깊게 침투해 4기에 발견되면 생존할 가능성은 극히 낮다. 나는 아무래도 피부암 가능성이 크다는 점을 설명하고 다음 날 인근 대학병원 피부과 외래에 진료 받을 수 있도록 했다. 환자는 감사의 말을 건넸다. 일주일 만에 그가 다시 나를 찾아왔다. 결과는 악성 흑색종 초기. 외래에서 절제까지 완료했고 치료 종결이었다. 박상훈 씨는 "이번에도 원장님 덕분에 목숨을 건졌다"며 감사의 말을 전했다. 나는 우리가 서로 믿고 나의 말을 잘 따라 준 덕분에 좋은 결과를 가져온 것이라고 덕담을 건네며 함께 기뻐했다.

국민과 함께 골든타임을 잡다

대한민국은 오늘날 매우 심각한 위기를 맞고 있다. 우리가 처한 국가적 위기의 정도를 암이란 질병에 비유해 표현한다면 악성 종양 3기, 아니 이미 회생 불가능한 악성 종양 4기에 이르렀는지도 모른다. 암은 조기 진단이 중요하고 완치 가능성을 최대로 높이기 위한 진단과 치료의 골든타임이 있는 것이다.

나는 진행된 악성 종양처럼 우리 사회 곳곳에 불어닥친 대위기를 극복하고자 극기의 각오로 세상에 나섰다. 국가적 대위기 상황을 정면으로 부딪쳐 극복하기 위해서는 무엇보다 국가 지도자 그룹과 국민들 간의 신뢰가 중요하다. 그 신뢰를 바탕으로 위기 상황을 정면으로 응시해야 위기의 실체를 정확히 진단할 수 있다. 정확한 진단 속에 가장 적실한 치료책이 나올 수 있는 것이다.

현재 대한민국 위기는 정밀하게 진단하고 근본적으로 치료할 수 있는, 주어진 시간이 그리 많지 않다. 그렇지만 좌절하고 있을 수만은 없다. 우리에게 주어진 시간을 있는 힘껏 활용해야 한다. 국민들에게 비전과 실력을 보여 주고 국민을 믿고 또 국민에게 신뢰를 받으며, 국민과 함께 돌파하는 일 외에 달리 방법은 없다.

이 책 『나는 최대집』은 벼랑 끝에 놓인 대한민국과 국민을 잇기 위한 해법서다. 국민과 함께 위기를 이겨 내기 위한 각오와 용기로 출정식 이후에 구상하고 썼다.

2021년 10월

최대집 崔大集

차례

나는 최대집

자유와 번영을 누리는 데에는 절대 공짜가 있을 수 없다. 누군가의 안전
과 평화를 위해서는 보이지 않는 곳에서 자기 헌신과 희생을 수행하는
수많은 무명용사들이 반드시 존재하고 있음을 이 책을 읽는 이들은 꼭
기억해 주길 바란다.

I am Dae-Zip Choi

이상한 평화와 맥아더 장군 동상 사수 대작전

"저기, 저기 한 무리가 몰려옵니다. 몇백 명은 훨씬 넘는 것 같습니다!"

큰 몸집에다 무술로 단련된 20대 후반의 단원이 내게 다급하게 다가오며 소리쳤다. 당시 나는 자유개척청년단 대표로서 나라를 안보 위협으로부터 지켜 내고 자유민주주의 정신과 제도를 지키는 일에 여념이 없었다. 물론 그런 것들이 숭고한 뜻을 모아 만든 애국청년단체 '자유개척청년단'이 목표하는 바였다.

우리가 단체 승합차로 인천 자유공원의 맥아더 장군 동상이 있는 곳으로 향하는 좁은 진입로를 막고 진을 친 지 한두 시간도 지나지 않아 30~40미터 앞까지 일단의 무리들이 몰려들었다. 그들은 집회 아닌 집회 신고를 한 민주노총, 한총련, 전교조와 각종 친북단체들이었다. 6·25 남침전쟁에서 북한이 승리하지 못하도록 방해하여 남북통일이 되지 않은 것은 맥아더 장군 때문이며, 민족의 원수인 맥아더 동상을 철거해야 한다는 것이 그들의 주장이었다. 현장으로 몰려든 이들은 5,000명가량이었다.

도무지 이해할 수 없었다. 어떻게 이런 생각을 하는 사람들이 대한민국 국민들이며, 이 나라에 버젓이 살고 있단 말인가.

2005년 9월 11일, 당시 노무현 정권은 이런 국가 반역에 해당하는 만행을 저지르는 단체의 집회 신고를 받아 주었다. 보호 장비와 시위 진압 장비로 무장한 수천 명의 전경들도 인천 자유공원 곳곳에 배치되었다. 그날 맥아더 장군 동상을 지켜 내기 위해 모여든 자유개척청년단의 청년·중장년 단원들은 나를 포함해 고작 20명에 불과했다. 몰려든 5,000명과는 숫자로 비교가 되지 않지만 오래전부터 의기투합하여 수백 명의 민노총 사람들과 몸으로 부딪쳐 몰아낸 적이 있는 단원들로서 사생결단의 전투 의지로 저들과의 정면 대결을 각오해 왔다.

정작 이를 막아야 할 경찰은 행사가 합법적 집회라며 인천 자유공원으로 올라가는 무리들을 오히려 도와주고 있었다. 우리로서는 이중고를 치를 수밖에 없었다. 맥아더 장군 동상을 파괴하려는 무리들과도 싸워야 했고, 저들을 저지하려는 우리를 방해하는 경찰들과도 맞서야만 했다.

맥아더 장군 동상을 지켜보겠다며 전국에서 모여든 우리 측 인원은 대략 1,500명으로 이들은 60대에서 80대의 노년층과 장년 여성들이 대부분이었다. 젊은 청년들과 중장년 남성들로 구성된 저들과 정면으로 부딪칠 수 없는 상황이었던 것이다.

"승합차를 사수하고 있는 2명만 제외하고 단원 전체는 돌격하여 저 앞에서 저들을 저지합시다. 일단 무기는 들지 않고 육탄으로. 저들이 폭력을 행사하면 그때는 가차없이 방어 차원에서 응징토록 하십시오."

나를 둘러싸고 있던 단원들에게 단호한 지시를 내림과 동시에 단원들과 함께 나는 깃발과 죽창을 들고 각종 갈고리와 쇠파이프를 든 수백 명의 무리에게로 돌진해 들어갔다.

"여기가 감히 어디라고 기어 들어와. 당장 꺼지지 못해? 이 선을 넘는 놈들은 죄다 죽을 줄 알아!"

거칠고 우렁찬 단원 한 명의 포효가 들려왔다. 동시에 그들 앞에서 북한 인공기와 미리 출력해 간 김정일 사진을 찢어 던지며 우리는 무서운 기세로 상대를 윽박질렀다. 그러자 더 이상 전진하지 못하고 서로 대치하는 상황이 되었다. 예상한 대로 숫자는 우리가 완전히 열세였으나 모두 죽을 각오로 눈에서는 살기를 뿜어냈다. 그들은 우리에게 쉽게 덤벼들지 못했다. 한두 명이 진입 시도를 하려다가 몇 명의 단원들에게 바로잡혀 밀려났다. 양측의 고성과 거친 말싸움과 몸싸움이 뒤엉키면서 현장은 순식간에 전쟁터를 방불케 했다.

이대로 10분 정도만 더 긴장 상태가 지속된다면 유혈 폭력 사태가 날 것 같았다. 경찰이 막아야 할 이 상황을 경찰이 철저히 외면했다. 오히려 저들을 보호하기 위해 우리가 승합차로 막아둔 좁은 진입로 저편에서 우리에게 다가오려고 승합차를 치우는 작업을 하고 있었다. 우리는 어느 누구의 도움도 받을 수 없었다. 오직 우리 자신들의 힘으로 누가 죽든 여기서 한판 전쟁을 제대로 벌일 각오와 투지를 불태웠다.

우리가 맥아더 장군 동상을 무너뜨리려는 수백 명의 무리들과 한참을 고성에다 몸싸움하며 격전을 치르고 있는 중에 삼거리 주위에서 일단의 전경들이 우리들의 양 옆과 뒤편을 에워쌌다. 시위 진압 장비로 무장한 전경들이 방패를 세워가며 우리들과 저쪽 무리들을 분리하려 가운데로 파고들어 왔다. 우리는 일단 전경들이 저들을 막는 것이 좋겠다는 판단 하에 후방으로 10여 미터 이동했다. 경찰 측에서 긴급히 전경들을 대거 투입한 것은 유혈사태가 날 것을 예상하여 이를 방지하기 위한 것이었을 것이다.

우선은 전경들이 방어선이 될 것으로 생각하고 인천 자유공원으로 들어가는 좁은 진입로를 미리 차단해 놓은 우리 승합차 주변을 다음 방어선으로 하여 승합차 주변과 위로 단원들의 대오를 정비했다. 나는 승합차 위로 장기정 부대표와 함께 올라갔다. 주변을 단원들로 에워싼 뒤 한총련·민노총 등의 무리들이 들이닥칠 때 승합차를 중심으로 이들을 저지할 계획이었다. 그러나 놀랍게도 경찰은 전경들로 하여금 저 반역 난동세력들을 보호하며 자유공원 진입로 행진을 가능케 했다. 그들은 곧바로 우리 승합차 주변까지 다가왔다. 그들이 자유공원에 진입할 수 있도록 우리 승합차를 들어내 버린 것도 전경들이었다. 대한민국 경찰이 반역적 행동을 하고 있는 사람들을 보호하고 그들을 막아내기 위한 애국 시민들을 오히려 방해하고 탄압하는 기가 막힌 현장이었다.

상부의 지시를 받았는지 전경 30~40명이 일시에 승합차로 달려들었다. 승합차를 들어내서 주변 골목으로 옮기려 했다. 당연히 우리는 차량 지붕으로 올라오려는 전경들을 막아냈다.

"맥아더 장군 동상 사수하여 자유대한민국 지켜내자!"

차량의 지붕 위에 우뚝 서 있던 나는 주변에 모여 있는 수많은 애국 시민들을 향해 크게 구호를 외쳤다. 그러자 많은 사람들이 함께 구호를 외치며 호응했다. 어르신들은 전경과 경찰들을 향해 "어떻게 맥아더 장군 동상을 지키려는 청년들의 차량을 들어내려 하느냐"며 격렬하게 항의했다.

승합차를 들어내기 위한 수십 명의 전경들과 이를 막기 위한 우리 단원들의 몸싸움이 고성 속에 뒤엉키는 가운데 차량 꼭대기에 있던 나는 휘청거렸다. 누군가가 내 다리를 잡아챈 것이다. 순간 내 몸이 허공에 붕 뜨더니 서 있던 자세로 180도 회전하여 땅바닥에 머리부터 내리꽂히고 말았다. 정신이 흐릿해졌다. 그러면서도 전경 중의 한 명이 방패를 내밀어 충격을 완화되게 한 것이 느껴졌다.

순식간에 벌어진 광경에 주변 곳곳에서는 탄식과 비명 소리가 터져 나왔다. 얼마쯤 시간이 지났을까. 단원들의 부축을 받으며 나는 몸을 일으킬 수 있었다. 어지러워 몸을 제대로 가누기 어려웠지만 현장을 몇 사람들에게 맡기고 아수라장의 장소를 일단 벗어났다. 조금 내려가니 누군가 승용차를 급하게 준비한 듯했다.

차에 실려 도착한 곳은 인근 인천 길병원 응급실이었다. 의식이 명료치 않았다. 응급실에서는 두부에 열상 등은 없지만 두피 타박상으로 많이 부어 있는 것을 보고 응급으로 두부 CT를 촬영했다. 어지럼과 구역 증상을 보였기 때문이다. 응급실에는 발목을 다친 우리 청년단원이 함께 실려와 검사를 받고 있었다. 응급실 침상에 누워 수액을 맞으며 기본적인 혈액 검사를 받았다. 두부 엑스레이와 CT 검사가 나오는 동안 얼마의 시간이 흘렀는지 모르지만 차츰 의식이 돌아오는 것을 느꼈다. 함께 온 동료의 상태를 살필 만큼. 발목에 부목 고정을 하는 게 좋을 것 같다는 귀띔을 했다.

응급의학전문의와 신경외과 의사가 달려왔다. 그들은 판독된 영상 사진을 확인하고 내 침상으로 찾아왔다. 다행히 두개골 골절은 없었다. 두부 외상 후 나타날 수 있는 경막 외 출혈 등 두개 내 출혈 소견도 없었다. 물론 드물게 두개골의 골절 없이도 며칠이 지나 두개 내 출혈이 발생하기도 하지만 이는 상당히 드문 일이라 했다. 두피의 타박상·뇌진탕 정도 이외에 우려할 만한 소견은 없었다.

어지럼이 조금 남아 있었지만 의사들에게 감사의 말을 전한 후 나는 곧바로 전투복을 정리해 입었다. 인천 자유공원 진입로 현장에 갈 생각이었다. 함께 온 단원들과 나를 걱정해 병원까지 동행한 여러 사람들이 안정을 취하라며 붙잡았다. 그렇지만 나는 현장에 있는 단원들은 말할 것도 없고 동상 철거 난동세력들을 생각하면 화가 나서 그대로 있을 수 없었다. 나는 서둘러 다시 현장으로 복귀했다. 빼앗긴 차량 근처에 있는 경찰들에게 다가가 강한 항의를 하고 단원들과 다음 행동을 준비하기 시작했다.

2005년 9월 11일, 아침부터 저녁까지 하루 종일 계속 되었던 저들의 동상 철거 난동과 경찰들의 인천 자유공원 진입으로 확보 이후 맥아더 장군 동상 주위에는 민노총, 한총련 등 수천 명의 시위대가 죽창에 쇠파이프, 죽봉과 동아줄을 들고 맥아더 장군 동상을 무너뜨리겠다며 달려들었다. 방패와 곤봉을 든 전경들이 이를 막는 가운데

연달아 최루탄이 터졌다. 양측의 부상자가 속출했다. 인천 자유공원은 그야말로 무법천지, 전쟁터가 되어 버렸다.

생각해 보면 병역 의무를 수행하고 있는 젊은 전경들이 무슨 죄가 있겠는가. 전경들 입장에서야 철거 난동 무리들의 진입로를 확보하라는 명령이 떨어지면 그렇게 할 수밖에 없다. 또 동상 주위에서 저들이 죽창에 쇠파이프를 휘두르면 그것을 맞아가며 또 맞설 수밖에 없고. 문제는 이런 모순적 상황을 유발시킨 당시 노무현 정권과 경찰 수뇌부에 있었다. 노무현 정권에서 대한민국 정통성을 부정하면서 반국가적 정책을 강행한 것은 한두 건이 아니다. 더구나 맥아더 장군 동상 철거 책동을 합법적 집회로 인정해 주고 허용한 것 역시 노무현 정권의 반국가적 만행 중 대표적인 것이라 할 수 있을 것이다.

공원 현장에 미리 나가 있던 단원들의 보고를 받고 보니 공원으로의 진입은 이미 막혀 있는 상태였다. 여러 가지 경로를 거쳐 인천 자유공원 현장으로 진입하려는 추가적인 시위대를 막는 일을 하기로 했다. 골목골목 몇 명씩, 수십 명씩 각종 반미 친북단체에서 나온 시위대들이 공원으로 진입하기 위해 애를 썼다. 우리는 그들을 저지하는 한편, 그날 사태가 종료되는 저녁까지 특히 그들에게 항의하는 어르신들에게 청년·중장년의 시위대가 욕설을 퍼부으며 폭력을 행사하는 것을 저지했다. 폭력으로 저항하는 자들은 철저하게 응징했다.

자유대한민국은 헌법과 법률이 엄연히 있는 나라다. 의견 대립을 넘어 어르신들에게 폭력을 행사하는 것은 용납할 수 없었다. 당시 현장에는 맥아더 장군 동상 철거 난동을 부리는 5,000여 명이 넘는 시위대와 동상을 지키려는 1,500여 명이 넘는 시민들, 그리고 동네

주민들이 복잡한 진입로와 골목을 가득 메웠다. 경찰력이 폭력 행위 전부를 제어할 수 있는 상황이 아니었다. 겨우 차량과 바이크 등의 통행을 통제하고 안전 확보를 위해 교통경찰 몇 명만 눈에 띄었다. 수십 명씩 떼 지어 다니는 시위대를 나 홀로 통제하겠다고 나섰다가는 경찰의 안전도 위험에 빠질 수 있었다.

우리는 시민들을 폭행하는 자들에게 멈출 것을 경고했다. 이에 저항하고 주먹을 휘두르며 달려드는 무뢰배들은 물리적으로 응징했다. 그날 그런 행위를 저지르다가 우리 단원들에게 발각되어 싸움을 걸어와 혼이 나서 도망간 자들만 족히 수십 명이 넘었다. 교통경찰들도 자신들이 해야 할 치안 유지 업무를 우리가 나서서 큰 위험을 감수하며 하고 있자 그냥 모른 척했다. 그들 역시 대한민국을 사랑하는 국민들로 반국가적 폭력배 무리들을 응징하는 우리들의 행동에 마음속으로 박수를 보냈을 것이다.

그날의 전쟁 같았던 하루는 끝이 났다. 20여 명의 우리 단원들 중 절반 이상이 몸에 크고 작은 부상을 입었다. 체력 소모가 커서 탈진할 지경이 된 단원들도 있었다. 나는 이들의 애국심과 헌신적 애국 투쟁에 자유개척청년단 대표로서 감사한 마음이 들었다. 크게 치하하지 않을 수 없었다.

"여러분, 오늘 우리는 정말 우리의 목숨을 바쳐서 맥아더 장군 동상을 지키는 투쟁을 하였습니다. 한 사람, 한 사람 모두 노고가 컸습니다. 여러분들의 애국심이야말로 감동입니다. 역사가 여러분들의 빛나는 애국투쟁을 평가할 것입니다. 누구보다도 제가 먼저 오늘

의 이 역사를 기록할 것이고, 후손들에게 우리들의 이야기를 전할
것입니다."

내 말에 부상당한 단원들과 온몸이 땀에 젖어 거친 숨을 몰아쉬며
지친 몸을 벽에 기대고 있는 단원들 모두가 일어나서 세상이 떠나갈
듯한 박수와 환호성을 울렸다.

"대한민국 만세! 자유민주주의 만세! 맥아더 장군 만세! 한미 동
맹 만세!"

"자유개척청년단 만세!"

이날의 사건은 주요 방송사와 언론이 대서특필했다. 물론 맥아더
장군 동상을 둘러싼 좌우 진영의 극한적 대결이라는 기조로 보도하
는 언론이 많았는데 이는 잘못된 논조다. 맥아더 장군 동상 철거 책
동을 벌인 수천 명의 시위대는 반국가적 범죄 행위를 벌인 것이다.
이를 막기 위한 시민들은 자유대한민국 수호투쟁을 한 것이었다. 아
무튼 언론의 논조가 무엇이었든 간에 이 사건은 불과 두 달 전 똑같
은 장소에서 벌어졌던 2005년 7월 17일의 맥아더 장군 동상 철거 난
동에 이어 우리 사회에 큰 충격을 주었다. 국민 대다수 여론은 맥아
더 장군 동상 철거 시위대를 적극적으로 비판하는 입장이었다. 이들
의 행동을 합법적 집회로 허용한 노무현 정부 비판도 들끓었다. 야
당 또한 정부와 이들에 대한 비판에 나섰다. 보수계열 신문들에서는
수많은 기사와 논평으로 이들을 비판했다.

결과적으로 맥아더 장군 동상 철거 책동은 그들의 의도와 달리 노
무현 정권에 큰 타격을 입혔다. 친북반미세력들의 입지를 위축시키

는 결과를 낳았다. 사건 이후 맥아더 장군 동상 철거 난동을 대규모로 벌이는 일은 사라졌다. 그런 대규모 철거 난동은 이후 벌어진 바가 없다.

맥아더 동상 철거 책동을 우리가 선도적으로 저지하고 이를 전 국민적으로 이슈화한 것은 그저 우연한 일이 아니다. 2003년, 나는 이들이 인천의 한 작은 단체에서 시작하여 서서히 조직화된 운동으로 변화하고 있는 것을 포착했다. 당시 4명의 사람들과 함께 인천 자유공원을 방문했었다. 그때는 불과 10여 명의 노인들이 동상 주변에서 밧줄과 갈고리를 들고 일종의 동상 철거 퍼포먼스를 했다. 동상 주변에는 전경 20~30명이 에워싸고 평온하게 보초를 서고 있는 정도였다. 나는 밧줄을 들고 있는 무리들에게 다가가 "당신들은 지금 무엇을 하고 있는가" 하고 물으며 강하게 항의했다. "다시 한 번 더 이런 일을 벌인다면 경찰에게 현행범으로 당신들을 체포하라고 요구할 것이다. 경찰들이 하지 않는다면 우리가 찾아와 당신들을 국가보안법 위반 현행범으로 체포할 것"을 경고했다. 그들은 골수 친북주의자들로 보였다. 대한민국에 적개심을 품고 있는. 그들은 나와 동행한 사람들에게 거친 욕설을 퍼부었다. 수구 친미세력들이라는 등 자신들만의 용어들로 자신들이 정당 행위를 하고 있는 듯이 주장했다.

이들의 활동을 이후로도 계속 추적했다. 그러다 2005년 7월 17일 이들이 상당한 규모의 맥아더 장군 동상 철거 난동을 합법적 집회로 가장하여 벌인다는 정보를 입수했다. 우리는 이 문제를 크게 전국적으로 이슈화하여 당시 노무현 정권의 친북반미 행태를 국민들에게 적극 알리고자 했다. 이런 망국적 행동들이 전국 곳곳에서 벌어지고 있는 것을 국민들에게 알리기 위해 우리는 조직적인 계획을 세웠다. 당일 이들을 저지하는 활동을 벌이기로 했던 것이다.

2005년 7월 17일에도 양측 수백 명의 인파와 전경들이 좁은 인천 자유공원에 모였다. 그야말로 북새통이었다. 고성을 지르고 몸싸움을 하는 중에도 전경들은 양측을 분리하기 위해 몇 겹의 차단벽을 치는 등 오후 내내 격렬한 양측의 공방전이 계속되었다. 이런 내용은 역시 당일 방송사와 언론들의 주요 뉴스였다. 자유개척청년단 단원들이 맥아더 장군 동상 철거 무리들을 행동으로 저지하는 장면들이 공중파 방송들의 메인 뉴스 첫 화면을 장식했다. 우리의 의도는 정확히 맞아떨어졌다. 함께 모여 저녁 식사를 하며 환호성을 질렀다. 우리가 의도한 그대로 그날 이후 맥아더 장군 동상 철거운동은 대규모로 벌어져 국민들의 부정적 여론이 서서히 번져가기 시작했다.

2005년 7월 17일에 우리들에게 호되게 당한 동상 철거세력들은 오기가 생겼는지 아니면 어디에서 지시를 받았는지 몰라도 두 달 뒤인 2005년 9월 11일 최대 규모의 맥아더 장군 동상 철거 책동에 나서게 된다. 내 입장에서는 이들은 우리가 쳐 놓은 덫에 걸린 셈이었다. 그날 이들의 무분별한 행동은 이미 전술했듯 그들에게는 엄청난 패착이 되어 버렸다.

맥아더 장군 동상 철거 책동은 결국 친북반미 반국가세력들과 노무현 정권을 향한 국민적 비판 여론을 크게 높여 그들에게 큰 타격을 입힌 자해적 사태로 귀결되었다. 그렇지만 그 난동을 저지하고 전 국민적 비판 여론을 고취시키기 위해 활동했던 자유개척청년단 단원들은 큰 고초를 겪었다.

이미 전술한 바 있듯 시위 당일 나는 승합차 위에서 떨어져 두부에 외상을 입었다. 차의 높이와 신장을 포함해 180도 회전하며 땅바닥으로 곤두박질치던 상황을 생각하면 아찔할 뿐이다. 만약 어느 전경의 방패가 몸에 부딪히며 충격을 완충하지 않았더라면 나의 두개골은 크게 골절되어 경막 외 출혈 등 두개 내 출혈을 일으켰을 것이다. 사망하였거나 중대한 후유 장애가 남았을지도 모른다. 그렇지만 후유 장애 없이 완치 되었다. 별반 크게 다치지 않은 것을 그냥 또 하나의 운명으로 생각한다.

대한민국을 지키기 위한 애국운동을 본격적으로 행함에 있어 나는 활동 초기에 형에게 수결手決을 찍은 유서를 맡겨 놓았다. 그 전에도 목숨을 잃을 뻔한 위험한 상황이 두어 번 있어 나는 젊은 나이임에도 불구하고 사후에 몇 가지 처리해야 할 일들을 형에게 미리 맡겨 놓았다.

하지만 역사는 아이러니하다. 맥아더 장군 동상을 사생결단으로 지켜냈던 자유개척청년단 단원 세 사람은 부당하게도 되레 집회 시위 법률 위반과 특수공무집행방해 혐의로 검찰 수사를 받았다. 기소되어 재판까지 받아야 했다. 아무런 대가 없이 나라를 위해 모든 것을 바쳐 행동한 결과가 범죄자 취급도 모자라 기소되어 재판을 받았다. 실제로 1심 재판에서 벌금형을 선고받았다. 어쩌다 이 지경까지 왔는지 국가와 사회의 위기를 새삼 절감하지 않을 수 없었다.

2005년 9월 28일, 인천 중부경찰서에서 자유개척청년단 집행부

세 사람은 소환 조사를 받았다. 검찰은 기소를 했다. 선고 공판 전 검찰은 이들에게 집시법 위반과 특수공무집행방해 등의 죄로 1~2년의 실형을 구형했다. 이듬해 2006년 6월 14일, 1심 재판 인천지방법원 담당 재판부에서는 장기정에게 벌금 200만 원, 조대원·안상식에게 벌금 150만 원씩을 선고했다. 우리로선 재판 결과를 절대로 인정할 수 없었다. 설상가상으로 자유대한민국을 지키려다 억울하게 범죄자 취급당하고 재판받고 있는 우리들의 법률투쟁을 돕겠다고 나선 사람조차 없었다. 활동 자금이 부족하여 1심 재판의 변호사도 선임하지 못했다. 더 이상 재판해 봐야 노무현 정권에서 변할 가능성은 없다고 생각했다.

나라를 지킨 대가로 세 명의 단원들은 이렇게 전과자가 되었다.
그렇지만 훗날 역사는 이를 다르게 평가할 것을 확신한다.

나라를 사랑하는 수많은 시민들이 피 흘린 투쟁 덕분이었을까. 맥아더 장군 동상 철거 책동이 국민적 비판 여론으로 들끓었다. 그러자 이 중대 사태를 무시와 외면으로 일관했던 각종 단체들과 야당의 모 대표는 그제야 인천 자유공원을 찾아 참배를 하고 철거 난동세력들을 비판하는 등 정치적 인기나 쫓아다니는 한심한 행태를 보였다. 사태를 진지하게 생각하고 당시 철거 책동세력들과 이들을 비호한 노무현 정권과 강한 투쟁을 생각하는 사람들이라면 최소한 우리들에게 인사나 위로의 말 한마디라도 했어야 했다. 변호사 선임 등 실질적인 지원은 애초에 기대하지도 않았지만.

이들과 달리 미국 대사관에서는 자유개척청년단의 활동과 2005년 9월 11일 머리에 부상당한 내 소식을 어떻게 알았는지 대사관 직원이 직접 전화를 했다. 당시 주한 미국 대사가 공석이라 마크 민튼 대리대사가 그 직을 수행하고 있었는데 내가 입원해 있던 병원으로 병문안을 오고 싶다는 의사를 전달했다. 검사 상 특별한 이상이 없던 나는 집에서 휴식하면 된다고 말했다. 이후 집으로 마크 민튼 대리대사 명의로 감사장과 쾌유를 바라는 꽃바구니가 배달되었다.

맥아더 장군의 역사는 미국의 역사지만 우리 역사의 일부분이기도 하다. 대한민국에서 맥아더 장군 동상 철거 난동 같은 일이 결코 일어나선 안 된다. 이런 일이 발생했을 때 당연히 정부와 국민들이 나서서 단호하게 단죄해야 하는 것이 맞지 않겠는가.

맥아더 장군 동상 철거 저지투쟁을 하다 부상을 입고 전과자가 된 우리들이 굳이 감사와 위로를 받아야 한다면 (그것을 우리는 원하지도 않았다.) 먼저 보수 야당으로부터 받아야 하지 않겠는가. 국민들의 투표로 선출되고 막강한 권한을 부여받아 세비를 받는 그들이 나서서 해야 할 일을 미국 대사관이 나서서 하고 있으니 한심스러운 일이다. 물론 나는 미국 대사관에 감사한 마음을 갖고 있다.

한편으로 남들이 우리의 정치세력들을 어떻게 볼까 하는 생각에 이르자 이들을 우리의 정치적 대표라고 내세우기에 부끄럽다는 생각을 떨쳐낼 수가 없었다.

6·25 남침이 통일전쟁?

"6·25 남침이 통일전쟁이냐, 강정구를 즉각 구속하라!"

"국민 300만 명이 사망한 6·25 남침전쟁을 북한에 의한 통일전쟁이라고 강정구 교수는 주장하고 있습니다. 그렇다면 6·25 남침 당시 우리나라를 지키다 산화한 국군과 북한군에 의해 학살당한 수백만 명의 국민들은 대체 무엇입니까? 강정구 교수의 주장은 학자로서 학문의 영역에서조차 할 수 있는 주장이 아닙니다. 일방적으로 북한 편을 들고 찬양하고 있는 이 사람은 즉각 북한으로 보내 버려야 합니다. 대한민국을 사랑하는 우리는 강정구 교수를 절대로 용서할 수 없습니다."

2005년 8월 22일, 나는 강정구 동국대 사회학과 교수를 검찰에 고발했다. 동료 4명과 함께 2005년 9월 2일 강정구 교수가 서울경찰청 옥인동 대공 분실에 출두하는 그날, 초입에 서서 피켓을 들고 열변을 토했다. 이미 사회적으로 큰 파장을 일으킨 문제라 많은 기자들이 열띤 취재를 하고 있었다. 벌써 9월에 들어섰지만 햇볕이 강해 무더운 날씨였다. 나는 동료들과 함께 "강정구를 즉시 구속하라!"는 구호를 격렬하게 외치는 한편, 강정구 교수의 잘못을 기자들을 향해 강하게 주장했다. 마이크도 없이 육성으로 속사포처럼 격한 언어들을 쏟아낸 터라 온몸은 순식간에 땀에 흠뻑 젖었다.

2005년 7월 27일, 강정구 교수는 모 인터넷 매체에 '맥아더는 38선 분단 집행의 집달리였다'라는 칼럼을 기고했다. 해당 기고문에는 바로 그 문제의 발언들이 나와 있었다. 그는 해당 칼럼에서 '6·25 전쟁은 통일전쟁이면서 동시에 내전이었다. 북한의 지도부가 시도한 통일전쟁이었다. 이 통일 내전에 미국이 개입하지 않았다면 전쟁은 한 달 이내 끝났을 테고, 물론 우리가 실재 겪었던 그런 살상과 파괴라는 비극은 없었을 것이다'라고 했던 것이다.

'6·25 남침은 북한 지도부가 시도한 통일전쟁이었다. 거기에 미국이 개입하지 않았다면 전쟁은 한 달 이내 끝났을 것이다. 따라서 살상과 파괴라는 비극은 없었을 것'이라는 주장은 곧 '6·25 남침전쟁에서 북한이 승리하여 공산주의 체제로 통일되었어야 한다'는 주장이다. 미군이 개입해 6·25 남침전쟁이 좌절된 것이 잘못된 일이라는 것을 강정구 교수는 주장하고 있었던 것이다. 이는 명백히 국가 반역적 발언이 아닐 수 없다. 강정구 교수가 지닌 사회적 지위와 역할을 생각할 때 그냥 넘길 수 있는 수준의 발언이 아니었다. 이는 반국가 단체이자 우리의 주적인 북한 체제의 활동을 찬양하고 그들 편에 있는 사람의 발언이었다.

이에 우리는 강정구 교수의 주장은 명백히 국가보안법 7조 1항의 고무찬양죄에 해당된다 판단하고 법률가 등과 협력하여 한 달여 동안 거리에서 국민들의 공동 고발인 서명을 받아 고발장을 작성했다. 1,000여 명의 공동 고발인이 모였고 대표 고발인으로 내가 나섰다.

강정구 교수는 2001년 북한의 평양을 방문했을 때 김일성의 유적지로 알려져 있는 만경대를 방문하여 방명록에 '만경대 정신 이어받아 통일 위업 이룩하자'는 글을 적어 당시 큰 파문을 일으켜 구속된 전력이 있었다. 그의 '6·25 남침은 통일전쟁'이라는 칼럼 내용은 여러 언론에 보도되면서 사회적으로 큰 파문을 일으켰다. 자유개척청년단이 그를 국가보안법 위반으로 검찰에 고발하면서 더욱 큰 논란을 일으켰다.

2005년 9월 21일, 나는 서울 옥인동 대공 분실에서 고발인 자격으로 조사를 받았다. 이때 나는 "강정구 교수 발언은 북한을 찬양하는 발언이다. 그간 여러 편의 논문, 칼럼, 강연, 과거 행적들을 볼 때 자신의 주장이 우리 국가의 존립과 안전, 그리고 자유민주적 기본 질서에 큰 위협이 된다는 사정을 잘 알면서도 이런 주장을 반복하고 있다"는 점을 지적했다. 또한 강정구 교수의 발언들은 그가 지닌 동국대 사회학과 교수라는 신분을 생각할 때 우리 사회에 실체적 위협이 될 수 있다는 점도 강조했다. 이는 국가보안법 상 반국가단체인 북한을 고무 찬양한 죄로 처벌하기 위해서는 반드시 갖추어야 할 필수적인 요소였다.

나는 강정구 교수를 검찰에서 반드시 처벌하도록 동국대를 여러 차례 방문했다. 고발 이후 국민적 비판 여론을 계속해서 불러일으키기 위해서였다. 그의 자택 주변에서 규탄 집회를 가졌다. 서울지검 앞에서, 서울지법 앞에서 그의 구속 촉구와 엄중 처벌 기자회견을 지속적으로 열었던 것이다.

법무부 장관 최초의 지휘권
행사 속에 숨겨진 진실

2005년 10월 13일, 또다시 어처구니 없는 일이 터졌다. '민주화를 위한 전국교수협의회' 홈페이지에 '김일성은 위대한 근대적 지도자이다'라는 제목의 칼럼이 실린 것이다. 동국대 영문과 교수 장시기란 사람의 글이었다. 강정구 교수 파문이 사회적으로 계속 문제를 일으키고 있는 와중에 또 동국대 교수가 김일성을 위대한 지도자라고 칭한 칼럼을 게재하다니. 어떻게 이런 일들이 연달아 발생할 수 있는지 이해할 수 없었다. 물론 당시 노무현 정권에서는 친북적 언행을 일삼는 인사들이 마치 제 세상 만난 듯 무모한 행동을 하는 경우가 꽤 많았다. 정권 차원에서 이런 행동들을 비호하는 태도를 취하니 보니 무분별한 언행을 일삼는 일이 계속 이어졌다. 나는 자유개척청년단 대표로서 장시기 교수 역시 국가보안법 위반 혐의로 2005년 10월 17일 검찰에 고발했다. 그리고 장시기 교수를 고발한 그날, 동국대를 방문하여 동국대 총장에게 강정구·장시기 교수의 행태에 항의 서한을 전달했다. 동국대 총장 대신

총장 비서실장이 나와 이를 접수했다. 총장 비서실장에게 강정구 교수를 즉각 파면하라는 국민적 요구 사항을 전달하며 그 이행을 강하게 주장했다. 총장실 방문 직후 강정구 교수 사무실을 찾았으나 만날 수 없어서 그의 사무실 문에 '교수직 즉각 사퇴 촉구' 서한을 붙여두고 동국대를 나왔다.

검찰 조사가 진행되면서 검찰에서는 강정구 교수를 국가보안법 위반 혐의로 구속·기소하고자 했다. 하지만 헌정 사상 초유의 일이 벌어졌다. 당시 천정배 법무부 장관이 지휘권 행사를 하면서 강정구 교수는 불구속이 되었다. 당시 검찰총장이던 김종빈 총장은 이에 항의하여 검찰총장직을 사퇴했다. 검찰총장이 사퇴까지 단행한 것은 대한민국 건국 이래 그간의 관행을 깨고 구체적 형사 사건에 법무부 장관이 지휘권을 발동한 것도 이유였지만 그뿐만이 아니었다. 나중에 그의 증언에 의하면 노무현 대통령이 직접 '국가보안법을 적용하지 말거나 완화해서 적용하자'는 의사를 전달했기 때문이었다. 실정법을 엄격하게 준수하고 적용해야 했던 검찰의 수장으로서 대통령의 요구를 받아들일 수 없던 그로선 선택의 여지가 없었던 것이다.

강정구 교수 파문은 이렇게 국가보안법 적용을 둘러싸고 노무현 대통령, 천정배 법무부 장관, 김종빈 검찰총장 간의 갈등으로까지 비화하면서 점점 더 큰 사회적 논란을 일으켰다. 나는 노무현 대통령과 천정배 법무부 장관의 구체적 형사 사건에 대한 간섭과 지휘권 발동에 대해 노무현 대통령과 천정배 장관을 직권 남용 등의 혐의로 검찰에 고발했다.

강정구 교수의 구속은 노무현 정권 방해로 이루어지지 못했다. 그러나 검찰 수사가 진행되면서 그의 교수직을 박탈해야 한다는 사회적 요구가 여기저기서 제기되었다. 2006년 2월 8일, 마침내 그의 교수 직위 해제 여부를 결정하는 동국대 이사회가 열렸다. 나는 동료들과 함께 동국대를 방문해 긴급 기자회견을 개최하여 강정구 교수의 즉각적인 직위 해제를 주장했다. 북한에 동조하는 이적 행위를 하고 있는 교수가 학생들에게 계속 강의를 하고 있다는 것은 있을 수 없는 일이었다. 동국대 이사회는 결국 강정구 교수에 대한 직위 해제를 의결하기에 이르렀다. 그에 대한 합리적 조치들이 대학과 검찰, 법원에서 차근차근 진행되어 갈 것을 예감할 수 있는 합당한 조치였다.

강정구 교수는 즉각 반발했다. 동국대에서 천막 강의를 하겠다는 방침을 정하고 실제로 2006년 3월 8일 천막 강의를 시작할 움직임을 보였다. 동료들과 함께 나는 당일 다시 동국대를 방문했다. 그의 천막 강의 저지 긴급 기자회견을 개최하고 다시 한번 동국대 총장실에 이를 불허하라는 항의 서한을 전달했다. 과정에서 동국대 교수를 지지하는 일부 학생들이 본관 주위로 몰려오는 바람에 잠시 언쟁이 있었다. 아직 세상물정을 잘 모르는 대학생들이 6·25 남침전쟁이 통일전쟁이라고 주장하는 교수를 지지하는 것을 보면서 마음이 몹시 무거웠다. 우리의 교육에 뿌리 깊게 중대한 문제들이 산재해 있다는 것을 새삼 느낄 수 있었다.

검찰은 강정구 동국대 교수를 국가보안법 위반 혐의로 기소했고, 2006년 5월 26일 법원은 1심 재판에서 국가보안법 위반으로 징역 2년, 집행유예 3년, 자격 정지 2년을 선고했다. 재판부는 '강정구 교수가 자극적인 방법으로 국가의 존립과 안전을 해칠 수 있는 선동적인 표현을 한 데 대해 엄격한 법적 판단이 필요하다'면서 이와 같은 실형을 선고했다.

강정구 교수에 대한 형사 고발에서부터 1심 재판 결과까지 약 10개월이 걸렸다. 그동안 나는 동료들과 함께 동국대를 여러 번 방문하고 각종 기자회견과 집회를 하며 끝없이 그에 대한 엄중한 처벌을 요구했다. 우리들은 재판 결과를 환영했다. 국가의 정통성을 부정하고 북한의 남침을 미화하고 한미 동맹은 물론 안보상 주한 미군의 중대한 역할을 부정하는 주장들이 우리 사회에 설 곳이 없다는 것을 보여 준 판결이었다. 강정구 교수 측에서 항소를 하여 항소심이 진행되었다. 항소심 재판부는 2007년 11월 13일 선고 공판에서 1심과 같은 형을 선고했다. 항소심 재판부의 법적 판단은 단호하고 준엄했다.

강정구 교수의 국가보안법 위반 행위에 대해 '강 교수의 「한국전쟁과 민족통일」이라는 논문은 6·25전쟁을 김일성에게 전적인 책임을 지울 수 없고 오히려 미국에 그 책임이 있다고 주장한 것으로 이적 동조에 해당한다'고 했다. '북한이 아니라 주한 미군이 한반도 전쟁 위기를 불러오는 주범이라고 주장한 「주한 미군이 우리 안보를 지켜 준다고」하는 기고문과 미국이 우리나라의 주적이라고 주장한 기고문 등은 모두 이적 동조에 해당한다'고 판시했다.
강정구 교수 측의 학문의 자유 영역에 해당된다는 주장에 대해서는 '학문 연구 결과를 일반 대중에게 대외적으로 발표하는 것은 헌법이 절대적으로 보장하는 학문 연구 자유의 범위를 벗어나는 것이다'라고 했고 '피고인은 2001년 구속돼 보석으로 풀려난 이후에도 계속적으로 같은 행위를 해 오고 그 내용도 선동적·공격적으로서 죄질이 매우 중하며, 또 일반 대중에까지 가치관 혼란을 가져와 남남갈등을 일으켰음에도 전혀 반성하고 있지 않아 엄중한 처벌이 요구된다'고 판결을 내렸다.

강정구 교수의 국가보안법 위반 혐의 형사 소송에서 제기된 각종 논란들을 엄격하게 정리한 무척 훌륭한 판결문이었다고 생각한다. 지금도 북한 체제를 찬양하고 대한민국의 정통성을 부정하며 미군을 점령군이라 주장하고 주한 미군 철수를 주장하는 많은 반국가세력들이 있다. 이들은 강정구 교수에게 내려진 재판부의 판결을 분명하게 확인해야 할 것이다. 또 최근 2021년 8월 미군 철수 이후 벌어진 아프가니스탄 카불 함락사태를 보면서 무분별한 반미운동의 동조가 얼마나 위험한 것인지를 우리 국민들은 다시 한번 생각해 보아야 할 것이다.

강정구 교수 측은 대법원에 상고했다. 2010년 12월 9일, 대법원에서는 마침내 강정구 교수의 국가보안법 위반에 징역 2년, 집행유예 3년 및 자격 정지 2년을 선고한 원심을 확정판결 했다.

대법원에서는 판결문에 '피고인이 제작·반포한 「한국전쟁과 민족통일」이라는 제목의 논문은 6·25 전쟁에 대한 북한과 소련 및 중국의 책임은 의도적으로 축소하거나 언급하지 않고 남한과 미국의 책임만 부각하여 6·25 전쟁을 조국통일해방전쟁이라고 주장하면서 반국가단체로서 북한 활동을 찬양·선전했다'고 판시했다. 또 '이 사건의 논문이 비록 학문적인 연구물의 외형을 지니고 있고 피고인이 북한 문제와 통일 문제를 연구하는 학자이자 교수라는 점을 감안해도 그 내용이 현재 우리 사회에서 보편적으로 받아들여지는 객관적·역사적 진실에 반하는 극단적 경향성과 편파성을 띠고 있고 이를 전파하려는 데 그 목적이 있다'고 했다. '피고인은 논문 내용이 이적성을 담고 있음을 인식하여 논문으로써 반국가단체 등의 활동을 찬양·선전 또는 이에 동조할 목적으로 논문을 제작했다'고 판단함으로써 최종적으로 강정구 교수의 실형을 확정하고 모든 논란에 쐐기를 박으며 종지부를 찍었다.

2005년 8월, 강정구 교수를 시민 1,000여 명과 함께 검찰에 국가보안법 위한 혐의로 고발한 이후 2010년 12월 대법원 확정판결을 받기까지 5년 넘는 기간이 흘렀다. 그동안 나는 계속해서 강정구 교수 활동을 추적하며 엄중하게 단죄할 것을 주장했다. 그가 대학 강단에 서서는 안 되는 이유를 현장에서 강력히 주장하며 행동으로 관철시키고자 했던 것이다. 국가와 사회를 치명적 위험에 빠뜨리게 하는 안보 문제에 있어서는 그 어떤 것과도 타협해서는 안 된다. 5년이 넘는 기간 동안 지속적인 투쟁으로 이를 실천했다. 이후에도 일관된 투쟁을 해왔다. 앞으로도 마찬가지다. 대한민국과 국민의 안보를 위험에 빠뜨리는 세력과는 단호하고 결연한 투쟁으로 철저히 격멸할 것이다.

가스총을 차고 석유통을 옆에 둔 채
밤을 지새운 여의도의 나날들

"저기 누가 오는 게 아닙니까?"

만난 지 몇 번 안 된 박관태 동지가 손가락으로 서울 여의도 국회 정문 쪽을 가리키며 내게 말을 걸었다.

"몇 사람이 오는 것 같긴 한데 발걸음도 느리고 인원도 적습니다."

나는 먼발치에서 걸어오는 사람들을 유심히 바라보며 말했다. 한두 사람은 조금 비틀거리는 것으로 보아 술에 취한 것 같기도 했다.

"아직 새벽 3시, 방심하지 맙시다. 우리 둘이 주위를 철저히 경계하시지요."

나는 허리춤에 찬 가스총을 언제든 발사할 수 있게 다시금 점검한 다음 앉아 있던 의자 앞의 큰 석유통을 오른손으로 한 번 들었다 놨다. 석유를 가득 채운 터라 묵직했다.

2004년 11월에서 2005년 2월까지 약 4개월간 우리는 여전히 국가보안법 폐지를 강행하려고 기회를 엿보고 있던 노무현 정권과 열린우리당에 대항하여 여의도 국회 정문을 향한 거리 좌측에 텐트와 컨테이너를 설치하고 매일 20~30명이 돌아가며 철야 농성을 전개하고 있었다. 여의도의 겨울은 매섭게 추웠다. 자정을 지나 새벽으로 넘어갈 시간에는 칼바람이 불어 더욱 차갑게 느껴졌다. 2004년 한겨울 밤으로 기억되는 그날 역시 나는 하루 진료를 마치고 국가보안법 폐지 반대 철야 농성장에 와 있었다.

긴장감이 돌았다. 우리에게 우호적인 생각을 은근히 내비치던 정보관 한 사람의 귀띔 때문이었다. 그날 자정이 넘으면 반대편 도로에서 국가보안법 폐지를 주장하며 철야투쟁을 하고 있던 수백 명의 민노총과 친북반미단체 사람들 중 일부가 우리의 농성장을 습격하러 온다는 정보였다. 우리는 이 소식을 가볍게 흘려들을 수 없었다. 여의도 정문을 중심으로 우측 도로변에는 수백 명의 친북반미단체 사람들이 몇 개월째 진을 친 채 국보법 폐지를 주장하며 수십 동의 텐트를 설치하고 야간에도 족히 수백 명이 넘는 사람들이 잠을 자고 있었다. 국가보안법 폐지 반대를 주장하는 우리들은 기껏해야 30명 정도로 매일 철야 농성장을 지켰다. 텐트 한 동과 컨테이너 한 개가 전부였다.

나는 저들이 우리 측을 야간에 기습하여 물리적 폭력까지 행사할 수 있다는 말에 격분하지 않을 수 없었다.

"만약 오늘밤에 우리 텐트를 습격하는 놈들이 있다면 그놈들은 각오해야 할 것입니다. 만약 수십 명, 수백 명의 습격자들이 온다고 해도 절대로 이 농성장에 들어오진 못하게 할 겁니다. 모두 밤을 새우며 저 놈들이 정말 오는지, 오지 않는지 잘 감시합시다."

나는 동지들에게 말을 하며 가스총을 꺼내어 오른손으로 집어 들었다. 함께 있던 몇몇 사람들은 크게 당황하는 눈치였다. 소식을 전해 주었던 정보관은 잠깐 현장에 있다가 이내 자리를 뜬 것 같았다. 나는 의자에 자리를 잡고 새벽 동이 틀 때까지 경계를 서기로 했다. 그 소식을 전화로 전해 들은 몇 명이 집에서 잠을 자다 말고 현장으로 달려왔다. 우리는 만약 저들이 폭력까지 행사하며 우리 텐트를 공격해 온다면 절대로 물러서지 않겠다는 의지를 다졌다.

내가 현장에 도착한 시각은 밤 9시쯤. 하루 종일 진료 업무로 이미 피로가 몰려오는 상황임에도 이튿날 아침 7시까지 경계심을 갖고 밤을 지새웠다. 그전에도 이후에도 철야 농성장을 계속 찾았지만 단 한숨도 눈을 붙이지 못하고 밤을 꼬박 새운 것은 그때가 처음이었다.

우리 진영을 습격할 거라는 정보가 잘못된 것인지, 아니면 우리의 강경한 대응 계획에 습격을 포기했는지 아침까지 아무도 나타나지 않았다. 다행스럽게 습격 사건은 일어나지 않았다. 그렇지만 여의도 국회대로 한복판에서 그것도 주변에 수많은 경찰들이 있는 데도 자신들과 생각이 다른 진영의 사람들을 물리적인 방법으로 습격할 계획을 세웠다는 데에 아연실색하지 않을 수 없었다. 그렇게 소수의 시민들은 2004년 겨울에서 2005년 2월로 이어지는 겨울을 여의도 한쪽 도로에서 국가보안법 폐지 반대를 주장하며 온갖 고초를 무릅

쓰고 철야 농성을 이어 갔다.

2004년 하반기부터 2005년 상반기까지 1년 남짓 기간, 우리 사회는 당시 노무현 정권과 여당인 열린우리당이 주도했던 소위 '4대 악법' 정국으로 몸살을 앓았다. 선거법 위반으로 국회 탄핵 이후 헌재 판결로 대통령직을 다시 수행하게 된 노무현 대통령은 국회 탄핵에 대한 국민 다수의 반대 여론을 몰아 총선에서 승리해 다수당이 되었다.

열린우리당은 국가보안법 폐지, 과거사법, 언론관계법, 사학법 등 이른바 4대 악법 정국으로 몰아갔다. 북한과 국내 활동 간첩, 반국가 세력들로부터 나라를 보호하는 국가보안법을 폐지하겠다는 망국적 입법 강행을 노무현 정권과 열린우리당은 자행했다. 우리 현대사를 대한민국 정통성 부정 사관과 좌익 사관으로 다시 써서 국가 정통성을 완전히 뒤집어 놓겠다는 과거사법 역시 밀어붙였다. 보수 언론들을 탄압·통제하고 친정권 언론들은 정부가 나서서 지원·장려하겠다는 언론 통제법안 역시 자신들의 핵심 입법 과제로 내세웠다. 사학 재단들을 정권 통제 하에 두려는 사학법 개정안 역시 이들의 주요한 입법 목표였다.

그런데 어찌된 일인지 정부 여당과 국회 내에서 투쟁해야 할 제1야당이었던 한나라당은 유독 사학법에만 강경한 입장이었다. 국가보안법 폐지 저지 투쟁, 과거사법, 언론관계법 저지 투쟁에는 소극적이었다. 특히 국가보안법 폐지 문제는 대한민국 명운이 걸려 있는 문제임에도 불구하고 당의 사활을 걸고 반드시 막아내겠다는 의지조차 찾아 볼 수 없었다.

그러나 해를 넘기면서 결국 정부 여당은 국가보안법 폐지안 강행을 포기할 수밖에 없었다. 2004년 하반기에서 2005년 상반기까지 국가보안법 폐지안을 강행하려던 노무현 정권과 여당인 열린우리당의 공세를 막고 국보법 폐지안을 막아낸 것은 결국 대한민국을 지키기 위해 거리로 나선 국민들의 공이었다. 국회 내에서 야당의 역할은 전혀 없었다고 나는 분명하게 말할 수 있다. 당시 나는 거의 모든 국보법 사수를 위한 대규모 집회에 참여단체로 동료들과 참가했다. 자유개척청년단 자체적으로 수행한 국가보안법 폐지 반대 집회, 시위, 기자회견을 비롯한 각종 행사만 해도 수십 차례로 횟수를 일일이 셀 수 없을 정도다.

　상이군경회, 재향군인회 등 보훈단체들도 적극적인 반대 의사를 표명하고 대규모 집회를 국회가 있는 여의도에서 개최했다. 특히 상이군경회가 주최한 대규모 집회에서는 수십 명의 부상자까지 나왔다. 나라를 지키기 위해 중증 장애를 안고 살고 있던 상이군경들 입장에서는 국가보안법 폐지를 절대로 수용할 수 없었던 것이다. 그들은 목숨을 걸고 지켜내겠다는 의지가 충만했다. 당시 주요 언론들의 의도적인 외면으로 거의 보도되지 않았지만 집회 현장에서 수십 명의 상이용사들이 할복하거나 흉부를 칼로 깊게 베어 피로써 국가보안법 폐지 반대 의사를 표명했다. 현장은 상이용사들의 선혈이 낭자했다. 수십 대의 구급차가 왔다. 애국적 의거를 단행한 상이용사들은 긴급히 병원 응급실로 후송되었다.

　결국 국가보안법은 목숨을 바쳐 지켜냈다. 나라를 지키려는 국민들이 피의 희생으로 지켜내는 것을 본 현장 증인이자 국가보안법 사수 투쟁의 한 투사로서 나는 국민들에게 분명히 해 두고 싶은 말이 있다.

자유개척청년단은 2005년 4월, 공식적인 창단식 전부터 2004년에도 활발한 활동을 전개했다. 광화문 거리를 중심으로 10여 명의 단원들이 국가보안법 폐지 집중투쟁 기간으로 몇 주간을 지정하고 날마다 거리에서 홍보 전단 배포와 집회 등을 개최하여 국민들에게 국가보안법이 왜 필요한지를 적극적으로 홍보했다. 국민들 사이에서 점점 국가보안법 폐지안에 대한 깊은 우려의 소리가 높아갔다. 당시 국회 상황의 위험성을 직감한 수많은 국민들이 크고 작은 집회에 모습을 나타냈던 것이다.

그 정점은 2004년 10월 4일, 서울시청 앞 광장에서 열린 국가보안법 사수를 위한 국민대회였다. 당시 약 10만 명의 국민들이 서울시청을 가득 메우고 국가보안법 폐지 반대, 국가보안법 사수를 외쳤고 국가보안법 폐지를 강행하는 노무현 정권과 열린우리당을 강력하게 규탄했다. 이 집회에는 엄청난 인파가 몰릴 것으로 예상되었고 또 실제 10만 명 이상의 국민들이 집결함으로써 노무현 정권과 열린우리당에 충격을 주었다. 당시 노무현 정권 청와대는 서울시청 광장에서 열리는 국보법 사수 국민대회에 촉각을 곤두세우고 있었다. 청와대에서 직접 집회 상황을 관리했다. 집회 이후 청와대 방향으로의 행진을 대비해 전국에서 수만 명의 전경들이 광화문 일대와 청와대 인근에 집결해 있었다.

국보법 사수 집회가 종결될 무렵 청와대 방면으로 행진을 시작하지 않았는데도 대규모 경찰들이 집회 해산을 위해 살수차를 투입하여 물대포를 쏘았다. 방패와 곤봉으로 무장한 시위 진압 전경들은 최전방에 선 우리 측 시위대를 향해 돌진해 왔다. 몇 시간 동안 집중해 물대포를 쏘고 전경들의 곤봉 세례가 이어져도 우리 측 집회 참가자들은 이에 굴하지 않고 저항했다. 양측에 큰 부상자가 발생할 충돌은 없었으므로 어느 정도 시간이 지난 후 집회는 종료되었다.

이 집회에 자유개척청년단 단원 대부분이 참가했다. 거리 행진을 위한 최전방에 포진하고 있었다. 그중 총무국장을 맡고 있던 박관태 동지가 최전선에서 경찰 측의 살수차와 곤봉 등에 맞서다 결국 집회 시위에 관한 법률 위반 혐의로 검찰 수사를 받고 기소되었다. 이 사건은 또 하나의 정치적 탄압 사건이 되어 2004년 이후 무려 10년간이나 재판이 계속되어 2014년에 이르러 대법원에서 실형이 확정되었다. 징역 1년 6개월, 집행유예 2년의 실형이 확정된 것이다. 국가보안법을 폐지하겠다는 노무현 정권과 열린우리당의 기도 자체가 국가의 존립과 안전, 자유민주적 기본 질서를 극도로 위협하는 것인데 이를 막기 위한 행동이 어떻게 사법적 단죄 대상이 될 수 있는지 도저히 용납할 수 없다.

자유개척청년단 집행부 대부분은 나라를 지키는 애국운동을 수행하다가 전과자가 되었다. 박관태 동지는 10년간의 재판을 거치면서 여러 가지 직업적 불이익을 당하는 등 개인적으로 막대한 피해를 입었다. 그럼에도 2014년 대법원에서 나온 최종심은 실형이었다. 공로를 인정받아야 할 행동이 범법 행위가 되었는데도 이후 정권에서는 누구도 사면이나 복권 등 명예와 피해 회복 조치를 주장하거나 취하지 않았다. 아직까지도 자신의 안위를 초개와 같이 뒤로 하고 나라를 지키기 위해 헌신한 국민들에 대해 정치인, 정부 등 누구도 관심을 두지 않고 있는 실정이다. 정권만 차지하고 나면 자기들끼리 자리 나눠먹기를 위한 논공행상에 급급한 것이 애국운동의 현실이라는 점을 지적하지 않을 수 없다. 나는 이런 잘못된 현실을 향후 반드시 바로잡아 놓을 것이다.

앞에서도 몇 번이나 말했듯이 2004년 하반기, 2005년 상반기 자유개척청년단이 가장 주력했던 투쟁은 국가보안법 폐지 반대투쟁이었다. 우리는 거의 모든 대규모 반대 집회에 적극 참여했다. 자체적으로도 수없이 많은 크고 작은 행사를 진행했다. 2005년 2월 20일, 수십 개 단체들이 모여 여의도에서 개최한 국가보안법 사수 국민대회는 기억에 지문처럼 새겨진 집회다.

2월 말 여의도의 겨울은 무척 추웠다. 칼바람이 하루 종일 불어 체감 온도는 영하 20도에 가까웠다. 자유개척청년단원 수십 명 전부는 단복인 전투복을 입고 집회에 참가했다. 집회 시작 전부터 10여 개에 이르는 대형 단기와 태극기를 깃대에 달아 높게 세우고 흔들며 집회의 분위기를 고조시켰다. 함께 모여 한목소리로 국가보안법 사수 구호를 힘차게 외쳤다. 집회 중간 중간 인공기 소각과 국보법 폐지 선전 홍보물 격파 등 각종 퍼포먼스로 집회 참가자들이 함께할 수 있게 했다. 추위에도 아랑곳하지 않고 집회 현장을 찾은 많은 시민들과 함께하며 나라 사랑 의지를 다질 수 있었다. 집회 말미에는 미리 준비한 트럭 몇 대에 분승하여 국가보안법 폐지 시도를 계속하고 있던 열린우리당 당사로 진격하는 퍼포먼스도 했다.

2005년 2월에는 전년도인 2004년 10월 4일의 서울시청 앞 10만 집회, 상이군경회 등 전역군인단체들의 강한 항의 집회와 중단 없이 계속 되었던 여의도와 광화문 일대에서의 수많은 시민과 애국단체들의 국보법 폐지 반대 행사 등으로 노무현 정권과 열린우리당의 국가보안법 폐지 책동은 거의 좌절 단계로 접어들었다. 2005년 2월 20일의 여의도 대규모 집회는 그들의 폐지 기도를 완전히 분쇄시키는 결정타를 날려야 한다는 점에 있어서도 대단히 중요한 의미가 있는 시위였다. 여의도의 영하 20도를 넘나드는 체감 온도에도 불구하고 수만 명의 시민들이 자발적으로 참여한 그날의 집회는 매우 성공적으로 종료되었다.

우리는 아침 일찍 집회의 사전 준비에서부터 행사를 주도적으로 이끌었다. 종료 후에는 극도의 추위를 견디며 집회 성공을 위해 뒷정리까지 최선의 노력을 다했다. 그날 나는 10시간 이상을 영하 20도의 현장에 있었다. 단원들 역시 마찬가지였다. 옷을 단단히 껴입었어도 온몸 전체가 성한 곳이 없었다. 발은 얼어붙어 감각이 없을 지경이었고 가죽 장갑을 낀 손도 강추위에 얼어 극심한 통증이 느껴졌다. 단원들이 번갈아가며 중간 중간 차량으로 들어가 잠깐씩 히터에 몸을 녹였지만 그것도 아주 짧은 시간뿐이어서 동상까지는 아니어도 거의 모두가 손과 발, 귀와 코, 안면 등에 한냉손상을 입고 말았다. 그날을 떠올리면 대표로서 자유개척청년단 단원들에게 한없이 미안하고 고마운 마음이 앞선다. 다시 생각해도 너무 추운 겨울이었다.

2004~2005년 노무현 정권에서 추진한 망국적 책동이었던 국가보안법 폐지 시도는 그렇게 막을 내렸다. 자유와 번영을 누리는 데

에는 절대 공짜가 있을 수 없다. 누군가의 안전과 평화를 위해서는 보이지 않는 곳에서 자기 헌신과 희생을 수행하는 수많은 무명용사들이 반드시 존재하고 있음을 이 책을 읽는 이들은 꼭 기억해 주길 바란다.

나는 최대집

작전 명령 '대추리 대침투 작전'

'주한 미군 몰아내고 한반도 자주통일 이뤄내자!'
'오는 미군 막아내고 있는 미군 몰아내자!'

시간은 자정을 한참 지나 새벽 1시를 넘어서고 있었다. 주민들도 대부분 잠자리에 들었는지 얼마 되지 않은 주택들의 전등은 모두 꺼져 있었다. 드문드문 거리의 가로등 불빛에 비치는 뭔가가 있어서 작은 손전등을 꺼내 비춰 보니 '미군 철수·미군기지 이전'을 반대하는 현수막들과 각종 선전물들이 좁은 동네 거리를 가득 휘감았다.

곰곰이 생각해 봐도 현수막 내용 대다수가 대추리 주민들의 계속적 주거를 희망하는 것이 아니었다. 일부 주민들은 여전히 대추리에 남아 미군기지가 평택에 들어오는 것을 반대하고 있었으나 대추리 초등학교 운동장에 즐비하게 늘어서 있던 굴착기와 화물 트럭 등 중장비들, 그리고 온 동네를 덮고 있는 반미 현수막들은 농촌의 모습이 아니었다.

우리는 주한 미군 일부의 평택 미군기지로의 이전을 반대하면서 주민들을 호도하고 이용해 이를 반미운동, 즉 주한 미군 철수로 몰아가려는 악의적 세력들이 평택 미군기지 이전을 조직적으로 방해하고 있는 것을 현장 방문을 통해 재차 확인할 수 있었다.

"주한 미군 철수, 이런 내용이 들어 있는 현수막과 선전물들을 조용히, 차근차근 철거합시다."

자정을 넘어 대추리에 함께 진입한 12명의 단원들을 향해 나는 조용하고 나지막한 목소리로 말했다.

"주민들이 깨어나 마주치게 되면 충돌할 수 있으니 조용히 작업 진행을 해야 합니다. 괜한 사람들이 다쳐서는 안 될 테니."

나는 다시 한번 '작전'의 목표와 발생할 수 있는 위험 등을 주지했다. 단원들은 미리 준비해 간, 밧줄을 잘라내기 위한 긴 칼과 큰 나뭇가지를 자를 수 있는 전지 가위, 해머 등으로 반미친북 현수막들과 선전물을 천천히 철거하기 시작했다. 반미 선전물들을 하나하나 해체하면서 불법 현수막들이 이렇게 많이 방치되어 있는데 공권력인 경찰들은 대체 무엇을 하고 있나 하는 의문이 불현듯 들었다. 외부 세력들이 대거 오가며 일종의 요새화를 하고 있다는 생각을 떨쳐낼 수가 없었다. 1시간 넘게 수거 작업을 하고 있을 때였다. 어둠 속을 가르는 목소리가 들려왔다.

"마을에 있는 걸 모두 철거하려면 동 트도록 해야 할 거 같습니다. 족히 50여점은 되는 듯합니다. 오늘 우리의 마을 현수막 철거 작업으로 평택에 들어와 반미친북 반국가운동을 벌이는 세력들에게 충분한 경고가 되지 않겠습니까."

장 부대표였다. 그의 말대로 우리의 작업은 동 틀 무렵까지 이어졌다. 마침내 작업을 마치고 철거한 것들을 차량에 싣고 평택 시내 숙소로 이동을 준비했다. 12명의 자유개척청년단 단원들 모두가 승합차 한 대에 올라탔다. 좁은 도로를 지나 마을을 막 벗어날 때였다. 몇 미터 앞에 두세 명의 사람들이 보였다. 그들은 손전등을 들고 차량을 멈추라는 수신호를 보냈다. 운전을 하던 안 국장은 뭔가 이상한 낌새를 눈치 챈 듯했다. 잠깐 차량을 멈추고 운전석 쪽의 차창을 내려 그들의 얼굴과 마주했다.

"어디서 온 분들이죠? 이 시간에 뭘 하고 있는 겁니까?"

"잠깐 내려서 이야기 좀 하십시다들."

옷차림이나 연령대를 봤을 때 대추리 주민이 아님은 분명했다. 평택 외부에서 미군기지 반대운동을 위해 들어온 사람들로 보였다. 이곳에서 만약 우리가 저 사람들과 대화를 더 이어 나가거나 언쟁이 벌어질 경우 상대측 사람들은 분명 지원을 요청할 게 틀림없었다. 우리 12명은 이미 전투복에 현수막과 선전물을 철거하기 위한 각종 장비들을 지니고 있었으므로 잠깐의 착오나 감정적 대립이 될 경우 우발적인 큰 폭력 사태로 비화할 가능성이 매우 높은 상황이었다.

이런 문제에 경험이 많은 운전을 담당하고 있던 안 국장이 갑자기 아무런 말도 하지 않은 채 승합차를 빠르게 전진시키기 시작했다. 저들은 이미 마을 출구에 해당하는 좁은 1차선 도로 절반 이상을 자신들의 승용차로 막아두고 있었다. 안 국장의 빠른 판단과 운전 실력은 위기에 빛났다. 절반 이상 막힌 1차선 비포장도로를 우리의 큰 승합차가 도로 갓길을 스치며 빠르게 마을 출입로를 벗어났던 것이다. 두세 명은 누군가를 큰 소리로 부르면서 우리들에게 달려오고 곧이어 승용차 한 대가 우리를 바로 뒤쫓기 시작했다. 나는 큰 도로를 향해 빠르게 차를 몰고 있던 안 국장을 보고 크게 웃으며 말했다.

"역시 안 국장님이세요. 저기서 저 놈들과 싸움이라도 붙었다면 아마도…… 하하하!"

안 국장에게 잘했다는 말을 저마다 한마디씩 건네며 우리 모두는 크게 웃었다. 물론 마음이야 저 조용한 시골 마을에 들어가 현지 주민들을 꼬드겨 대한민국 안보를 해하고, 친북반미운동을 일삼는 사악한 자들을 응징해 버리고 싶지만 사회운동 조직으로서 그렇게 할 수는 없는 노릇이었다. 법을 최대한 지켜야 했다. 합법적 집회와 행동으로 우리 의견을 전해야지 개인 간이나 단체 간 물리적 충돌은 피하는 것이 상책이다. 대표로서 주의해야 할 일 중의 하나였다.

이날 대추리에서 수거한 약 50여 장의 종북반미 반대한민국 구호가 난무하는 선전물들은 다음 날 개최되는 집회에서 모두 불 태우고 대검으로 찢어 버렸다. 평택 미군기지 반대운동을 계속해서 하고 있는 평택에 집결한 반미친북 반국가세력들을 향한 분명한 경고였다.

'대추리 침투 작전'은 이렇게 성공적으로 종료되었다.

내게 주어진 역사적 사명

평택 미군기지는 2004년 노무현 정권 시절에 미군 용산기지에 주둔하고 있던 미2사단을 평택 주한 미군기지인 캠프 험프리로 이전하기로 결정했다. 이에 따라 평택에서는 캠프 험프리의 대규모 확장 공사가 계속 진행 중인 상황이었다. 미군이 우리나라에 주둔한 이래 끝없이 미군 철수를 주장하고 소위 자주 통일을 주장하던 종북세력들은 평택 미군기지 확장 공사를 무산시켜 미2사단을 철수시킬 목적으로 평택 미군기지 반대운동에 전력을 집중하고 있었다.

이들은 전국의 친북반미세력들을 모아 '평택 미군기지 확장 저지 범국민대책위원회'를 출범시켰고 이 조직이 수년간 평택 미군기지 반대운동을 이끄는 중심이 되었다. 대표적으로 이들은 2005년 7월 10일 '평택 미군기지 확장 저지와 한반도 전쟁 반대 7·10 평화대행진'이라는 집회를 1만 명이 모여 개최했다. 집회에는 민노총·민노당·한총련 등 반미친북집회에는 빠지지 않고 등장하는 단체들이 대거 나타났다.

'평화 대행진'이란 말이 무색하게도 다수의 집회 참가자들이 거대한 죽봉과 죽창을 들고 전경들을 공격했으며 미군기지 확장을 위한 철책을 부수는 등 대규모 폭력 집회로 변질되었다. 수십 명의 전경들이 부상을 당했다. 그러자 집회에 대한 국민적 비판 여론이 매우 커졌다. 이 집회 역시 '주한 미군 철수'와 '오는 미군 막아내고 있는 미군 몰아내자'는 대한민국 안보를 치명적 위험에 빠뜨릴 수 있는 온갖 구호들이 난무했다.

이에 대한 비판적 여론이 고조되었다. 특히 자유민주 진영에서는 이들에 대항하는 대규모 집회가 준비되고 있었다. 2005년 12월 11일, 재향군인회는 K-55(오산 에어베이스) 미군기지 앞 신장 쇼핑몰 광장에서 '평택 미군기지 조성 지지 및 친북반미세력 규탄' 궐기대회를 개최했다. 이 집회에는 4,000여 명의 인원이 참가하여 성공적인 집회가 되었다.

자유개척청년단도 집회에 참가했다. 집회 전날인 2005년 12월 10일 저녁 미리 평택에 도착하여 처음 도착 장소인 평택역 앞의 친북반미 선전물들을 대거 철거하고 현장의 경찰들에게 넘겼다. 이어서 현장을 수개월 동안 무단으로 점거하고 있던 친북반미단체들 천막을 방문하여 그들을 모두 집으로 쫓아 보냈다. 나는 평택역 앞을 담당하고 있던 경찰들을 향해 "도대체 이런 것을 경찰들이 하지 않고 무엇을 하고 있느냐"는 힐난을 퍼부었다. 그렇지만 당시 노무현 정권 하에서 현장 경찰들의 고충도 어느 정도는 이해하고 있는 터라 대화 말미에는 서로 우호적인 덕담을 주고받은 뒤 평택역을 떠나 숙소에 짐을 풀었다.

그날 자정 이후 전술한 평택 미군기지 반대운동의 전초로 삼고 있던 대추리를 전격 방문하여 불법적으로 설치된 친북반미 선전물들을 철거하여 2005년 12월 11일 집회 현장에서 모두 재가 될 때까지 완전히 불에 태워버렸다.

이후 정부 측에서는 2006년 5월 4일 행정 대집행을 시작으로 평택 미군기지 확장 공사와 이전 계획을 계속 이행해 나갔다. 5월 4일 행정 대집행일에 미군기지 반대 측의 심각한 폭력 행위가 있었다. 이에 대한 비판적 여론이 계속 높아졌다. 2006년 5월 14일, 우리는 다시 약 20개 단체 공동으로 평택역 앞에서 기자회견을 개최하여 '군경찰 공격하는 불법 폭력 시위대를 즉각 구속하라'는 대정부 요구 사항을 전달했다.

한미 동맹은 6·25 남침전쟁을 계기로 건국 대통령 이승만 개인의 국제 정세에 대한 탁월한 혜안과 전략을 바탕으로 대한민국의 생존과 번영을 위해 미국의 소극적인 입장에도 불구하고 관철시킨 정말로 대단한 성과물이었다. 한미상호방위조약과 주한 미군의 존재는 대한민국 안보와 경제, 그리고 자유민주주의를 발전시키는 데에 핵심적 요인이 되었다. 한미 동맹은 앞으로도 안보와 경제를 지켜나가는 데에 중핵적 역할을 할 수밖에 없다. 반드시 한미 양국 간 동맹 관계를 강화하고 발전해 나아가야 한다. 그것은 내가 할 일이자 역사적 사명이다.

돈으로 산 평화의 대가

그날 나는 만난 지 5개월 째 접어든 여자 친구와 덕수궁 대한문 앞에서 오후에 만나 식사를 함께할 예정이었다.

2007년 3월 1일, 나는 서울시청 광장 앞에서 개최되는 집회에 참가하기 위해 동아일보사 인근에서 동료, 지인들과 차를 마신 후 함께 집회 장소로 이동했다. 2021년 대북 전단으로 문재인 정권의 정치 탄압을 받고 있는 탈북단체 박상학 대표도 당시 일행 중 한 명이었다.

청계 광장을 가로질러 광화문 파이낸스 빌딩 앞을 지날 때였다. 거리에 일단의 사람들이 모여 있었다. 그들이 펼쳐 놓은 현수막을 유심히 보니 당시 열린우리당 정동영 의원 팬클럽 단체 '정통들'이었다. 그들은 70여 명쯤 되었는데 '평화는 돈이다'라는 문구를 넣은 현수막을 펼쳐 들고 있었다. 그 앞으로 누군가 나와서 연설을 하고 있었다. 순간, 욱하는 마음이 들었다.

'평화가 돈이라고? 김대중 정부 5년, 노무현 정부 4년간 북한에 퍼다 준 돈이 얼만데. 그리고 그 돈이 북한 주민들 민생과 인권을 개선하는 데에 쓰이지 않고 북한 권력층 배나 불리고, 대한민국 국민들을 위협하는 핵무기 개발과 무기 증강에 쓰였을 게 정설인데 대체 무슨 개뼉다귀 같은 소리?'

비판적인 내 생각 못지않게 탈북자 단체의 박상학 대표 역시 발끈하긴 마찬가지였다. 나보다 더 자극적인 문구로 다가왔을 것이고, 더한 분노를 불러일으켰을 것이다. 박상학 대표가 현수막을 들고 있는 사람들에게 다가가서는 큰 소리로 외쳤다.

"지금 북한에 퍼줘서 북한 주민들이 더 힘들어요. 핵무기가 개발되고 있는데 이게 대체 무슨 소립니까?"

"당신 뭐하는 사람이야, 뭐하는 사람인데 시비를 거는 거요?"

정동영 팬클럽 측 사람은 어이없다는 듯 시니컬하게 말대거리를 했다.

"이런 정신 나간 현수막, 당장 걷어치우라 이 말이오!"

박상학 대표가 이들에게 큰 목소리로 일갈했다. 나 역시 그들에게 다가가 이게 대체 뭐하는 짓이냐고 했고 돈으로 산 평화가 그게 제대로 된 평화겠는가 하며 그들과 언쟁을 했다. 언쟁이 시작되자 70명 정도의 정동영 팬클럽 측 사람들이 현수막 쪽으로 우르르 몰려왔다. 우리 측에서는 나와 박상학 대표, 그리고 자유개척청년단의 조대원 부대표, 그 외 두 명의 동료가 더 있었다. 언쟁은 양측 간에 더 격렬해졌다. 현수막을 두고 몸싸움까지 벌이고 있는 상황이 되었다.

팬클럽 측에서 경찰에 신고를 했는지 마침 곧 있을 서울시청 광장 앞의 대규모 자유 민주 진영의 집회를 앞두고 현장에는 일선 경찰뿐 아니라 남대문 경찰서 수사과장이란 사람도 나와 있었다. 우리 쪽에서는 서너 사람 간의 언쟁에 왜 이렇게 집단적으로 달려드는지 항의를 했고, 팬클럽 측에서는 자신들이 우리에게 집단으로 폭행당했다는 주장을 폈다. 그리고 여러 사람들이 어디론가 전화를 해대더니 우리들을 '집단 폭행의 현행범으로 왜 체포하지 않느냐'며 남대문서 수사과장에게 강하게 따지고 들었다.

정동영 의원 팬클럽 측은 대부분 중장년 남자 70명 정도이고 우리 측은 30~40대 남자 다섯 명이었다. 어떻게 5명이 70명을 집단 폭행을 했다는 것인지 그 광경에 어이가 없었다. 그리고 실제로 언쟁과 한두 사람 간의 손이 맞닿은 실랑이 정도가 있었지 누구를 주먹이나 발로 가격하는 등 폭력 행위는 전혀 없었다. 그런데 처음에 5명이 70명을 집단 폭행했다는 황당한 주장에 대해 현장을 그대로 보고 있던 남대문서 수사과장이 아무런 반응이 없다가 누군가로부터 전화를 받고는 쩔쩔매는 모습을 보이더니 돌변하여 주변에 있던 전경들에게 명령을 내렸다.

"여기 이 사람들 집단 폭행으로 경찰서로 연행해!"

그의 명령이 떨어지기 무섭게 한 사람 당 여러 명의 전경들이 달려들어 나와 박상학 대표, 조대원 부대표, 그리고 그냥 주변에 서 있기만 했던 지인 한 명 등 총 네 명을 경찰 호송 버스로 붙들어 갔다. 그 길로 우리는 서울역 건너편 남대문 경찰서 강력계 사무실로 잡혀

들어가게 되었다.

물론 그 이전에도 나는 거리와 현장에서 수많은 활동을 하며 거리의 한쪽 구석에 억류되기도 했었다. 지하철역 막힌 곳에서 장시간 억류당했는가 하면, 사무실에서 나오지 못하도록 문을 틀어막아 몇 시간 동안 갇혀 있던 적도 있었다. 그때는 내가 너무나 화가 나서 창문을 열고 사무실 문을 열지 않으면 7층 사무실에서 투신하겠다는 위협 아닌 위협을 하고 나왔다. 경찰 호송 버스인 '닭장차'라 불리는 버스에 장시간 억류당하기도 했었다. 남북 고위급 회담이 열리는 3박 4일 중의 하루 24시간을 집 앞에서부터 직장, 그리고 퇴근 후 사적 용무를 보는 내내 정보 경찰들이 교대해 가며 따라다니던 일 등 셀 수 없을 만큼 많은 억류와 감금·미행 등의 일을 당해서 별반 새로울 것은 없었다.

그렇지만 경찰서에 황당하게 끌려간 일은 난생처음이었다. 경찰, 경찰의 대공 분실, 검찰, 법원 등을 수없이 드나들었지만 현장에서 현행범으로 체포되어 경찰서로 끌려온 일은 처음이었다. 네 사람은 강력계 한쪽 구석에 앉아 있었는데 모두 화가 몹시 나 있었다. 도대체 왜 우리를 끌고 온 것인지 이해할 수가 없었기 때문이다. 네 사람 앞에는 앳돼 보이는 어린 전경 두 명씩이 열중쉬어 자세로 지키고 있었다.

5명이 70명을 집단 폭행했다? 그래서 5명 중 4명을 현행범으로 긴급 체포하고? 우리는 도무지 상식적으로 납득할 수 없었다. 그 납득할 수 없는 일이 내 눈앞에서 벌어진 것이다.

우리를 체포하라고 지시했던 수사과장 모습은 보이지 않았다.

담당 경찰도 딱히 지정되지 않았는지 강력계 사무실 한쪽 구석에 우리를 몰아놓고는 몇 시간을 방치했다. 나는 사무실에 있는 형사들 몇 명에게 도대체 이게 무엇이냐, 책임자를 데려오라 했지만 그 사람들도 자신들은 모르는 일이라며 잠시만 기다려 보라는 대답만 반복했다.

우리는 영문도 모른 채 강력계 사무실에서 분을 삭이다 유치장으로 가게 되었다는 말을 들었다. 화가 나서 정말 피를 볼 정도로 강하게 저항할까를 생각하다가 일단 참기로 했다. 휴대폰은 강력계로 들어오면서 이미 빼앗겼다. 유치장에 들어가기 전 우리 네 명은 지갑 등 소지품을 압수당한 채 간단한 신상 확인 후 각자 서로 다른 유치장으로 들어갔다.

남대문서 유치장에 납득할 수 없는 이유로 갇힌 후 계속 화가 나서 견딜 수가 없었다. 나는 자리에서 벌떡 일어났다. 그다음 유치장 쇠창살을 두 손으로 잡고 "당장 경찰 서장을 불러오라"며 머리로 쇠창살을 마구 들이 받았다. 앞이마가 금방 새빨개졌다. 유치장을 관리하고 있던 장년의 경찰관이 내게 다가왔다. "몸 상하니까 더 이상 이런 일은 하지 말라"며 일단 좀 "기다려 보라"는 말을 건넸다. 나는 저녁 식사로 들어온 음식도 먹지 않고 드러누웠다. 치밀어 오르는 분노를 삭이기 위해 나름 애를 쓰고 있었다.

나와 같은 방에 들어와 있던 사람이 무심한 듯이 앉아 있었는데 몸이 가려운지 계속 머리와 온몸을 긁적거렸다. 내가 자리에 드러눕자 호기심이 생겼는지 그가 내게 말을 건넸다.

"여기, 왜 들어왔어요?"

나는 대강의 자초지종을 그에게 설명해 주었다. 자신은 남대문 시장에 상가를 가지고 있는 사람인데 사기를 자주 쳐서 근 20년간 이곳 남대문 경찰서를 들락거렸다고 했다. 스스로를 사기꾼이라고 하면서 남대문 경찰서에 조금 오래 근무하면 자기를 모르는 경찰관이 없다는 말을 덧붙였다. 아주 심한 아토피 피부염이 어려서부터 있어서 하루 종일 두피며 온몸을 긁는다고도 했다. 약을 먹어도 소용없어서 잠을 자는 듯 마는 듯하고 수면도 잘 취하지 못한다고 했다. 내가 이상하게 여긴 것은 그런 말을 하는 데에도 그는 전혀 힘들다는 기색이 없다는 점이다. 자신을 사기꾼이라고 하면서도 조금도 부끄러워하는 기색조차 없었다. 참 세상에는 별의별 사람들이 많다는 생각을 했다.

아무튼 그와 대화를 하느라 그럭저럭 밤 시간을 보냈다. 피로감에 잠이 쏟아졌다. 우리가 남대문서 유치장에 감금되었다는 사실은 금방 여러 사람들에게 알려졌다. 유치장에 들어온 시간이 길어질수록 그날 오후 덕수궁 앞에서 만나기로 한 여자 친구에게 좀 난감한 생각이 들었다. 2006년, 즉 당시 기준으로 전년도 10월 중순에 만나 4개월 이상의 기간을 바쁜 가운데서도 열심히 만났던 사람이다. 당연히 좋아하는 마음이 커서 첫 만남 이후 옛날 어릴 때 공부하듯 열심히 만나고 또 만났던 사람이다. 면회 온 동료 한 사람에게 내 여자 친구 전화번호를 건네며 전후의 사정을 이야기하면서 유치장을 나가면 바로 전화할 테니 걱정 말고 집에서 기다리라는 말을 전해 달라고 부탁했다.

그래도 몹시 신경이 쓰였다. 1997년인 26세 때 아버지께서 돌아가셨다. 2004년인 33세 때 어머니마저 영면하셨다. 그러니까 여자 친구를 만나고 있을 즈음에는 내게 부모님이 계시지 않았다. 굳이 결혼을 서둘러야 할 이유가 없었다. 그런데도 당시 여자 친구를 열심히 만났던 것은 그만큼 나와 잘 맞았고 좋아하는 마음이 계속 생겨났기 때문이었다. 당시 형과 둘이 살고 있었는데 형이야 내가 어떤 일을 하고 다니는지 잘 알고 있으니 굳이 남대문서 유치장에 있다는 말을 전할 필요가 없었다.

당시 만나던 여자 친구는 대학에서 영문학 박사 과정을 수료하고 대학 강사로 강의하는 것을 업으로 삼는, 당시 31세까지 대학에서 주로 있었다. 그런 그녀가 갑자기 연락이 두절되고 경찰서 유치장에 들어가 있는 사람을 만난 적이 있을까를 생각해 보니 많이 당황하지 않을까 하는 걱정이 되었다. 나중에 내가 유치장을 나와 여자 친구 집 근처에서 이런저런 상황을 설명해 주었다. 3월 1일 당일 날 그녀는 나와 만나기로 하고 연락이 되지 않자 덕수궁 대한문 인근 카페에서 밤 10시까지 기다리다 들어갔다고 했다. 그러면서 나와 4개월 이상 만나는 동안 내가 사회운동을 격렬한 방식으로 하고 있는 것을 자신도 어렴풋이 짐작하고 있었다고 했다. 나와 약속이 어긋났어도 일이 생긴 것은 아닐 걸로 생각하고 크게 걱정하지 않았다고 했다.

나는 그녀에게 그 이야기를 듣고는 한참을 크게 웃었다. 만난 지 얼마 안 되어 '이 여자가 꽤나 대범한 성격을 지녔구나' 하는 짐작은 했는데 알고 보니 내가 생각한 것보다 훨씬 더 대범한 성격이라고 할까. 작은 일들에는 별반 관심을 두지 않았다. 걱정을 별로 하지 않는 성격이었던 것이다. 그래서였을까, 이날의 여자 친구와 나는 결혼을 했고 현재는 아들과 함께 부부로 잘 살아가고 있다.

'짚신도 짝이 있다'는 우리네 속담을 나는 가끔 아내와의 연애 시절과 결혼 이야기를 하며 꺼낸다. 그러면 아내는 늘 "좋은 비유도 많은데 하필이면 그렇게 우리를 짚신에 비유해야 편하세요"하며 웃곤 한다. 나는 "그게 내 스타일이잖아!" 하고 맞장구를 친다. 아무튼 아직 자신의 짝을 만나지 못한 많은 이 땅의 청춘남녀들에게 나는 경험을 바탕으로 이 말을 꼭 해 주고 싶다. 늘 기대와 희망을 가지고 학교 공부하듯 혹은 직장 일을 하듯 열심히 연인을 만나라는 말을. "짚신도 분명히 짝이 있다!"

반드시 치르게 되는 대가

다음 날 남대문서 수사과장을 만났다. 그는 우리를 연행한 것에 대해 별반 설명이 없었다. 딱히 미안해하는 마음도 없어 보였다. 나는 마음속으로 다짐했다. '조만간 당신은 내가 가만 두지 않을 것이니 각오하라.' 담당 형사들이 정해지고 간단히 조서를 작성한 후 우리는 다음 날 오후 남대문서 유치장을 나왔다. 28시간 동안 억류된 것이었다. 경찰이 무리하게 현행범으로 체포하였지만 터무니없는 일이어서 이 사건은 나중에 무혐의로 종결되었다. 시간적 여유가 있었으면 당시 불법적으로 체포·감금한 것에 대한 법적 대응을 했겠지만 이후로도 각종 업무와 애국운동으로 바쁜 날들을 보내느라 이 사건에 대한 법적 조치는 취하지 못했다. 그런데 날짜는 정확히 기억나지 않지만 얼마 지나지 않아 한 대기업

총수 아들의 폭행을 은폐하고 비호한 사건이 터졌다. 그 사건과 연루되어 당시 우리를 체포했던 남대문 경찰서 서장과 수사과장이 중징계를 받게 되었다. 이는 주요 언론에 크게 보도되었다. 나는 당시 뉴스를 보고 이 사실을 알게 되었다.

자신이 무슨 일을 하던 악업을 쌓는 것, 선업을 쌓는 것은 그냥 그것으로 끝나지만 않는 경우가 있는 것 같다. 어떤 변형된 형식으로 그에 대한 응분의 대가를 치르게 되는 경우가 있다는 것을 인생을 살아오면서 종종 보아왔다. 우리가 무슨 일에 종사하든지 간에 사람의 도리에 어긋나게 행동하여 누군가에게 피해를 주는 일을 해서는 안 된다고 생각한다.

무너지고 또 무너진
국가의 품격

2007년 5월 29일은 21차 남북장관급 회담이 시작되는 날이었다. 회담은 서대문에 위치한 그랜드힐튼 호텔에서 6월 1일까지 3박 4일의 일정으로 예정되어 있었다. 나는 자유개척청년단 동료 두 사람과 함께 호텔 인근으로 향했다. 당시 모 단체에서 이 회담 개최를 비판하는 긴급 외신 기자회견을 그랜드힐튼 호텔 주변에서 개최하면서 우리에게 도움을 요청해왔기 때문이다.

외신 기자 20여 명 앞에서 우리 4명은 일방적인 대북 퍼주기를 비판하고 이번에도 쌀 지원 문제 등이 논의될 가능성이 있어 회담 내용에 비판적 견해를 제시하는 기자회견을 진행했다. 윗선에서 지시를 받았는지 인근에는 경찰 수십 명이 다수의 전경들과 함께 우리의 기자회견을 주시했다. 그것도 잠시, 경찰들은 갑자기 전경들을 동원하여 기자회견 도중 '집회 시위에 관한 법률 위반 현행범'이라는 이유로 우리를 전격 체포했다. 전경 몇 명이 한 사람을 끌고 가 호송차에 태우려는 것에 나는 강하게 항의했다.

"뭐하는 짓이야?"

이 일을 실행한 것은 회담장 관할 경찰서인 서대문 경찰서였다. 나와 동료 2명, 그리고 시민단체의 모 대표, 이렇게 네 사람은 서대문 경찰서에 끌려가자마자 또 유치장에 갇히게 되었다. 집시법 위반을 조사한다면서 경찰서 수사과로 불렀다. 가장 강한 항의의 목소리를 냈던 나에게는 특수공무집행방해 혐의까지 덮어씌웠다. 전경들에게 끌려가면서 내가 태극기 깃봉으로 전경들을 때렸다는 것이 특수공무집행방해죄의 내용이었다.

끌려가면서 저항하고 큰 목소리로 항의는 했지만 나는 전경들을 무엇으로도 때린 적은 없었다. 그런데도 바로 내 옆에다 태극기 깃봉으로 맞았다고 지목된 전경 두 사람을 앉혀 놓은 담당 형사는 그 두 사람으로부터 나에게 태극기 깃봉으로 맞았다는 진술을 만들어 내고 조서에 적었다. 나는 무슨 경찰이 없는 사실을 만들어 내고, 그것도 군복무를 하고 있는 어린 전경들에게 거짓말까지 시키는 추악한 짓을 할 수 있는지, 이해할 수 없어 분노하지 않을 수 없었다. 나는 자리에서 벌떡 일어났다. 서대문 경찰서 수사과가 떠나갈 듯 큰 목소리로 외치기 시작했다.

"이보시오, 형사들! 당신들이 상부에서 무슨 지시를 받았는지는 모르겠지만 내가 보고 있는 앞에서 어떻게 맞지도 않은 것을 맞았다며 어린 전경들에게 거짓말을 하게 하지? 거짓말을 진술 조서에 적고 나에게 특수공무집행방해죄를 뒤집어씌우는 게 말이되나. 정말 부끄럽지도 않습니까? 그럴 거면 경찰은 뭐 하러 하는겁니까? 노무현 정권 말에 설설 기면서 무고한 시민에게 누명을씌워 범죄자 만드는 게 대한민국 경찰입니까? 정신들 좀 차리십시오. 부끄러운 줄을 좀 알아야죠. 도대체 뭣들 하는 짓입니까?"

진짜 현행범이 큰 소리를 쳤다면 형사들은 바로 제압했을 것이다. 그들 역시 자신들이 상부의 지시로 아무 죄도 없는 우리를 불법적으로 체포·감금하고 있는 것을 알고 있었다. 그러니 그들로서는 그 근거를 어떻게든 만들어야 했고 특수공무집행방해죄를 뒤집어씌운 것이다. 양심이 마비된 듯했다. 그렇다 해도 나의 항의까지 그들이 차단할 수는 없었다.

나의 추상같은 일갈이 끝난 후 나이가 지긋한 수사계장이 잠시 이야기를 나누자고 했다. 수사계장은 무표정했다. 절대로 해서는 안되는 일을 자신들이 벌이고 있다는 것을 알고 있는 듯이. 그는 빨리 조서를 꾸미고 내부적 협의를 거쳐 최대한 빨리 우리들을 유치장에서 나가게 해 주겠다는 말을 건넸다. 나와 동료들은 수사과 내부 벤치에 앉아 이런저런 이야기를 나누었다. 과거 우리들과 기자회견 주최 단체의 전력을 보았을 때 당일 시작된 남북장관급 회담이 끝나는 날까지, 즉 3박 4일 동안 우리가 계속 북측 대표단을 추적하고 비판하는 행사를 개최할 것을 우려하여 3박 4일간 경찰서 유치장에 감금해 둘 거라는 정보를 얻었다.

잡혀온 당일부터 경찰 측에서는 6월 1일 북측 대표단이 돌아가는 날까지 집회 등 행사를 하지 않는다는 각서를 쓰면 내일 아침에라도 풀어주겠다는 말을 반복했다. 너무도 잘못된 일이었다. 기자회견 등 옥외 행사는 딱히 집회 신고 없이도 누구든 할 수 있다. 집회 시위 역시 집시법에 규정된 대로 미리 신고하면 특별한 사유가 없는 한 무조건 할 수 있는 것이 대한민국 국민의 권리다. 그런데 무슨 근거로 4명이 20명의 외신기자들 앞에서 수행한 기자회견을 불법 집회로 규정하고 집시법 위반 현행범으로 체포하여 유치장에 감금하고, 전경을 때렸다고 특수공무집행방해죄를 덮어씌우는 것인가? 거기에 또 무슨 근거로 집회 등 행사를 하지 않겠다는 각서를 받겠다는 것인가?

우리는 당연히 이에 응할 수 없었다. 즉시 풀어줄 것을 요구했다. 경찰과 실랑이를 하면서 이틀이나 유치장에 갇혀 있었다. 결국 경찰은 2박 3일간 우리를 불법 감금했다 풀어 줄 수밖에 없었다. 우리가 계속해서 감금 해제를 요구했고, 경찰서로 찾아온 여러 단체 회원들의 강한 항의가 빗발쳤기 때문이다.

나는 서대문 경찰서의 만행을 용서할 수 없는 일이라 판단하여 보름 후인 2007년 6월 15일 서대문 경찰서장을 불법 체포와 감금 등 여러 혐의로 검찰에 고발했다. 경찰과 검찰 측도 우리를 집시법 위반과 공무집행방해죄로 기소하여 나는 수개월 후 벌금 150만 원의 형을 받았다. 동료 2명 역시 벌금형을 받고 말았다. 서대문 경찰서장에 대한 검찰 고소는 검찰에서 무혐의로 종결 지었다.

이처럼 나는 나라를 지키기 위한 애국운동을 수행하며 현장에서 법과 원칙이 너무나 어이없게 무너지는 일들을 무수히 겪었다. 서대문 경찰서 유치장에서의 2박 3일간 불법 체포와 감금, 그리고 무고한 우리들에게 형벌을 내리고 불법 체포와 감금이란 중죄를 저지른 서대문 경찰서장을 무죄로 결론짓는 또 한 번의 추악한 경험은 나의 국가 개혁에 대한 의지를 더욱더 강하게 만들었다.

자유개척청년단의 창단과 활동

2000년 김대중 대통령과 김정일 간의 남북정상회담을 계기로 나는 우리 사회와 정치, 그리고 역사에 깊은 관심을 갖기 시작했다. 여러 가지 조사와 탐색 과정을 거치며 2002년경부터는 본격적으로 틈만 나면 사회운동, 제도권 정치, 학자 등 많은 사람들을 만나기 시작했다. 신분상의 제약으로 인해 이때는 공개적인 활동이 어려웠다.

2003년 초, 공중보건의사로서 병역 의무를 마치고 난 이후 임상 의사로서 진료를 하면서 교분을 쌓은 사람들과 지속적인 회합을 갖고, 여러 가지 사회운동에 공개적으로 나서기 시작했다. 2004년 12월, 자유개척청년단이란 청년 애국운동 단체를 조직하기로 결심하고 2005년 4월 17일 공식적인 창단식과 함께 출범한 단체는 2001년, 2002년부터 교류를 유지해 왔던 여러 사람들이 주축이 되었다. 2003년부터 공개적인 활동들을 하였고 활동을 해 나가면서 더욱 체계적인 대한민국 지키기 운동을 위해 조직 집행부를 꾸리고 조직 강령과 회칙 등을 만들어 단체를 출범시켰다.

자유개척청년단 활동은 공식 창단식 전부터 시작하면 대략 2002년부터 시작하여 2010년까지 활동을 이어 갔다고 볼 수 있다. 이 단체가 결성을 의결할 시기부터 자연스럽게 조직을 해산할 때까지 대표를 맡았으니 2004년 말부터 2010년까지 6년 내외의 기간이라 할 수 있겠다. 나는 자유개척청년단 활동을 간략히 일지로 기록하고 발표한 성명서, 보도된 언론 기사, 그리고 활동사진 등을 꾸준히 모아 2004년 하반기부터 2009년까지의 자료를 정리해 두었다. 자유개척청년단에서 내가 했던 일들의 극히 일부를 글로 정리할 수 있는 것도 당시 적어둔 일지와 모아 둔 사진 등을 보며 당시 있었던 일들, 그리고 그때 느꼈던 감정과 생각들을 회고하는 작업이었다.

노무현 정권이 출범하고 당시 여당이던 열린우리당이 원내 1당을 차지하면서 2004년부터 2007년까지 4년간 우리는 소수의 인원, 제한된 자금, 전무한 법률적 지원에도 불구하고 많은 일을 했다. 직업생활보다도 더 많은 시간과 노력을 쏟아 부었다. 일지를 보니 2005년 한 해만 해도 공식적으로 개최한 기자회견, 집회, 각종 행사들이 100회가 넘었다. 1년간 100회 행사를 위해서는 준비를 위한 모임이 필요하니 2005년 한 해만 해도 200번 이상을 단체의 동료들과 회의를 갖고 각종 집회, 시위 등의 행사를 한 것이었다. 2006년에는 총 73회의 행사가 있었다.

지금은 40대 중후반, 50대 초중반, 60대 초중반의 나이에 이른 당시 20대 중후반부터 40대 중반이었던 열혈 단원들은 요즘 만날 기회가 있으면 당시를 회상하며 '우리가 어떻게 그렇게 많은 일을 했지' 하며 놀라곤 한다. 물이 아래에서 위로 흐르는 듯한 무거운 압력을 이기고 극기의 각오로 나라와 국민을 지키기 위해 투쟁해 왔던 일들이었다. 큰 전쟁에 오랫동안 참전했던 퇴역 노병처럼 당시 고난의 시간들과 우리들의 뜨거웠던 열망, 그리고 투지와 놀라운 행동들이 반추되곤 한다.

나는 자유개척청년단 이후로도 의료 정책운동에 꽤 오랜 시간 투신하여 여러 크고 작은 단체의 대표를 맡아 활동했다. 2016년 하반기 대통령 탄핵 정국에서는 적극적 탄핵 반대운동을 거리에서 펼치면서 여러 애국단체의 대표로 활동하기도 했다. 의료 정책운동을 적극적으로 할 때에는 40대 중반에 이르렀는데 자유개척청년단 이후 모든 조직과 단체에서 대표 역할을 하고 조직의 효율적 운영과 높은 성과물을 가져오는 활동을 위한 모든 것들은 모두 자유개척청년단을 통해 배웠다고 말할 수 있다. 그만큼 나에게 자유민주주의 대한민국과 국민을 지켜내기 위한 자유개척청년단의 활동은 지금껏 나의 인생에서 큰 전환기였다. 수많은 정치적·역사적 체험을 했던 수업 시대였으며, 성공적 조직 경영과 경제적 사업체 경영을 위한 성장 시대였던 셈이다.

자유개척청년단의 활동 중 사회적으로 큰 파장을 일으켰던 몇 가지 사건을 중심으로 일부를 정리해 보았다. 앞서 잠깐 말했듯 이것은 우리들이 했던 활동 중 양적으로는 극히 일부분일 뿐이다. 어려웠던 시기, 어려운 일들을 자신들의 모든 것을 던져 함께해 준 자유개척청년단 동지들에게 진정을 다해 고마운 마음을 전한다. 그리고 무명용사들의 피 끓는 행동과 투쟁을 적극 지지하고 높게 평가해 준

많은 국민들께도 감사의 마음을 전한다.

애국운동은 내 운명

애국운동이란 대한민국의 국민, 국토, 국권을 지키는 운동이다. 즉, 대한민국 국민을 사랑하고 국민 생활의 향상을 위해 진심전력眞心全力으로 대한민국 국토와 국권을 목숨을 다해 지키는 일이라는 것이다. 이 애국운동을 평생을 다해 전면적으로 실천하는 사람들을 애국지사愛國志士라 한다.

나는 우리 국민들이 부강한 나라에서, 윤리적이고 정의로운 나라에서 자유를 누리면서 행복한 삶을 일구어 내기를 소망하고 있다. 그것을 위해 국민들의 삶의 터전인 대한민국을 지키기 위해 나의 일생을 바치기로 하늘과 선조들에게 결심하고 실천한 지 오래다. 과거 6·25 남침전쟁으로 인한 수백만 국민들의 죽음, 미군 철수 이후 월남의 사이공 함락과 공산화, 최근 2021년 8월 미군 철수 이후 아프가니스탄 카불 함락사태 등을 우리는 생생하게 기억하고 또 보고 있다. 왜 애국운동이 반드시 필요한 것이고 국가 안보가 그렇게도 중요한 것인지 많은 국민들이 자각하는 계기가 되었을 것이다. 삶의 터전인 나라를 잃게 되면 그 국민들의 삶이 어떻게 되는지 역사는 그것을 생생하게 보여 주고 있다.

자유개척청년단 활동은 그런 굳건한 의지를 지니고 역사적 현실 속에 온몸을 던져 투쟁했던 뜨거웠던 애국운동의 첫 시작이었고 한 정점이었다. 애국운동은 자유개척청년단 활동 이래 내 삶의 본령이 되었고 큰 희생을 치렀지만 애국운동에 투신한 애국지사로서의 삶을 후회해 본 적은 없다. 오히려 그것은 과반過半을 훌쩍 넘은 나의 인생에서 가장 잘한 결정이었다.

거듭 말하지만 자유개척청년단 활동으로 나의 사상은 더욱 공고해졌다. 심신은 계속 강인해져 왔다. 그 이후 경세적 사업, 진료 활동, 가족생활, 의료 정책운동, 지속적인 지성의 단련과 애국운동 등 나의 모든 삶의 영역에서 책무들을 수행해 내는 데에 기초가 되는 모든 것을 자유개척청년단 대표 활동에서 배웠다고 말할 수 있다. 이제 나는 애국지사로서 애국운동을 떠난 삶을 생각할 수 없게 되었다. 남은 일생을 일관되게 성실과 열정으로 강력한 애국투쟁을 수행해 나갈 것이다. 나의 후손들과 후학들이 그런 우리들의 숭고한 뜻과 투쟁을 중단 없이 이어 가길 간절히 소망한다.

독서와 사유思惟,
사상의 정립 시대

하루하루의 견실한 노력을 다하고 이것이 쌓이고 쌓이면 상황의
획기적 반전을 가져올 순간은 반드시 온다.

I am Dae-Zip Choi

나무 아래에서 정오의 사유

의대 2학년, 오전 수업을 듣고 간단히 식사를 한 후 오후 수업이 나 실험·실습 전 1시간 정도 쉴 수 있는 여유가 있었다. 이때는 온 갖 의문들에 사로잡혀 있을 때여서 조용한 곳에 혼자 있는 시간이 많았다.

몇 년 전 서울의대 졸업생 축사를 위해 다시 연건동 의과대학을 방문해 보니 내가 학교를 다닐 때와 크게 변한 것은 없는 듯했다. 그 렇지만 공터가 거의 없어지고 새로운 건물들이 여러 개 들어선 것과 오래된 건물을 신축한 것 등에서는 확연한 변화를 느낄 수 있었다. 점심 식사 후 내가 자주 머물렀던 나무 아래 벤치들이 있던 공간에 는 큰 건물이 들어서 있었다. 나는 당시 그곳 벤치에 앉아 10대 후반 부터 나를 오래도록 사로잡고, 때때로 괴롭히던 문제들에 대해 암중 모색을 거듭했었다.

'사람은 왜 살아야 하는가?'

'사람은 무엇을 위해서 살아야 하는가?'

'사람은 어떻게 살아야 하는가?'

'우리는 대체 무엇인가? 우리가 생각한다는 것, 안다는 것은 대체 무엇인가?'

이 밖에도 어떤 점에서는 근본적 질문들이라 할 수 있는 것들을 나열하면 더 많겠지만 20대 초중반 나이라는 경험의 본질적 한계, 대화, 경청, 독서 등의 일천함과 의문들을 허심탄회하게 터놓고 질문하고 여러 가지 답변들의 모색을 도와줄 사람들이 부재했다. 이런저런 이유로 나는 성인의 초년기에 들어서면서 인간, 지금, 여기, 내 삶의 본질, 삶이 목표해야 하는 가치, 포괄적 행동 규범 등의 문제들을 어떻게 생각하고 진행하며 답을 얻어 낼 것인지 갈피를 잡지 못한 채 질문 언저리를 끝없이 배회했다.

당시 의학 중 편의상 기초의학基礎醫學(Basic medical science)이라 분류되던 여러 가지 학문들을 배우면서 많은 학습을 하고 있던 때였다. 의학 공부의 양은 상당히 많았다. 하루 중 잠자는 시간 외에는 대부분을 투입해야 했다. 의학 학습에 정신을 집중하고 있을 때에는 그러한 의문들에 사로잡힐 틈이 없었다. 그렇지만 하루를 마치고 잠자리에 누웠을 때 쉬이 잠이 오지 않는 날들, 이런 날들은 침대 위에서 또 여러 가지 근본 질문들을 생각하며 몸을 뒤척이는 날들의 연속이었다.

대학 생활 6년 중 3년 내외의 기간은 나만의 '정오의 사유'가 계속

되었다. 질문 자체는 더 구체적으로 파고 들어가지 못했다. 스스로에게 어떻게 답을 구해야 할지도 모르는, 빠져나올 수 없는 깊은 생각의 수렁 같은 것이었다. 그 생각의 시간들에 대한 기억은 지금 생각해도 고통스럽다. 의문을 의문대로 두면서 나도 모르게 그 의문 자체를 잊고 '좀 자유롭고 편안한 날을 보낼 수는 없을까' 하는 생각도 여러 번 했었다.

한편, 20대 중반에서 후반까지 여러 해 동안 나는 일상에 심각한 장애를 일으킨 질병에 시달려야 했다. 해결책이 나올 수 없던 근원적인 질문들과 그 질문을 두고 맴돌던 투박하기만 했던 수많은 생각들, 매일매일 주어지는 대학의 엄청난 학습량들, 일주일이면 며칠씩 괴롭히던 천식이란 질병, 그리고 본과 3학년 때 말기암 진단을 받고 사망한 아버지 등 나의 대학 생활은 이제와 돌이켜 보면 그 이후 사회에 나와 독립적인 성인으로서 살아야 할 내 삶의 예고편이었다. 고역 그 자체였던 것이다.

열일곱 살 고등학교 1학년 때부터 서른 초반까지, 그리고 마흔 초 중반까지의 시기는 내 삶에 있어 사상 모색과 정립의 단련기였다. 나는 일찍이 스스로에게 근본적 질문을 던졌다. 인생의 20대, 30대, 40대를 거치며 오랜 기간 사상의 모색과 정립, 그리고 단련의 시간들은 길고 지난했다. 인간은 정도의 차이가 있을 뿐 생의 몸부림은 누구나 피할 수 없는 운명이 아닐까 생각한다.

독서와 사유, 사상의 정립 시대

허무, 그리고 존재의 불안

1988년, 고등학교 1학년 때로 기억한다. 한여름의 강한 햇볕이 내리 쬐고 있던 어느 토요일 오후, 오전 수업을 마치고 학교 정문까지 포장된 꽤 넓은 길을 따라 천천히 걷고 있을 때였다.

이때는 고등학교에 입학하여 본격적으로 학업에만 매진했다. 학교 공부 외에는 딱히 관심 있는 일이 없었다. 아침에 일어나서 학교를 가고 하루 종일 학교에서 공부를 하고 밤늦게 집으로 돌아오면 저녁 식사를 대충 한 후 취침 전까지 공부를 했다. 그리고 잠자리에 들었다. 매일 매일 이런 단조로운 삶의 패턴이 반복되었다. 당시 나는 학교 공부 외에는 관심 가는 일이 아예 없었다. 하고 싶은 일도 없었다. 그렇다고 학교 공부가 좋아서 그토록 많은 학습을 하고 있었던가? 그것도 딱히 아니었던 것 같다.

고등학교 1학년이 되어서는 사춘기를 확실하게 벗어나 서서히 성인으로 거듭나고 있던 시기임은 분명했다. 말수가 줄어들었고 친구들과 어울리는 시간도 크게 줄었다. 가끔씩 혼자서 과거의 일을 회상해 보기도 하고 뭔가에 빠져들면 안 될 것 같은 위험한 일이라도 되는 듯 어떤 생각에 사로잡히는 것을 의식적으로 피하고 있는 것 같기도 했다.

햇볕이 강하게 내리쬐던 무더운 어느 토요일 오후, 무거운 책가방을 메고 터벅터벅 집으로 향하던 나는 그 이후로 절대 잊지 못할 강렬한 체험을 하게 되었다. 호흡하며 걷고 있는 나의 몸과 움직임, 그리고 나의 삶 전체가 갑자기 허공에 붕 뜬 것처럼 아무런 의미도 없는 허상처럼 느껴진 것이다. 동시에 나를 둘러싸고 있던 주변의 세계 역시 존재하고 있는지, 마치 존재조차 하지않는 그런 가상의 세계처럼 느껴졌다. 걸음의 종착지는 집이었다. 집에 도착하면 어머니가 나를 반갑게 맞을 터였다. 그러나 이게 웬일인가. 그 작은 기대감마저 신기루 같았다. 현실이 아닌 듯했다.

모든 것이 깃털처럼 가벼웠다. 그때까지 느껴보지 못한 깊은 해방감 같은 것을 느끼고 있었다. 모든 것이 존재했지만 아무것도 없었다. 나의 느낌, 생각, 움직임, 몸뚱이, 이런 나 그리고 자신이라는 한계가 외부의 세계와 경계 없이 허물어진 것 같았다. 목적 없이 부유하는, 눈에 보이지도 않는 작은 먼지처럼 나와 주변의 세계가 둥둥 떠다니고 있는 듯했다. 해야 할 일은 아무것도 없고 알 수 없는 몸의 통증이 가끔씩 짓누르는 정체불명의 고통들도 스르르 녹아버리는 것 같았다. 나를 둘러싼 세계가 파노라마처럼 펼쳐졌다.

찰나였지만 나는 완전한 무적無的을 경험했다고 생각했다. 이때의 체험은 너무나 강렬한 것이어서 오십의 나이에 이른 지금도 그때를 회상하면 화면을 보는 듯 생생하다. 불교에서 말하는 니르바나涅槃 (열반)라 칭하는 경지, 그런 것과 유사한 체험, 비슷한 심적 상태가 아닐까 생각해 본 적도 있다. 그러나 불교에 대한 이해와 경험이 깊지 못해 어떤 유사성이 있는 것인지 판별할 수는 없었다.

아무튼 당시의 체험을 완전한 허무虛無, 온전한 공空, 절대적 무無의 체험으로 이해한다. 그리고 그 무와 공의 강렬했던 체험은 어떤 근원적 해방과 맞닿아 있었다. 지금 나를 지도하는 사상, 또 많은 사람들을 지도해야 한다고 믿고 있는 나의 정립된 사상에는 이때의 체험이 많은 영향을 미쳤던 것이 사실이다. 열일곱 살, 무더운 여름의 강한 햇볕을 얼굴에 맞으며 느린 걸음으로 집을 향하던 순간, 그 찰나의 강렬했던 궁극적 허무의 체험을 이후로 나는 느껴보지 못했다. 하지만 강렬했던 찰나의 경험은 이후 내가 온갖 난관에 부딪치며 사상을 모색하기 위한 격렬했던 사유 투쟁과 사상 정립, 그 이후의 단련기에 큰 영향을 끼쳤다.

불안의 본성을 대하는 태도

초등학교 5~6학년 때쯤이었다. 과거를 기억해 보건대 중학교에 들어간 이후가 아닌 것이 확실하니 10대 초반 정도였을 것이다. 어느 일요일, 다른 때처럼 형과 집에서 즐겁게 놀고 있었다. 이때는 친구들, 형과 형 친구들과 야산이나 작은 숲을 돌아다니며 신나게 놀았다. 집에서도 형과 함께 그림이나 만화를 그리고 이야기를 만들어 내면서 신나게 놀았던 경험이 많다. 나는 두 살 터울의 형과 어렸을 때부터 친구처럼 거의 모든 일을 같이하면서 지냈다. 방을 같이 썼고 잠도 같이 잤다. 중학교 3학년이 되어 학습량이 많아지기 전까지 유소년 시절은 늘 형과 한 몸처럼 움직였다.

일요일 그날은 무슨 일인지 기억나지 않지만 형이 집에 없었다. 혼자서 엄마 주변을 오가며 이런저런 일을 하면서 놀고 있었는데 오전부터 뭔지 모를 불안에 사로잡혀 있었다. 10대 초반의 남자아이에게 불안을 일으킬 만한 외적 요인은 없었다. 하루 종일 안절부절못하며 나를 굳건히 붙잡고 있던 뭔가가 사라져 버린 듯 불안감이 엄습해 왔다.

겉으로 보기에는 여느 때와 다름없는 평정심을 유지하고 있었다. 유쾌한 모습으로 여러 가지 놀이를 하며 엄마와도 많은 대화를 나누었다. 하지만 마음은 온통 정체를 알 수 없는 불안감에 사로잡힌 듯했다. 간혹 두려움에 식은땀을 흘리기도 했다. 나는 어서 이 괴로운 하루가 빨리 끝나고 잠에 빠져들었으면 하는 마음이 간절했다. 계속되는 몸 전체의 불편함과 안절부절못하는 혼란한 마음 상태가 온몸을 감싸고 막연한 공포를 일으켰다. 당시 나는 이전에 느끼지 못한 불안을 일으킬 만한 외적 요인이 없었다. 신체의 질병이나 외상의 요인이 없었는데도 막연하게 불쾌하고 불편했던 불안감을 하루 종일 느꼈다.

잠자리에 들어 다음 날 아침이 되어서야 그 느낌은 사라졌다. 이후 그런 류의 하루 종일 지속되는 불안감을 겪어본 적은 없는 것 같다. 당시에는 그것의 정체를 알 길이 없었다. 그날의 느낌을 회상하는 것조차 불편해 기억 속에서 지워버리려 했었다.

이후 20대, 30대가 되어 암중모색의 혼란스러운 생각들로부터 시작해 '사유의 투쟁'이라고 스스로 지칭하는 질서와 체계를 갖춘, 사상적 난제와의 끈질기고 격렬했던 모험적·실험적 생각에 이르기까지 열 살을 갓 넘긴 어느 하루 동안에 체험한 불안을 생각해 보았다. 그 불안감의 정체를 인간 존재 자체가 갖는 불안, 즉 '존재의 불안'으로 해석하게 되었다.

인간은 물질로 구성된 생명체다. 고도의 유기체이며, 인간이란 종

으로 분류된 동물이다. 대뇌가 상대적으로 발달되어 있고 다른 고도
화된 생명체들과 비교해 볼 때 대뇌 작용이 정도의 차이를 넘어서는
질적 차이를 보인다. 즉, 두뇌 작용에 있어 정신의 기능은 어떤 질적
비약이 있다는 것이다. 물질로 구성되어 있지만 생명체라는 독특한
존재 양상을 지니고 있는 고등동물로서의 인간은 그 물질적 존재의
유지를 위해 많은 에너지를 사용하지 않으면 안 된다. 반면에 자연
의 경향은 이 고도의 생명체를 해체시키는 방향으로 작용한다. 따라
서 인간 생명체로서 존재의 유지를 위해서는 자연적 경향을 거스르
는 방향으로 많은 에너지 작용이 있어야만 한다. 이는 인간 생명체
로서 존재의 끝없는 활동을 요구한다. 이 에너지의 작용과 활동성이
바로 인간 존재 불안의 한 근거가 아니겠는가.

한편으로 인간의 뇌, 인간의 정신은 물질로부터 시작했지만 어떤
질적 비약을 이루었다. 인간 정신의 작용, 사유, 그리고 그 결과물들
인 사상들을 볼 때 이런 질적 비약과 비약된 정신의 작용에는 물질
로서의 생명체에 어떤 과중한 부담감을 일으킬 수밖에 없다고 생각
한다. 질적 비약으로서의 인간 정신의 작용, 지성의 도구적 사용과
사유가 인간의 물질적 신체에 부담을 주면서 나타나는 산물이 불안
이 아닐까 감히 생각한다.

아마도 나의 열 살 남짓 때의 하루 종일 불안감의 체험은 발달 과
정을 거치고 있는 인간 개체에 나타나는 그런 류의 불안이라고 지금
의 나는 해석하고 있다. 이것 역시 우리 인간들은 누구나 피할 수 없
는 숙명적인 것이다. 그 불안의 본성을 이해한다면 불안을 대하는
우리의 태도도 크게 달라지지 않겠는가.

사상의 모색과 사유, 탐구의 시기

의대를 졸업한 뒤에 나는 대부분의 동료들과 달리 기초 의학자가 되기로 마음먹었다. 의대 졸업 후 바로 병역을 마치기로 했다. 의대를 졸업하면 기초 군사교육을 받은 후 의료 취약 지역에서 공중보건 의사로 복무하게 된다. 군사훈련 기간과 복무 기간을 합치면 총 37개월. 20대 후반, 30대 초반의 나이를 생각하면 꽤나 긴 기간이다. 인생을 살다 보면 그렇듯 강제적으로 부여되는 병역 의무 시간이 때로는 인생의 전환점이 되기도 한다. 나 역시 그런 경우에 해당된다고 말할 수 있다.

의대를 다니던 수년간 심한 천식으로 생활에 큰 지장을 받고 있었던 나는 원래부터 왕성하지 않았던 식욕으로 인해 음식 섭취가 점점 줄어들었다. 키에 비해 저체중이었던 체중도 점점 더 내려가고 있었다. 천식 발작이 자주 찾아오니 숨쉬기가 힘들어 유산소 운동이나 근력 운동 등의 규칙적인 운동은 생각할 수도 없었다. 몸이 야위어지면서 그나마 조금 있던 근육도 줄어들었다. 본과 4학년을 마칠 때쯤에는 겨우겨우 학업 생활을 이어 나갔다. 학교와 병원 실습을 나가지 못하는 날이 잦았다.

본과 3학년 하반기부터 더욱 심해진 천식과 그에 따른 건강 악화, 또 아버지의 말기암 판정과 사망 등으로 정신의 우울감은 더욱 깊어지고 있었다. 학교를 다시 휴학하고 1년쯤 쉴까 하다가 어차피 임상의사가 아닌 기초의학자가 되기로 마음먹었고 기초의과학 과목들은 1~2학년에 배우는 것으로 이때는 건강이 그리 나쁘지 않아 충분한 공부를 해 둘 수 있었다. 따라서 잦은 결석에도 불구하고 학교를 마치기로 하고 겨우겨우 학교생활과 병원 실습에 임하고 있었던 것이다.

의대를 졸업할 때쯤이 되니 의사 국가시험에 합격한 후 공중보건의사로서 3년간을 복무해야 했다. 당시의 내 몸으로는 기초 군사훈련도 받지 못할 것 같아 훈련소 입소를 앞두고 여러 병원을 찾아 약물치료를 적극적으로 받았다. 젊은 나이에 좋지 않은 곳이 한두 곳이 아니었다. 천식약을 매일 복용했다. 흡입제 등도 늘 지니고 다니다 사용하면서 집 인근의 고대 운동장을 찾아 하루하루 힘들게 운동을 이어 갔다. 식욕을 억지로 늘려 음식을 먹었다. 근력과 체력을 키우기 위한 역기 운동과 중학생 때 했던 복싱도 다시 시작했다. 정말 죽을힘을 다해 노력한 성과가 있었는지 체중이 조금씩 늘어났다. 체력도 어느 정도는 회복되어 갔다. 물론 이런저런 약물들은 쉬지 않고 복용했다.

간난신고艱難辛苦. 나는 온갖 난관을 뚫고 군사훈련 4주를 겨우 마친 후 경기도 화성의 한 면단위 보건지소에 배치를 받았다.

형식적인 5급 계약직 공무원인 공중보건의사.
모모면 보건지소장.

다수의 20대 남자들이 비교적 잘 해내는 병역 의무를 나는 이렇게 우여곡절 속에 겨우 입문했다. 그러니 앞으로 어떤 일을 잘 해낼 것인지 회의감이 크게 들었다. 그러나 인생을 이만큼 살아 보니 정말 어쩔 수 없이, 마치 덫에 갇혀버린 듯한 상황이 몇 개월, 몇 년, 십수 년간 지속될 수 있는 게 인생이란 걸 깨달았다. 내가 원하지 않아도 구렁텅이에 빠져 허우적거릴 수밖에 없는 상황. 나중에 많은 경험을 쌓고 생각해 보는 것은 그런 상황을 빨리 인정하고 (자기가 어찌할 수 없는 일종의 불운한 상황이다.) 그 문제들을 해결하기 위해 한발 한발 작지만 알찬 노력들을 해 나가는 것 외에 우리가 선택할 수 있는 방법은 없다.

하루하루의 견실한 노력.

일본 교세라 그룹의 이나모리 가즈오稲盛和夫 회장의 말이다. 나는 이 말을 무진장 좋아한다. 하루하루의 견실한 노력을 다하고 이것이 쌓이고 쌓이면 상황의 획기적 반전을 가져올 순간은 반드시 온다고 내 자신의 여러 체험을 바탕으로 자신 있게 말할 수 있기 때문이다. 적어도 위기에 좌절해 더욱 나쁜 상황으로 스스로를 몰아가지는 않지 않겠는가. 아무튼 나는 그렇게 육체와 정신이 완전히 만신창이가 된 상태에서 조금씩 호전되면서 공중보건의사로서 3년의 짧지 않은 생활을 경기도 화성의 한 농촌에서 시작했다.

대한민국 남자라면 현역병이 되었든 다른 형식이 되었든 병역법에 정해진 대로 병역 의무를 수행해야 한다. 군대에서 현역 병사로 병역 의무를 이행하는 데에는 많은 어려움과 위험이 따른다. 20대의 젊은 나이에 자신의 목숨을 걸고 병역 의무를 수행하는 대한민국 남성들에게 특별한 예우와 실질적인 정당한 보상이 있어야 한다고 내가 늘 생각하는 이유다.

의사 면허를 취득한 후 나는 관련법에 의해 의료 취약 지역에서 공중보건의사로 병역 의무를 이행하게 되었다. 내가 근무했던 곳의 1층은 꽤 넓은 공간으로 진료실과 행정 사무실 등이 있었고, 2층은 내가 사는 관사였다. 물론 버스나 택시, 자가용을 이용하면 15분 내외에 많은 민간 1차 의료기관과 2차 의료기관이 있어 면단위 마을에서 보건지소를 찾을 일은 별로 없었다. 하루 진료 인원은 대략 10여 명. 대부분 고혈압과 당뇨병 등 만성 질환자와 감기 등 상기도 (기도에서 기관지·후두·인두·코 안이 있는 부위) 감염 환자, 경도의 외상 환자 등이었다. 공중보건의사들이 근무하는 보건지소는 지소장이 공중보건의사로 진료 업무도 적은 곳이 많다. 오랜만에 나는 한가롭고 여유 있는 시간을 보낼 기회를 맞게 되었다.

진료실에 앉아 내가 주로 했던 일은 이런저런 생각을 하는 일이었다. 평소 읽고자 했던 책을 읽었고 진료실 앞마당을 거닐며 생각에 빠져드는가 하면 간혹 담당 지역의 여러 마을에 건강검진이나 상담을 나가기도 했다. 무연고 노인 등 사망자가 발생하면 시체검안서를 작성했다.

보건지소에 처음 도착해 두 달 정도 지나자 차츰 생활에 익숙해지기 시작했다. 공중보건의사는 원칙상 해당 지소에서 숙식을 하게 되어 있지만 예외적 사유가 있을 때에는 집에서 출퇴근하는 것도 가능했다. 나는 당시에 자택이 서울에 있었지만 차를 타고 한두 시간씩 이동하는 것을 싫어해 3년 내내 한 곳에서 숙식했다. 주말에만 가끔 서울에 있는 집을 방문했다.

힘들게 허덕이며 공중보건의 생활에 입문하여 처음 한 달은 정신 없이 시간을 보냈다. 다른 생각을 할 겨를이 없었다. 차츰 생활에 익숙해지면서 들었던 생각은 36개월을 한곳에서 같은 패턴의 생활을 한다는 사실이었다. 학문적·직업적 경력을 쌓는 데에 3년이란 병역 의무 기간이 지나치게 긴 것이 아닌가 하는 생각이 들었다. 보통 서울대 의대를 졸업하고 석·박사 통합 과정에 들어가면 3년 내외에 집중적 학업과 연구 끝에 해당 학문의 박사 학위를 얻을 수 있다. 그러나 어쩌랴? 법과 제도가 그렇게 되어 있는 것을.

그럼에도 불구하고 우리나라 대부분의 20대 남자들은 여러 가지 어려움과 위험, 또 기회비용을 치르면서 병역 의무를 충실히 수행하고 있다. 이것이 우리의 국방과 사회의 필수적 기능 유지에 중차대한 역할을 하고 있고 무엇보다 현실이다. 이러한 생각과 불만은 옳지 않았다.

당위적 판단을 넘어 두 달이 넘어선 시점이 되니 내 생각이 또 달라졌다. '지금 이 시간이 아니면 언제 내가 이렇게 충분한 시간적 여유를 가져 볼 것인가' 하는 생각이 들었다. 10대 중반 이후 중학교 3학년 때부터 스스로를 가혹하게 몰아붙인 나였다. 고등학교 3년, 대학교 3~4년을 무지막지한 학습과 독서에 매진했다. 그리고 20대 청년 시절은 인간과 인생과 세계, 사회와 역사에 대한 미숙하기 짝이 없었던 질문들·의문들에 사로잡혀 정신적 고뇌, 번뇌의 시절을 오랜 기간 보냈다. 신체를 괴롭히는 천식을 포함한 심각한 알레르기 질환들, 계속된 식욕 저하와 체중 감소, 신체의 허약함과 깊은 우울함으로 심신은 깊은 병적 상태에 빠져들었다. 어떻게 치유되거나 회복할 기미조차 보이지 않았다.

의대를 졸업하고 죽을힘을 쥐어짜 스스로 여러 병원을 찾아다니며 많은 의사들의 도움을 받아 조금씩 건강을 회복했다. 오랫동안 나를 괴롭혔던 근원적 질문들 중 어떤 것들은 어느 정도 유보하는 자세를 체득하면서 정신적 고뇌에서도 조금씩 벗어나고 있었다.

공중보건의사로서 3년의 생활 동안 나는 무엇보다 스스로가 결단할 수 없었던 한적하고 고립된 시골 생활과 시간적 여유의 환경에서 심신의 질병 치료에 더 노력했다. 근력 운동과 체력 운동들을 체계적으로 해나갔다. 차츰차츰 눈에 띄지 않는 속도로 건강이 회복되고 있었고 1년 반 이상의 시간이 지난 후에는 스스로 명확하게 느낄 정도로 건강이 호전되었다.

정신적 고뇌를 벗어나거나 적어도 그것을 견디며 함께 갈 수 있는 정신의 강건함을 기르기 위해서도 나는 시간적 여유를 충분히 이용하기 시작했다. 고등학생 때부터 제대로 이해하지도 못한 채 읽기 시작했던 여러 가지 책들, 또 대학생 때 읽었고 또 읽고자 계획했던 책들, 읽고 생각하고 글을 쓰며 굴러가는 눈공처럼 새로운 의문들과 지식의 필요성이 증가하며 새롭게 알게 된 여러 학자들과 책들, 이런 책들을 읽고 생각하고 글로 정리하는 작업을 3년간 지속적으로 수행했다. 이 일은 이후 내가 지성적 작업, 내 스스로 사유 투쟁이라고 부르는 그 이후의 나의 지성 운동에 기본 습관으로 자리 잡았다.

물론 때로는 고통스러워하고 절망에 빠지기도 하고 때로는 환희와 희망을 일으켰던 이 독서와 사유, 끊겼다 이어졌다 하던 글쓰기 작업은 더는 시간에 구애받지 않았다. 그런 바탕에서 만들어진 매우 구체화된 근본적 질문들을 혼자 관사의 앞마당을 한계 없이 거닐며 곱씹는 작업으로 나는 수많은 번뇌와 정신적 고뇌, 하루 중 불현듯 나타나는 사고의 발작thought attack들이 제기한 문제들에 대해 나름의 해결책을 찾기에 이르렀다.

어떤 것들은 내 나름의 결론을 내고 최종적으로 결론지었다. 어떤 것들은 잠정적 유보를 하며 더 탐색을 진행하고 어떤 것들은 문제 자체를 지워버리는 등 정신의 의문과 수많은 생각거리들을 품에 안고 함께 살아갈 방법을 체득하기에 이른 것이다. 이때에 내가 주로 읽었던 책들과 각 책들에서 내가 주목했던 문제들을 간략하게 정리해 보려고 한다.

도스토옙스키와 아도르노, 내가 읽은 책들

도스토옙스키의 소설들. 나는 대학생 때부터 도스토옙스키의 소설들을 간혹 읽었지만 주제 의식이나 인물들의 깊이 있는 이해에는 도달하지 못했다. 석양이 질 무렵이면『카라마조프가의 형제들』,『죄와 벌』,『죽음의 집의 기록』,『악령』,『학대받은 사람들』등의 소설들을 정독하기 시작했다. 소설 속에 등장하는 인물들이 제시하는 근본적 의문들과 다양한 인간 군상들을 보며 나는 수년간 도스토옙스키 세계에 살았다고 할 정도였다. 아마 28세 때부터 다시 읽기 시작하여 30중반의 나이까지 여러 번 되풀이해 그의 소설들을 읽으며 소설의 인물들이 제기하는 인간의 본성과 인간 행동의 한계에 대한 문제들, 신의 문제들 또 독특한 천성과 삶의 경험을 통해 놀라운 색채를 뿜어내는 많은 인물들을 생각하며 내 자신에게 던졌던 문제들을 함께 생각해 보는 기회가 되었다.

나는 도스토옙스키 세계에서 어느 시점에 빠져나와야 했다. 후에

'졸업'을 선언하게 된 계기는 내가 공중보건의사 3년간 지성 운동을 하며 사회와 역사에 눈을 떴기 때문이었다. 서른 중반을 넘긴 이후 나는 더 이상 도스토옙스키를 읽지 않았다. 최근 몇 년 사이에 20대 청년 몇 사람에게 『카라마조프가의 형제들』을 선물하면서 가끔씩 『카라마조프가의 형제들』과 『악령』의 스타브로긴과 키릴로프의 이야기를 읽는 정도다.

도스토옙스키의 소설들에서 삶의 구체적 현장에서 사유하고, 행동하고, 정신적 문제들에 몸부림치는 인간 군상들을 통해 한 개인이란 차원에서 삶의 본성, 인간의 본성, 신과의 관계, 인간 이성과 행동의 한계 등의 문제를 조명해 보는 것을 배웠음은 틀림없다. 이를 더 확장하여 인간 일반의 문제, 사회와 역사 속에서 추상적 개념으로 문제를 제기하고 해명하는 것을 나는 아도르노^{Theodor Wiesengrund} Adorno(독일의 철학자, 미학자)의 철학에서 배웠다고 말할 수 있겠다.

대학교에 갓 입학했을 때 첫 2년 동안 철학과 학생들만큼 철학 과목 강의를 많이 들었던 기억이 난다. 그러나 젊은 나이에 혼자서 서구 철학을 공부하고 깊은 이해에 도달하는 것은 사실상 불가능한 일이라고 생각한다. 서구 철학의 문제들을 온전하고 깊게 이해하기 위해서는 이 분야의 전문적 학자들의 도움을 받아야 한다. 서구 철학 역시 매우 전문적인 분야다. 하지만 모든 사람이 서구 철학의 전문가가 될 수도 없고 또 그럴 필요도 없다. 즉, 일정한 한계 내에서 나름의 이해를 하면 되는 것이다. 자신의 문제를 해결하기 위해 얼마간의 단초만 얻어도 충분한 것이었다.

한스 요아임 슈퇴리히의 『세계철학사』, 코플스톤의 『중세철학사』

등을 읽고 서구 철학 전반의 개괄적 이해를 한 후 근대 이후 철학에서 데카르트, 흄, 버클리, 칸트, 베르크손 등에 대한 기초적 이해를 바탕으로 아도르노의 책들을 수년간 반복해서 읽었다.『계몽의 변증법』,『미니마 모랄리아』,『미학』,『부정변증법』 등이 그것이다. 아도르노를 철학사적으로 여러 가지 차원에서 규정·분류하고 있지만 그가 인류의 역사를 몰락의 역사로 이해하고, 인간의 인식 도구인 개념의 사용을 그 자체로 폭력과 지배로 이해하는 것은 기본적으로 동의하지 않을 수 없었다. 이 문제는 나를 큰 고민 속에 빠뜨렸다.

인간의 앎, 인식의 문제에 대해 칸트를 읽으며 인식의 본질에 대한 이해도를 높여 갔다. 그렇지만 인간의 인식의 문제는 여전히 미궁이었다.

아도르노 이해를 위해 헤겔을 아주 얇게 거치며 온전한 이해에 한계가 있을 수밖에 없음을 알고 있었다. 그렇지만 집요하게 그의『부정변증법』을 읽고 또 읽었다. 이해를 위해 아도르노를 해설한 한글로 나온 책들을 찾았는데 당시에는 거의 없어 겨우겨우 책과 논문 몇 편을 구하여 읽으며 조금씩 이해도를 높여 갔다. 요즘에는 아도르노에 대한 한글 연구 서적들이 상당히 많이 나와 있다.『부정변증법』으로 인간 인식의 역동적 과정을 어렴풋이 일별하게 되었다. 그의 부정적 변증법과 비동일자 개념으로 인간 인식의 근원적 한계, 그리고 인식의 본성에 대해 나름 이해를 하게 되었다.

비동일자는 간략히 설명하면 우리 인식의 도구인 언어, 즉 추상화된 개념으로 포착할 수 없는 인식의 대상을 말한다고 볼 수 있다. 우리의 개념으로 대상을 인식하지만 개념은 그 추상성의 정도에만 차이가 있을 뿐이지 개념은 언제나 추상이라는 작용에 의해 만들어진 것이다. 그래서 한 개체와 또 다른 개체를 하나의 공통 속성을 근거에 의한 하나의 개념으로 인식할 때 각 개체의 개별성은 인식에서 배제되어 버린다. 한 개체 역시 시간에 따른 변화를 계속 겪고 있으므로 한 개체를 추상적 개념으로 규정하는 것도 결국은 그 개체의 개별적 속성을 배제해 버리는 결과를 낳게 된다. 그렇게 배제되고 사상捨象되어 버리는 대상의 성질들과 대상 자체가 바로 비동일자인 것이다. 따라서 우리의 인식은 비동일자를 온전히 인식할 수 없다. 부정적 변증법이라는 인식 과정으로 비동일자의 일단을 인식하려는 노력과 한계 지어진 인식이 우리가 얻을 수 있는 최선의 것이다. 그리고 비동일자를 이야기한 아도르노를 통해 인간의 예술이란 활동의 가치와 의의에 새로운 이해를 하게 된 것은 나에게 큰 성과였다.

아도르노를 접하고 난 후 나는 발표하지 않는 소설을 쓰는 '은둔 소설가'가 되었다. 소설을 쓰는 일이 또 하나의 직업이 되었다. 물론 소설 쓰기 작업은 마흔이 넘어 시작하여 발표하지 않은 소설이 여러 편이 된다. 여전히 시간적 여유가 있을 때 다양한 주제의 소설들을 간혹 쓰고 있다. 언젠가 기회가 되면 소설들도 발표할 생각이다.

이러한 동력과 계기의 핵심은 공중보건의 때 접하고 많은 시간을 들여 공부했던 아도르노 교수였다. 아도르노에 대한 나의 집요한 독서는 대략 5~6년간 이어졌다. 지금도 일 년에 몇 번은 『미니마 모랄리아』나 『부정변증법』을 펼쳐서 내가 좋아하는 대목들을 간혹 읽기도 한다.

원해서 한 일은 아니었지만 한 선배의 권유로 한양대학교 인문대학원 철학과에서 석사 과정 2년을 공부할 기회를 얻었다. 서른 중후반의 일이다. 진료 업무와 애국운동으로 정신없이 바쁜 와중에 (게다가 나는 그때 현재의 아내와 연애까지 하고 있었다.) 철학 강의를 일주일에 두 번을 들으면서 강의 이해를 위한 공부를 제대로 하지 못했다. 그래도 그런 기회를 가질 수 있게 주선해 준 선배와 지도 교수님께 감사를 드린다. 철학 석사 과정 2년 수료를 하며 서구 철학이 얼마나 방대한 역사를 갖고 있는지를 알게 되었다. 특정 철학자 몇 사람을 온전하게 이해하는 것만으로도 평생을 다 바쳐야 할 정도라는 사실을 학문의 현장에서 실감하게 된 것이 큰 성과라면 성과라고 할 수 있겠다. 무지無知의 지知라는 성과를 얻은 것이다.

이후 시사 문제를 보도하는 신문들을 관심 갖고 읽었다. 그러면서 우리 역사의 관심으로 이어져 『삼국사기』, 『고려사』, 『조선왕조실록』 등에서 관심 있는 시기를 읽으며 역사 문제와 사회 문제에 본격적으로 눈을 뜨기 시작했다. 우리 정치사와 사회문화사 등에 관심을 갖고 『여말선초 건국의 정치사』, 『고려시대의 원간섭기』, 『왕건의 삼국통일사』, 『고구려사』, 『신라사』, 조선 당쟁사와 사화의 역사 등을 읽으며 우리 원천 국가인 여러 왕조 국가들의 역사를 공부했다.

조선 말기의 역사, 일제식민지 역사, 해방 공간, 정부 수립, 6·25

독서와 사유, 사상의 정립 시대

남침전쟁, 이승만 전기, 박정희 전기 등 우리 현대사의 책들을 접하고 당대에서 어떻게 우리의 역사관·국가관을 확립해야 하는가 하는 문제들에 대해 생각했다. 자연스레 정치·경제·사회사상 문제, 사관 문제 등 크게 표현해서 사회사상 문제에 관심을 갖게 되었다. 정치·경제 사상을 이해하는 데에는 역시 윤리학, 도덕 철학의 이해가 있어야 했다. 칸트의 윤리학과 유학 사상, 즉 논어, 맹자, 대학, 중용, 서경 그리고 법가 사상인 상군서와 한비자 등을 읽고 우리 생활 경험에 이미 깊게 녹아 있는 유학·법가 사상의 의미와 성과는 물론 한계를 깊게 생각했다.

불타의 삶을 읽으며 사생관을 깊게 사유하는 기회를 갖게 되었다. 불교의 인식론과 수행론, 자이나교의 사상과 수행론을 읽으며 사상의 중요성과 역시 사생관 문제를 깊게 생각했다. 도쿠가와 막부 중기 시대에 출간된 야마모토 쓰네토모의 무사도에 대한 책『하가쿠레』를 접하고 일본 무사도의 이해를 높였고 무용武勇과 신체의 중요성을 깊게 자각하는 계기가 되었다.

안중근 의사의 전기, 안응칠 역사는 내가 애국운동을 수행함에 있어 직접적 행동의 계기를 만들어 준 책이었다. 안중근 의사의 삶은 지금까지도 나의 애국운동, 정치가로서의 삶에 끝없는 영감과 자극을 주고 있다. 20대 후반에 시작한 나의 애국운동은 이제 20년을 넘겼지만 지금도 중요한 일을 앞두고 있을 때에 남산의 안중근의사기념관을 찾는다.

사상 확립과 단련기,
인간에게 가장 필요하고 중요한 것은

　공중보건의 3년을 마치고 난 이후에는 그때만큼 맘 편히 충분한 시간을 할애해 독서와 사유의 시간을 보낼 수 없었다. 공중보건의 생활을 마칠 때 즈음, 사회와 역사 문제에 깊은 관심을 갖고 뭔가 행동하지 않으면 안 된다는 생각에 사로잡혀 있던 나는 의대 졸업 후 세웠던 기초의학의 박사 학위 취득을 위한 대학원 진학 계획을 일단 접었다. 내가 몇 년만 사회에서 해야 할 일들과 하고 싶은 일들을 한 후에 나이는 좀 더 들겠지만 그때 다시 의학자의 길을 가자고 생각했다. 그러나 이런 결정은 나의 인생행로를 완전히 바꾸어 다시는 의학자의 길을 가지 못하는 결과를 낳고 말았다.

　직업으로 진료를 하는 임상의사의 길을 가면서 국가 안보를 위한 애국운동의 길에 들어선 것이다. 서른 초반의 나이였다. 공보의 3년을 거치며 사상의 정립과 단련을 위한 기초를 단단히 닦은 신체의 중요성을 절감하여 부단한 신체 단련으로 수년 만에 제법 단단한 몸과 체력을 만들었다. 이때 만들어진 신체 단련 습관이 현재까지도 계속 이어져 그 후 수많은 어려운 일들을 해내는 데에 신체적 바탕이 되었다. 임상의사와 애국운동을 병행하면서 사상 학습과 사유 투쟁 역시 게을리할 수 없었다. 애국운동을 제대로 하기 위헤서는 사상 정립과 끝없는 단련이 필요했기 때문이다. 틈틈이 여유가 있을 때마다 책을 읽고 논문 등 여러 신뢰할 수 있는 자료들을 찾아 읽었다.

그러한 노력이 바탕이 되어 나이 마흔이 되던 무렵, 그러니까 대략 2011년에는 제법 시간적 여유가 생겼고 다시 독서량을 늘렸다. 특히 윤리학과 사회윤리학, 헌법학, 국가학, 정치경제 사상에 대한 공부를 조금씩 늘려갔다. 2012년에는 본격적으로 개인병원을 개업하여 당분간 진료에만 매진할 것을 결심했다. 그 후 수년간 개인병원 운영과 진료에 집중했다. 많은 환자를 진료하고 또 개인 사업체로서 규모 있는 의원급 의료기관을 운영하는 것은 결코 쉬운 일이 아니었다. 하루 종일 진료와 사업체 운영에 온 힘을 다하면서도 인간과 인간의 삶과 사회와 역사, 세계에 대한 나의 사상을 어느 정도 확립해 가고 있었기에 더욱 확고하게 그것을 정립하고 아주 단단하게 단련시켜 내 심신의 일부가 되도록 만들지 않으면 안 되었다.

하루 중 도저히 독서와 생각, 글쓰기 시간을 낼 수 없어 이 시기 몇 년간 글 쓰는 것을 포기했다. 대신 진료 도중 시간이 날 때마다 책을 들고 진료실을 걸어 다니며 책을 읽었다. 책을 손에서 놓지 않았다. 그리고 여러 가지 주제에 대한 나의 생각들을 확고한 방식으로 정리하기 시작했다. 당시 우리 병원의 성실한 몇몇 직원들은 나를 두고 '저 원장은 도대체 쉬지를 않네. 끊임없이 뭔가를 하고 있잖아. 대체 무엇을 위해 저 고생을 사서하고 있는 걸까?' 하는 의문을 품었다고 한다. 세월이 한참 흐른 후 사석에서 그때의 이야기를 듣고 한바탕 웃었던 기억이 난다.

일을 하면서 끊임없이 책을 읽고 생각을 정련해 나가면서 마흔 중반 정도가 되자 나의 사상, 즉 인식에 대한 견해, 윤리도덕에 대한 견해, 사회와 역사에 대한 견해, 세계에 대한 견해 등 나의 사상을 확고하게 정립하게 되었다. 그것은 내가 2장에서 그 사상적 확립의 편력을 간략히 정리한 바와 같이 수없는 좌절과 미숙함, 무기력, 신체의 질병과 싸우면서 일정한 한계를 자각하고 있음에도 불구하고 중단 없이 '하루하루 견실한 노력'으로 일일신日日新우일신又日新한 결과물이다. 생각은 확고해졌고 신체는 인간의 한계를 넘나드는 에너지를 요구하는 막중한 과업들을 단호히 수행할 만큼 단단해졌다. 그간 내가 30대와 40대에 펼쳤던 중단 없는 애국투쟁들과 의료 정책투쟁, 그리고 이제 막 시작한 제도권 정치는 오랜 시간 사상의 흔들림 없는 정립 노력으로 가능해졌다.

인간에게 가장 필요하고 중요한 것은 바로 '사상思想'이다.

박치기,
의료 정책운동에 투신

의학적 지식에 근거한 의학적 문제 제기는 당연히 과학적 검증의 영역에서 그 진위가 밝혀지고 해결하는 것이 정도다. 즉, 박주신이 재판에 출석하여 공개적인 의학적 검증을 하면 이 문제는 끝난다. 이것을 형사적·민사적 소송으로 대응하려는 그 자체가 잘못된 것이다. 현재 기소된 사건에서도 반드시 나는 승소를 확신하고 있다. 사망한 박원순 시장 측이 어떤 방식으로 나에게 문제 제기를 해 오더라도 나는 고 박원순 시장 측과 싸움을 멈추지 않을 것이다.

박치기, 거칠게 의분義憤을 표현하다

"어떻게 부결시킬 수가 있습니까? 도저히 인정할 수 없습니다!"

회의실 단상 앞에 서 있던 나는 대의원들을 향해 격한 목소리를 높였다. 그러고는 곧바로 사회자 앞으로 달려들어 단상에 내 머리를 수차례 들이받았다. 강력한 항의 표현이었다. 갑작스러운 나의 단상 박치기에 사회를 보던 의장단은 물론 사회자, 주변 직원들 모두 당황하고 놀란 듯했다. 동시에 동료·비서들과 의협 직원들까지 달려와 나를 제지하려 했지만 나는 아랑곳하지 않았다. 오히려 목소리 톤을 더욱 높였다.

"비키세요! 의사 회원들 목숨이 걸린 일입니다. 의사 회원들 목숨이 걸린 일이기 때문에 제가 오늘 피를 뿌릴 겁니다. 피를 뿌릴 겁니다!"

말이 떨어지기 무섭게 나는 다시 단상 앞으로 달려들었다. 이를 막으려는 여러 직원들·동료들과 격렬한 몸싸움 후 나는 회의장 앞쪽 통로를 이용해 회의장 뒤편으로 걸어가며 다시 큰 소리로 말했다.

"제가 누구를 미워해 여기 나온 것이 아닙니다. 의사 회원들 목숨이 걸려 있는 일이기에 반드시 불신임이 필요합니다. 도대체 무엇을 하고 있는 겁니까."

회의장 뒤편으로 가서 회의장 문을 나서기 전에 나는 다시 회의장 문에 앞머리를 여러 차례 부딪쳤다. 분노의 표현이었다. 두피나 이마가 찢어지지는 않았지만 앞머리가 빨갛게 변했다. 그날, 또 다음 날 약간의 두통과 어지럼증이 있었다. 두피와 두개골에서 유래한 통증이 수일간 계속된 듯했다.

나는 분노로 몹시 흥분한 상태였다. 당시 갓 출범한 문재인 정부가 대표 의료 정책으로 제시했던 소위 '문재인 케어'를 극렬하게 반대하는 중심에 서 있었다. 대한의사협회 제39대 집행부와 심각한 의견 충돌이 있었다. 서로 간의 이견을 좁히지 못하다가 당시 추무진 의협 회장 불신임을 추진하게 되었던 것이다. 대의원 3분의 1 이상 동의를 받아 2017년 9월 16일 회장 불신임을 위한 임시대의원총회가 개최되고 있던 상황이었다.

이 회의에 참석한 대의원 3분의 2 이상이 찬성하면 회장은 불신임으로 회장직을 상실하게 되는 것이다. 나는 당시 추 회장과 개인적 인연이나 악연이 있는 것은 아니었다. 문재인 정부가 추진하던 비급여의 전면 급여화 정책은 의료계와 국민 모두에게 큰 부작용을 일으킬 것이 분명했다. 그래서 나는 의협 집행부에서 적극적으로 반대운동에 나설 것을 요구했다. 의협 집행부는 정부 측과 협상으로 이 문제를 해결하려 했다. 결국 문재인 케어를 강하게 반대하는 입장을 대변하고 있던 전국의사총연합(이하 전의총) 상임대표였던 나는 당시 추 회장의 불신임을 추진할 수밖에 없었다. 그 결과 임시대의원총회를 열었던 것이다.

회장 발언이 있은 뒤 곧바로 불신임 투표에 들어갔다. 결과는 186명 참석, 투표에 106명 찬성. 부결된 것이었다. 회장의 불신임에는 투표 참석자의 3분의 2 이상의 찬성이 필요했다. 나는 지금 의사들이 이토록 심각한 위기 상황에 처해 있는 데도 대정부 투쟁 노선을 취하지 않고 대화 노선을 취하고 있는 당시 의협 집행부를 사실상 재신임하는 결과를 보여 준 대의원회 대의원들의 생각을 이해할 수 없었다. 투표 결과를 보고는 순간적으로 강한 의분이 활화산처럼 폭발해 버렸다. 박치기 사건은 그렇게 해서 나를 의료계 내 많은 의사들에게 강하게 각인시키는 사건이 되었다. 그렇지 않아도 우익 시민 사회 운동계에서 '과격함'이라는 꼬리표를 붙이고 다니던 나에게 그런 선입관을 더욱 강화시키는 계기가 되었다. 그 이후 벌어지게 되는 대한의사협회의 대정부 투쟁 노선으로의 전격적 전환을 우리 사회에 예고하는 상징적 장면이 되기도 했다.

본격적인 의료 정책운동의
길로 들어서다

우리나라 의료 제도는 참으로 많은 문제점을 안고 있다. 사회의 주요 영역들마다 크고 작은 문제들이 편재해 있겠지만 보건 의료 제도 역시 쉽게 해결하기 어려운 본질적인 난제들이 한두 가지가 아니다. 세계에서 최상위권에 드는 국민 평균 수명에 비해 상대적으로 낮은 의료비와 세계에 유래가 없을 정도의 우수한 의료 접근성 등 우리의 의료 제도는 일견 매우 성공적으로 잘 정비되어 있다. 미래에도 지속 가능할 것으로 보이기도 한다. 그러나 현재의 의료 제도는 일 년 일 년을 겨우겨우 버텨내고 있다고 해야 할 만큼 지속 가능성이란 점에서 심각한 문제점을 지니고 있다. 민간의료기관이 90% 이상을 차지하면서 국민건강보험이란 사회보험 체제 하에서 의료 제도가 만들어져 있는 터라 정확히 표현한다면 '전시동원 체제' 형태의 의료 제도를 유지하고 있는 것이다. 의료 제도의 문제점과 그 해법을 제시하는 것만으로도 아마 두꺼운 책 한 권을 써도 부족할 것이다.

여기서는 의료 제도에 수많은 문제가 있다는 점만 말해 두겠다. 이런 문제의식에서 나는 의료 정책에 자연스럽게 관심을 갖게 되었다. 20대 후반, 30대 초반부터 시작했던 사회운동 경험 탓에 어떻게 하면 이런 어려운 의료 정책 문제들을 가급적 빠른 시간 안에 해결할 수 있을까 하는 생각을 가끔씩 했다.

서울대학교 의과대학을 졸업한 후 나는 대부분의 졸업생이 걷는 길을 가지 않았다. 즉, 임상의사로서 인턴(수련의), 레지던트(전공의)의 길을 밟고 전문의를 취득한 후 의과대학 임상교수의 길을 걷거나 개업 의사나 병원 근무 의사로서의 길을 가지 않았던 것이다.

의과대학을 다니던 시절 2학년 말쯤에 (보통 6년제 의과대학에서는 2년을 예과 과정, 의과대학 4년을 본과 과정이라고 한다.) 진료 현장에서 환자를 보는 임상의사가 아닌 연구실에서 의학 연구를 하는 의학자가 되겠다는 생각을 했다. 의대를 졸업한 이후 병역 의무 이행을 위해 공중보건의사로서 3년 근무를 마치고 의대의 약리학 교실에 들어가 석·박사 과정을 밟을 생각이었다. 약리학 교실에서 인턴 1년 근무 경력을 요구한다면 수련병원에서 1년 과정을 밟을 생각도 하고 있었다.

그런데 공중보건의사로서 농촌 지역에서 3년을 보냈다. 결코 짧은 시간이 아니었다. 진료나 공부의 부담이 거의 없는 공중보건의 생활이다 보니 고등학생, 대학생 때 읽으려고 했던 많은 책을 읽게 되었다. 또 다양한 분야의 사람들도 대학 다닐 때와는 비교할 수 없을 정도로 많이 만나게 되었다. 그러면서 원래 천성에 그러한 강한 경향성이 있었던 탓인지 정치경제 문제, 사회적인 문제에 관심을 갖게 되었고 그런 문제들을 해결하는 사회운동에 많은 관심을 기울이게 되었다. 공중보건의사를 마치고 바로 대학원에 가려던 계획을 바꿔 1~2년만 의사로서 진료를 한 다음 다양한 사회운동에 입문적 경험을 얻을 생각이었다. 실제로 나는 그렇게 실행했다. 당시의 이런 결정은 이후 내 삶의 도정에서 학생 때 품었던 의학자의 길과는 영원히 결별하는 결과를 낳게 되었다.

그 결정 이후 병원에서 근무하기도 하고, 1차 의료 의원을 개업하여 개업 의사로서 활동하며 사회 개혁을 위한 여러 가지 사회운동에 종사했다. 당연히 나의 생활을 위해 진료를 계속했고 진료 현장에서 몸소 체험하게 된 의료 제도의 모순점들은 한둘이 아니었다. 분노에 치를 떨기도 했고 실무 행정을 수행하는 공무원들과 공공기관의 직원들 그리고 자동차보험회사의 직원들과 싸우기도 했다. 의료계 내의 잘못된 의료 정책들을 자꾸 만들어 내는 사람들과도 싸웠다. 틈

틈이 의료 제도에 대한 책들과 여러 자료들을 읽고 많은 선배 의사들도 만났다.

그러면서 의료 제도의 문제점들과 개선 의지, 근본적 개혁 의지가 생겨났지만 나는 가급적 의료 정책운동의 중심적인 위치에 서지 않으려고 의도적으로 노력했다. 한참 내가 의료 문제에 관심을 기울이기 시작할 때가 36~37세로 의료계 내에서 나의 진료 경력은 짧았다. 의학적 연구 경력과 의료 정책학에 대한 체계적인 공부 경험은 거의 전무했다. 또 의료계를 주도하는 사람들의 평균적인 연령을 생각했을 때 내가 의료 정책운동을 주도하는 작은 조직의 대표라도 맡는 것은 결코 바람직하지 않다고 판단했기 때문이다.

그러다 우연한 계기로 2014년 당시 전국의사총연합이란 의료계 내의 가장 큰 임의단체인 의사들의 조직에서 내부 의견 충돌을 크게 겪고 있다는 사실을 접했다. 일부 사람들로부터 이런 문제들을 주도적으로 해결해 줄 것을 부탁받게 되었던 것이다. 2014년이면 내가 43세였을 때였다. 당시 나는 몇 개의 의료 정책운동 단체들과 교류를 했다. 또 사회운동 경력이 점점 쌓여가면서 조직을 운용하는 역량을 꽤 축적하고 있었던 터라 이를 높이 평가한 의료계 사람들이 그러한 요청을 해 왔을 것이다. 나는 관련된 여러 사람들을 만나 대화를 하고 나름 조직의 단결을 위해 노력했다. 하지만 별 소득 없이 조직의 단합을 위한 나의 활동은 무위로 끝났다.

그 과정에서 만난 여러 사람들과 함께 새로운 의료 정책운동 단체를 만들어 기존 전의총의 문제를 비롯해 여러 가지 중요한 의료 현안들에 대응하자는 중지衆志들이 모여 의료혁신투쟁위원회(이하 의혁투)라는 단체를 창립했다. 의혁투는 2015년 2월경 2~3개월간 사전 준비 작업을 거쳐 발족식을 하고 공식적으로 창립되었다. 2015년, 2016년 약 2년 동안 소규모 조직의 한계와 재정적 한계에도 불구하고 대내외적으로 많은 일을 수행했다. 의혁투를 창립하자마자 지금은 고인이 된 박원순 전 서울 시장과의 인연인지, 악연인지 모를 갈등이 발생했다.

박치기, 의료 정책운동에 투신

박원순 시장은 왜 그랬을까

2015년 3월, 중동호흡기증후군(MERS, 이하 메르스)이 갑자기 병원 등 의료기관을 중심으로 발생했다. 비교적 높은 치명률을 보이면서 전파 초기에 우리 사회 전체는 큰 충격을 받고 공포에 떨었다. 당시 박근혜 정부에서도 처음으로 접하는 정체불명의 감염병이다 보니 초기 대응에 어려움이 있을 수밖에 없었다. 삼성서울병원을 시작으로 여러 대형 병원들에서 메르스 환자들이 확인·확진되고, 일부는 사망하면서 정부 대응에 대해 당시 야당의 날선 비판이 제기되었다.

더욱이 당시 박원순 서울 시장이 갑작스러운 기자회견을 자청해 삼성서울병원의 모 의사가 자신이 메르스에 감염된 것을 알면서도 수일간 수백 명이 모인 아파트 재건축 회의 현장에 참석하는 등 사회 활동을 이어 갔다면서 방역 상 긴급한 사태가 터졌다고 밝혔다. 자신은 서울 시장으로서 메르스 사태의 해결을 위해 최선을 다하겠다는 취지의 발언을 했다. 이 기자회견은 내용 자체가 서울 시민들에게도 충격적인 것이었지만 당시 의료계는 더욱 큰 충격을 받지 않을 수 없었다. 삼성서울병원에 근무하는 한 전임의가 자신이 메르스에 걸린 사실을 알면서도, 즉 타인에 대량 전파의 가능성을 알면서도 제대로 된 격리와 치료를 받지 않고서 사람들이 많이 모인 장소를 돌아다녔다는 것은 의사의 상식으로서는 납득할 수 없는 일이었다.

　나는 이제 갓 출범한 의사들 단체인 의혁투의 공동대표로서 즉각 사건의 사실 관계 파악에 착수했다. 하루 종일 밤늦은 시간까지 조직 역량을 총동원하여 시간대별로 위에 거론된 삼성서울병원 의사의 동선을 파악하고 박원순 시장이 기자회견에서 제시한 자료와 비교 검토했다. 당시 내 결론은 박원순 시장 측이 완전히 잘못 파악한 것이거나 의도적으로 자료를 왜곡했다는 것이었다. 나로선 이런 중대한 사건을 손 놓고 가만히 있을 수는 없었다. 즉각 이 문제의 철저한 사실 규명을 위해 박원순 시장을 삼성서울병원 한 전임의에 대한 허위 사실 적시에 의한 명예훼손죄 혐의로 대검찰청에 수사 의뢰를 했다. 또한 해당 의사 동선을 일부 공개하면서 박원순 시장의 주장처럼 그 의사가 메르스에 걸린 것을 알면서도 여러 단체 활동에 참여했다는 것은 완전히 사실과 다르다는 점을 알렸다. 박원순 시장의 즉각적인 사과를 촉구했다. 삼성서울병원의 한 젊은 의사는 얼마나 억울했는지 메르스 초기의 심한 전신 증상과 호흡기 증상에도 불구하고 휴대전화로 여러 언론들과 전화 인터뷰를 하면서 자신의 억울함을 호소하며 박원순 시장 측에 분노를 표출했다.

　2015년 6월 5일, 내가 의혁투 공동대표로서 박원순 서울 시장을 삼성서울병원 한 전임의 허위 사실 적시에 의한 명예훼손죄로 수사

의뢰한 사건은 주요 언론들의 큰 관심을 끌었다. 점심 식사 시간을 이용해 대검찰청에 고발장을 접수하고 온 당일 오후에만 약 15개 방송사·신문사와 인터뷰했다. 월요일 오후라 개인병원에서는 환자가 특히 많을 때였다. 저녁 8시까지 환자를 진료하면서 중간 중간 병원으로 찾아온 방송사 기자들과 인터뷰하고, 여러 신문사 기자들과 전화 인터뷰를 했다. 몸이 녹초가 될 지경이었다. 그렇지만 잘못된 것은 반드시 바로잡아야 했다. 억울한 일을 당한 한 젊은 의사의 억울함을 반드시 풀어주어야 한다는 사명감으로 모든 인터뷰에 충분히 설명하고 상세한 근거 자료를 제시했다.

> 박원순 시장 측은 사실 관계를 삼성서울병원 측에 요구했으면 충분히 자료를 제공 받을 수 있었을 것이다. 그렇지만 노력도 하지 않고 확인되지 않은 거짓을 한밤의 느닷없는 기자회견을 통해 공표해버렸다. 이 일은 지금까지도 이해할 수가 없다. 실수라고 하면 너무나 큰 실수를 범한 것이고 만약 사실 관계를 알면서도 그러한 일을 벌였다면 매우 사악한 범죄 행위라고 할 수 있을 것이다.

어쨌든 수일간의 나와 의혁투 노력으로 삼성서울병원의 한 젊은 의사가 메르스에 걸린 채 여러 장소를 돌아다녔다는 박원순 시장 측의 주장은 사실이 아닌 것으로 국민들에게 알려지기 시작했다. 오히려 이 젊은 의사는 삼성서울병원 응급실에서 환자를 진료하다 그 옆에 누워 있던 환자에게서 감염된 것으로 밝혀졌다. 격려와 감사를 받아야 할 사람이라는 것까지 알려지게 되었다.

박원순 시장 측의 잘못된 주장에 강한 반론 제기를 하고 검찰 수사 의뢰로 대응한 것이 빌미가 되어 일주일 동안 병원에는 하루에 수십 통씩 협박 전화가 걸려 왔다. 어떤 젊은 남자는 진료를 가장하여 찾아오기까지 했다. 수많은 인터넷 뉴스 댓글에는 나를 비난하는 모욕적 언사와 온갖 협박이 난무했다. 그러나 나는 동요하지 않았다. 오래 전, 노무현 정부 시절 이미 수없이 겪은 일들이었다. 다만, 당시 내 개인병원에 근무하던 원무과 직원들과 일부 간호조무사들이 수일간 곤란한 일을 당한 일은 원장으로서 한없이 미안한 마음이었다.

안산 비뇨기과 의사의 자살

2016년 7월에는 내가 개인병원을 운영하고 있던 경기도 안산에서 동료 의사의 안타까운 비보가 들렸다. 안산의 도심에서 개인 비뇨기과를 운영하고 있던 60대 중반의 의사가 진료비를 건강보험공단에 청구하는 과정에서 청구 오류 등의 문제로 보건복지부의 현지 조사를 받게 되었다. 행정조사 일종인 현지 조사를 받은 후 수개월간 극심한 심적 스트레스에 시달리다 결국 자신의 자택이 있던 대부도에서 자살로 생을 마감한 비극적인 사건이었다.

당시 개업의사 생활 12년차로 보건복지부와 건강보험심사평가원(이하 심평원)이 함께 수행하는 현지 조사 제도나 건강보험공단이 시행하는 현지 확인 제도 등의 문제점을 잘 알고 있었다. 과거에도 현지 조사로 억울하게 건강보험금을 부정한 방법으로 청구했다는 죄를 뒤집어쓰고 삼중·사중 처벌을 받은 뒤 수개월간·수년간 심적 압박감에 시달리며 중증 우울증과 불면증·불안증에 괴로워하다 자살로 생을 마감한 의사들의 사례를 알고 있었다.

이때 의혁투의 공동대표를 맡아 진료 현장에서 의사들이 맞닥뜨리는 여러 가지 불합리한 일들과 환자들의 생명과 건강에 직접적으로 나쁜 영향을 미치는 의료 제도들에서 구체적 사례가 발생하면 조직의 여력이 닿는 대로, 또 나의 여력이 닿는 대로 최선을 다해 현안문제의 해결을 위해 노력했다. 내가 개업해 살고 있는 동네에서 불행한 일이 터졌으니 누구보다도 나는 이 문제를 빠르게 조사하기로했다. 안산시 의사회와 함께 이 문제의 조사를 신속하게 진행했다. 경기도 의사회에서도 같은 도움을 주었다.

그때 안산시 의사회 총무이사를 맡고 있던 변형규 원장은 나와 동갑내기였는데 주변의 의사들을 아무런 대가 없이 도우려는 선한 마음과 소박하고 솔직한 태도 등이 나와 잘 맞았다. 그래서 유명을 달리한 비뇨기과 의사에게 억울한 점이 있다면 반드시 밝혀내 그 억울함을 풀어 주어야겠다고 다짐했다. 또한 이런 불행한 일들을 계속일으키고 있는 보건복지부의 현지 조사 제도 자체의 개선이 반드시필요하다는 점에 있어 나와 변형규 원장은 의기투합했다.

빠르게 유족, 보건복지부와 심평원 실무자 등을 접촉해 조사를 진행했다. 한편으로는 이 사태의 심각성과 현지 조사 제도의 개선이얼마나 필요한 일인지, 의사 회원들에게 적극적으로 알릴 필요성을알게 되었다. 당시 대한의사협회 집행부에도 이 일에 적극적으로 나설 것을 촉구할 필요가 있다고 판단했다.

안산 비뇨기과 원장이 조사를 받게 된 것은 특정 의료 행위를 하고 나서 건강보험공단에 공단 부담금을 청구하는 과정에서 일부 문제가 있기는 했다. 그렇다고 큰 문제는 아니었다. 관련 청구 방법을 제대로 숙지하지 못해서 그런 일을 하는 경우가 있기도 했다. 정부와 관련 기관의 입장에서도 청구 오류 금액이 크지 않고 심각하게 받아들일 문제가 아니었다. 자신들도 조사 과정 중 강압적 언행을 한 바 없다는 입장이었다. 그러나 나는 현지 조사 과정 중 복지부 공무원들과 심평원 직원들이 현장에 나와 자신들은 느끼지 못하지만 현행 법령을 들먹이며 하는 말 한마디 한마디가 이런 일에 익숙하지 못한 국민들에게는 날카로운 비수처럼 느껴졌을 것임을 알 수 있었다. 유명을 달리한 비뇨기과 의사가 그런 일이 발생했을 때 초기에 안산시 의사회에만 도움을 구했어도 비극적으로 끝나지는 않았을 것이다.

아무튼 이 정도의 일로 현지 조사를 벌이고 그 과정에서 깊은 걱정과 심적 압박을 일으킨 정부 측의 업무 행태에 깊은 분노를 느끼지 않을 수 없었다. 당시 경기도 의사회와 안산시 의사회의 도움으로 의혁투가 주관하여 광화문 동화 면세점 앞에서 의사 1,000여 명이 참가하는 집회를 개최했다. 억울하게 유명을 달리한 비뇨기과 의사를 추모하고 잘못된 현지 조사 관행을 규탄하며 제도 개선을 촉구했다.

이후 나는 전통 상복을 준비하여 입고 7월 어느 날 용산의 대한의사협회 회관을 방문해 의협 회장을 만나 현지 조사 제도 개선의 필요성을 설명했다. 아마도 최근 수십 년의 의협 역사에서 의협 회원이 상복을 입고 단장을 짚고 짚신을 신고 머리에 밧줄을 두르고 의협회관을 찾아 앞마당에서 기자들과 질의응답을 하고서 의협 회장에게 즉각적인 제도 개선을 요구한 적은 없었을 것이다. 그때의 상복 사진은 의사 회원들 사이에서 널리 회자되었고 좀 이상한 사람이라는 소리도 더러 들었다. 그렇지만 동료 의사의 억울한 죽음에 의혁투라는 의사단체의 대표로서 적극적으로 문제를 제기하고 해결을 위해 싸우고 노력하는 사람이라는 인상을 강하게 심어 준 것도 사실이다.

의혁투와 안산시 의사회, 경기도 의사회, 대한의사협회 집행부의 적극적인 노력으로 보건복지부와 의협 간 현지 조사 개선을 위한 위원회 조직이 만들어졌다. 그 후 6개월간 상호 협의를 거쳐 서면조사, 자율점검, 현장 현지 조사 시 언행을 주의하게 된 점 등은 부분적인 제도 개선의 결과였다.

재판부는 박원순 시장 아들
박주신의 의학적 검증을 실시해야

2020년 하반기에 나는 2015년 8월부터 제기했던 박원순 전 시장 아들 박주신 관련 사건으로 인해 검찰로부터 기소되었다. 이후 2021년 8월 현재까지 총 3회의 재판을 받았다.

2015년 하반기에 박원순 시장 측으로부터 고발이 이루어진 것을 고려하면 명예훼손죄의 공소시효 5년을 불과 몇 달 남겨 두지 않은 시기에 이 사건 수사가 서울중앙지검에서 이루어졌다. 두 차례에 걸친 16시간 조사 후 기소되어 현재까지 서울중앙지법에서 재판이 진행 중이다. 2015년에 고발된 사건을 일체 수사를 진행시키지 않다가 2020년 말 공소시효가 거의 끝나가는 시점에서 수사를 시작하고 전격적으로 기소하는 것 자체가 매우 이례적인 일이라고 여러 법률가들은 판단했다. 아마도 문재인 정권 하에서 대한의사협회 회장을 3년 동안 수행하면서 여러 중대 사안에 대해 강한 비판적 입장들을 거듭 제기한 것이 이 사건의 수사와 기소에 영향을 미치지 않았겠는가 하는 것이 내가 의심하는 점이다.

고발인 측은 이미 신촌 세브란스 병원에서 검증을 받은 박주신에 대해 내가 제시한 의학적 소견들이 허위 사실이므로 그런 의학적 소견들을 발표하는 행위는 허위 사실 적시에 의한 명예훼손이라고 주장하며 고발했다.

검찰 측에서는 양승오 박사의 1심 판결에서 유죄 판결이 나온 점, 그리고 박주신에 대한 고발 사건에 대해 검찰에서 무혐의 처분한 사실 등 그간 관련 사건들의 재판 결과, 검찰의 기소 결과 등을 근거로 내가 박주신에 대해 허위 사실 적시에 의한 명예훼손을 하였다고 기소했다. 나의 변호인은 내가 주장한 것은 임상의사로서 의학적 소견을 제시한 것이고 그 의학적 소견에 따라 의학적 검증을 요구한 것이니 명예훼손과는 전혀 무관한 것이라 했다. 나는 사진 바꿔치기라든지 그런 주장은 일체 한 바 없다. 그러므로 나의 변호인은 어떤 사실이 부재하다는 것을 검찰 측이 입증하기 위해서 사실의 부존재를 입증하는 것이 어려울 때 그 의혹을 제기하는 측에서, 즉 피고인 측에서 사실의 존재에 대한 증거들을 제시하고 검찰이 그 존재의 증거들을 부정하는 방법으로 사실의 부존재를 입증한 것으로 볼 수 있다는 법리를 나의 재판에 적용하는 것은 잘못된 법리 적용이므로 그렇게 재판이 진행되어서는 안 된다고 강조했다.

변호인은 내가 한 행위는 2015년 8월 10일 기자회견을 통해 그간 언론에 공개된 박원순 전 시장 아들 박주신의 공군 입소 당시의 흉부 엑스레이 후전면 사진(이하 공군 사진), 2012년 자생한방병원에서 촬영된 박주신의 흉부 엑스레이 전후면 사진(이하 자생 사진), 그리고 2014년 박주신의 비자 발급을 위한 흉부 엑스레이 전후면 사진(이하 비자 사진), 3장의 흉부 엑스레이 사진이 공군 사진과 비자 사진의 경우 두 피사체가 일치하지만 자생 사진의 경우 그 피사체가 공군 사진(비자 사진)의 피사체와 일치하지 않는다는 의학적 소견을 발표한 것이란 점을 강조했다.

박원순 시장 측은 나에게 민사상·형사상 소송 공세를 계속 벌이고 있었다. 2016년경 나에 대해 가처분 소송이 들어왔다. 나는 이 가처분 소송에 대해 변호사를 선임하여 가처분 소송을 총 4차례 대법원까지 끌고 갔다. 결과는 나의 패소. 아무튼 이 가처분 소송 결과로 나의 의사 표현에 일부 제약이 생겼다. 박원순 시장 측은 나뿐 아니라 의사단체의 소견에 근거해 합리적 의혹들을 제기했던 신혜식 대표, 주옥순 대표 등 10여 명에 이르는 사람들에게 모두 가처분 소송을 제기했다.

2020년 하반기에 수사가 시작된, 위에서 말한 사건에서는 2015년 당시 서울시청 광장 앞에서 박주신의 공개적인 투명한 의학적 검증을 촉구하는 릴레이 1인 시위에 전국에서 참가했던 20명 내외의 사람들 전부를 집시법 위반 등으로 형사 고발을 동시에 한 사실도 고발장을 검토하며 알게 되었다. 박원순 시장 측은 이와 같은 의학적 문제를 제기한 의사들을 비롯하여 그 의사들의 의학적 소견에 근거하여 문제 제기를 한 각종 시민사회단체의 사람들, 또 일반 시민들에게까지 전방위적으로 형사 고발, 민사상 소송을 대규모로 제기했다. 이것은 사회적으로 유력한 지위에 있는 사람이 자신에게 가해지는 일반 시민들의 합리적 의혹 제기를 사전에 차단할 목적으로 남용되는 소송이라 해서 전략적 봉쇄 소송이라 불리기도 한다.

박원순 시장 측은 의혁투란 의사단체의 의학적 문제 제기에 과학적 검증으로 문제를 해결하려는 자세보다는 그것을 명예훼손 등 형사상의 문제, 그리고 의사에게 의학적 소견 발표를 금지하는 민사 소송을 제기하여 이 문제의 해결을 막으려 했다. 이는 대단히 잘못된 행동이며 박원순 시장이 자살로 생을 마감하여 이 세상에 없는 지금까지도 나에 대한 형사 고발 사건은 기소와 재판이 진행되는 상황이다.

의학적 지식에 근거한 의학적 문제 제기는 당연히 과학적 검증의 영역에서 그 진위가 밝혀지고 해결하는 것이 정도다. 즉, 박주신이 재판에 출석하여 공개적인 의학적 검증을 하면 이 문제는 끝난다. 이것을 형사적·민사적 소송으로 대응하려는 그 자체가 잘못된 것이다. 현재 기소된 사건에서도 반드시 나는 승소를 확신하고 있다. 사망한 박원순 시장 측이 어떤 방식으로 나에게 문제 제기를 해 오더라도 나는 고 박원순 시장 측과 싸움을 멈추지 않을 것이다. 이미 재판이 진행 중인 바, 이 재판에서 반드시 의학적 검증을 나의 힘으로 관철시킬 것이라는 점을 밝혀 두고자 한다.

전국의사총연합의 활동 – 전의총의 조직 통합과 재건

의사 7,000명이 가입된 전국의사총연합(이하 전의총)이라는 의사단체가 있다. 법인으로 만들지 않았고 특별히 지방자치단체에도 등록하지 않았으니 임의단체 성격이다. 그러니까 전의총은 의사들이 만든 임의단체 중 가장 큰 규모의 단체다. 앞서 잠깐 언급한 것처럼 이 단체는 2010년경 만들어졌는데 이후 시간이 지나면서 몇 가지 논제로 인해 몇몇 그룹들이 의견 충돌을 빚었다. 사적인 술자리나 대화하는 자리에서는 서로 간에 격의 없이 이야기할 수 있는 분위기였지만 단체의 운영이나 지향점 등을 논의하게 되면 생각의 간극이 꽤나 컸다.

앞서 내가 공동대표로 활동하고 있었던 의혁투는 상대적으로 크지 않은 조직임에도 꽤 많은 일을 했고 의사 사회에서는 상당히 알려지게 되었다. 의혁투의 집행부를 구성하고 있는 의사들의 다수가 과거 전의총에서 집행부로 활동했던 경험들이 있었다. 나를 포함한 의혁투 집행부 사람들의 상당수는 이제 전의총이란 단체의 의견 충돌과 여러 가지 갈등들을 해소해 전의총의 새로운 집행부를 출범시키는 게 좋겠다는 의견들이 모아졌다. 의료계에 산적한 많은 문제들이 그러한 필요성을 더욱 절실하게 만들었다. 그래서 2016년 7~8월부터는 조직 통합과 조직 재건에 대한 논의가 집중적으로 이루어졌다. 기존 전의총 집행부를 맡고 있던 사람들과 무작정 싸워서 해결할 수 있는 문제는 아니었다. 어떻게 이 문제를 잘 해결할 수 있을지 나는 전전반측 고민할 수밖에 없었다.

기존 집행부 인사들을 존중하면서 서로 간에 대화로 문제를 해결해야 조직의 발전이라는 큰 대의를 획득할 수가 있다. 그러기 위해선 양보하고 타협해야만 했다. 각자 입장에서야 자신들의 주장이 옳다고만 주장하거나 감정만 앞세운다면 대화로는 해결될 수 없다. 결국 극단적 갈등으로 치달아 서로 결별하거나 아니면 지리한 법적 소송으로 넘어갈 게 뻔했다.

나는 조직 통합 문제를 가급적 빨리 해결하기 위해 중립적 입장에서 이 문제를 논의해 나갈 수 있도록 '전국의사총연합 회원 비상대책위원회'라는 조직을 출범시켰다. 약 20명의 뜻있는 인사들로 구성했다. 우리의 주장만을 강하게 내세우지 말고 전체 회원의 정당한 권익과 단체의 지속적인 발전이라는 대의를 앞세워 양보할 부분은 양보하면서 지속적인 대화를 해나가는 한편, 단체 정관에 따른 합법적 절차를 진행해 임시회원총회를 조속히 개최하자는 것으로 활동의 방향을 잡았다. 물론 당시 전의총의 집행부를 구성하고 있었던 인사들로서는 이런 움직임에 기분 언짢아하는 사람들도 있었다. 부당하다고 생각하는 사람들도 있었다. 나는 전의총 회원 비대위 일을

박치기, 의료 정책운동에 투신

진행시키면서 그런 점들을 하나하나 불식시켜 나갈 생각이었다.

전체 회원들에게 이메일과 문자를 발송했다. 임시회원 총회 개최 당위성을 설명하고 직원 10여 명을 임시직으로 고용하여 7,000명의 회원들에게 일일이 전화를 걸어 회원 총회 소집에 동의하는지 여부를 물었다. 그 결과 약 1,000명의 회원들에게 임시회원 총회 개최 요청서를 우편으로 발송할 수 있었다. 최종적으로 수집된 동의서는 대략 530명 정도였다. 나는 이 과정을 기존 전의총 집행부 인사들에게 알렸다. 이 방법이 지금으로서는 최선의 방법이란 것을 거듭 설명했다. 또 회원 비대위 인사들에게도 적극적으로 회원들에게 임시회원 총회 개최의 당위성을 개별적으로 설명할 수 있도록 독려했다. 많은 회원들을 개별적으로 접촉하여 임시회원 총회 개최 요청서를 모으는 데에 약 50일의 기간이 걸렸다.

그때도 나는 개인병원을 운영하며 진료를 하고 있었던 터라 진료하면서 개인병원이란 개인 사업체를 운영해야 했다. 수시로 터지는 의료 현안에 의혁투의 공동대표로서 대응해야 했으며 전의총이란 단체의 조직 통합을 위한 작업을 굳건한 인내심을 갖고 한 발 한 발 진행시키지 않으면 안 되었다. 내가 살아 온 인생의 시간들이 인내의 시기가 아닌 적이 없었지만 이 시기에 내가 감내해야 했던 짐의 크기는 엄청난 것이었다. 엄청난 업무량과 심리적 압박이 극심할 때는 잠자리에 들 때면 나도 모르게 신음 소리가 날 정도였다. 아무튼 그렇게 임시회원 총회 소집을 위한 정관상의 규정 조건을 갖추고 그 이후에도 차근차근 절차를 밟아 나가기 시작했다.

약 530명의 임시회원 총회 소집 요청서가 모인 이후에 기존 집행부의 법제이사를 맡고 있던 변호사와도 긴밀히 협의했다. 전의총 공동대표와도 긴밀히 협의하기 위해 많은 노력을 기울였다. 회원 비대위에 참가하여 여러 가지 궂은일을 마다하지 않고 해 준 여러 사람들에게 나는 큰 감사한 마음을 갖고 있다. 한편 기존 집행부의 공동대표에게도 다소간 의견 충돌이 있었음에도 불구하고 조직의 발전이라는 큰 대의를 위해 많은 것을 양보하고 정관상 절차에 동의해 준 부분에 역시 고마운 마음을 갖고 있다.

그런 온갖 난관과 우여곡절을 겪은 끝에 2016년 12월 9일, 대한의사협회 회관 사석홀에 전국에서 약 150명의 회원들이 모여 임시 회원 총회를 개최했다. 총회에서 기존의 공동대표는 사퇴하고 새로운 공동대표와 상임대표를 선출하는 절차를 밟아 전의총은 새로운 집행부를 출범시켰다.

2016년 8월 말 전의총 회원 비대위를 만들어 활동을 시작한 이래 정확히 100일 만의 일이다. 조직 통합과 새로운 집행부 출범을 정관 절차에 맞추어 참여한 모든 사람들의 동의를 얻어 성사시킨 것은. 10대 초반부터 나는 온갖 크고 작은 공식적·비공식적 조직의 대표를 맡아 일을 해 왔다. 전의총의 조직 통합을 위해 한발 한발 걸은 100일 동안의 일들이 이후 대한의사협회 회장이라는 거대 조직의 대표를 맡아 회장직을 수행했던 때보다도 더 많은 인내심을 요했다. 그야말로 힘든 일이었다. 불가능할 것만 같았던 일이었지만 결국 성공했다. 전의총의 조직 통합과 새로운 집행부 출범은 조직 재건 등으로 귀결되어 그 후 단기간 내에 많은 성과를 낼 수 있었던 새로운 도약점이 되었다.

박치기, 의료 정책운동에 투신

백남기의 사망과 아직 끝나지 않은 사인死因 규명

2015년 11월 14일, 민주노총 등이 주도한 민중총궐기 투쟁본부는 제1차 민중총궐기집회를 서울 광화문 일대에서 개최했다. 이 집회에서는 약 13만 명의 대규모 인원이 모여 당시 박근혜 정부의 정책 중 국사 교과서 국정화 반대, 노동법 개정 반대를 주장하고 한중 FTA를 비판했다. 10만 명이 넘는 대규모 군중이 모인 집회였고 불법·폭력 집회로 변화되는 경우를 대비해 전국에서 수만 명의 전경들이 인근에 집결했다.

이날 오후 7시 경 전남 보성에서 올라온 백남기 씨가 시위 도중 경찰 살수차의 물을 맞고 넘어지며 서울대병원 응급실로 후송되었다. 백남기 씨는 1986년 가톨릭농민회에 가입한 후 가톨릭농민회 전국 부회장을 역임하는 등 오랫동안 농민운동에 종사해 온 전문 운동가였다. 백남기 씨는 응급실 도착 당시 의식을 잃은 상태로 두개골에 골절이 발생해 있었고 이로 인한 두개 내 출혈이 동반되어 있었다. 상태가 매우 좋지 않았지만 서울대병원 신경외과 백선하 교수가 수술을 집도하여 백남기 씨는 일단 생명을 구했다. 그러나 의식은 아직 회복되지 않은 상태로 중환자실에서 집중적인 치료를 받고 있던 참이었다.

10개월 여 생명을 이어 가던 백남기 씨는 급성 신부전 등이 악화되며 2016년 9월 25일 사망했다. 주치의인 백선하 교수는 백남기 씨의 사망진단서를 자신의 책임 하에 발급하면서 사망의 종류에 대해 병사病死로 기재했다. 실제로 사망진단서를 작성하고 서명날인한 사람은 백선하 교수의 지도를 받던 신경외과의 전공의였으나 대학병원의 경우 실질적 사망진단서 발급 책임자는 백선하 교수로 보아야 한다. 백남기 씨의 유족 측과 민중총궐기 투쟁본부 측에서는 백남기 씨가 2015년 11월 서울대병원에 입원한 이후 줄곧 경찰 살수차의 살수에 의한 압력으로 두개골 골절과 두개 내 출혈이 발생하였다고 주장했다. 이들은 백선하 교수가 발급한 사망진단서에 사망의 종류가 외인사外因死가 아니라 병사로 되어 있는 것 역시 잘못되었다고 주장했다.

경찰과 검찰에서는 사망한 백남기 씨의 부검 영장을 발부 받아 유족 측과 협의하여 사망의 원인과 기전을 정확히 밝히기 위해 부검하고자 했다. 그러나 유족은 살수차에 의한 두개골 골절과 출혈이 원인이라며 부검을 거부했다. 결국 부검은 이루어지지 못했고 백남기 씨의 장례는 부검 없이 치러졌다.

2016년 9월 25일, 백남기 씨가 사망한 이후 벌어지는 담당 의료진인 신경외과 교수 측과 유족 측 사망 종류에 대한 의견 대립을 보면서 살수차에 의한 압력으로 두개골 골절이 발생하고 이것에 의해 두개 내 출혈을 일으켜 사망했다는 주장이 의학적으로 과연 가능한 일인지 검토하기 시작했다. 공개적으로 자신의 의견을 밝힌 두경부 외과 의사이자 대학병원의 모 교수는 경찰이 시위 진압용으로 사용하는 살수차의 압력과 발사 거리, 발사의 각도와 방향 등으로는 그런 일은 불가능하다는 의견이었다. 나 역시 신경외과 영역에서 두개골의 골절을 일으키는 외력에 대해 조사·검토해 보았을 때 2015년 11월 14일 경찰에서 사용한 10기압의 살수차로 20미터 거리에서 사람에게 물을 직수하여서는 두개골 골절이 불가능하다는 의학적 결론을 내리고 있었다.

이런 상황에서 유튜브 채널 신의한수를 운영하고 있던 신혜식 대표, 자유청년연합 장기정 대표 등과 협의하여 세 사람이 참여하는 살수차 실험을 기획하고 실행했다. 살수차 실험에 참가하기 전 내가 상임대표로 있던 전국의사총연합의 운영위원들에게 양해를 구했다. 실험은 전국의사총연합이 주최하는 행사가 아니었다. 당시 정치적으로 치열한 공방전이 전개되고 있어 의학적 진실 규명의 의도가 진영 간 정치적 논쟁으로 치부될 가능성이 있었다. 따라서 전의총의 상임대표로서 실험에 참여하는 이유를 전의총 운영위원들에게 양해를 구하고 참여한 것이었다.

실험 전 JTBC에서 살수차 실험을 하면서 여러 가지 기물들이 파괴되는 것을 보여 주었다. 해당 뉴스를 보면 살수차에 의해 사람의 두개골도 골절될 수 있다는 생각을 일으키기에 충분했다. 우리는 JTBC에서 실험에 썼던 똑같은 살수차를 구하여 2016년 10월 23

일 인천 송도의 한적한 도로를 찾아 실험을 진행했다. 백남기 씨에게 물을 뿌리던 경찰 살수차의 압력은 10기압이었고 살수차와 백남기 씨와의 거리는 20미터였다. 우리의 실험 역시 10~13기압의 '물대포'를 준비하고 20미터에서 직접 살수차에서 발사한 물을 맞아 보고, 다시 거리를 좁혀 10미터 거리에서 발사한 물을 세 사람 모두 맞아 보았다.

실제 10기압 이상의 물을 10미터 거리에서 맞았을 때 물이 신체에 가하는 압력은 특정한 좁은 부위에 통증을 일으키거나 피부·피하 조직을 파괴하는 것이 아니라 몸을 밀어내는 힘으로 작용했다. 수박에 대한 실험도 진행했다. 살수차에서 10기압으로 10미터 거리를 두고 수박을 든 참가자에게 물을 발사했을 때 이 물을 집중적으로 맞은 수박은 전혀 깨지지 않았다. 집중적으로 수박에 물을 분사했지만 수박의 특정 부위에 힘이 집중되지 않았고 수박 전체에 퍼지면서 수박을 밀어내는 힘을 느끼게 할 뿐이지 수박 자체를 깨뜨리지는 못했다.

이날의 살수차 실험은 엄밀한 조건에서 동일하게 실시한 실험이라고는 할 수 없지만, 유사한 살수차를 이용해 유사한 압력과 유사한 거리에서 직접 인체를 대상으로 한 최초의 실험이라는 데에 의미가 있었다. 나와 신혜식, 장기정 세 사람 모두 전신의 피부·피하 조직에 전혀 손상이 발생하지 않았다. 머리에 모두 집중적으로 물을 맞아 보아도 두피와 두피의 피하조직에 손상을 발생시키지 않았다. 피하조직에 손상을 일으키지 않는데 더 깊이 있는 근육이나 뼈에 손상을 일으킬 수는 없는 것이다. 이 날의 살수차 실험이 백남기 씨 관런 의혹을 해소하는 데에 종결적 의미가 있는 실험이라고는 할 수 없을 것이다. 그러나 매우 의미 있는 참고 자료가 될 만한 실험임은 틀림없었다.

문재인 정권이 2017년 5월 들어선 이래로 백남기 사건 관련해서 합리적으로 이해할 수 없는 서울대병원의 조치, 행정적 조치, 검찰의 기소, 법원의 판결들이 잇따랐다. 2017년 6월에는 백남기 사망진단서 변경에 백선하 교수가 동의하지 않자 서울대병원은 백선하 교수 지도하에 있었던 전공의를 설득하여 사망진단서를 변경케 하여 백남기 씨 사망의 종류를 병사에서 외인사로 변경했다. 2017년 6월에는 이철성 경찰청장이 백 씨 유족에 공식 사과를 했다. 2017년 10월에는 서울중앙지검이 백남기 사건 당시 구은수 전 서울지방경찰청장, 신윤균 총경, 살수 요원 한모·최모 경장 등 4명을 업무상 과실치사 등 혐의로 불구속 기소했다. 2018년 6월에는 서울중앙지법이 1심 판결에서 구은수 전 서울지방경찰청장에게 무죄, 신윤균 총경에게는 벌금 1000만 원, 살수 요원 한모 경장에게 징역 8개월에 집행유예 2년, 최모 경장에게 벌금 700만 원을 선고했다. 이미 재판이 진행 중인 사건을 문재인 정부는 또 경찰 자체 조사를 지시하여 2018년 8월 소위 경찰청 인권침해 사건 진상조사위원회는 백남기 사건의 조사 결과를 발표했다. 백남기 씨에게 직사 살수와 이를 지시한 행위는 경찰의 과잉 진압이었다고 결론 내렸다. 2019년 8월 2심 법원은 구은수 전 서울지방경찰청장에게 1심을 뒤집고 벌금 1000만 원을 선고하였고, 신윤균 총경에게는 1심과 동일하게 벌금 1000만 원을 선고했다. 살수 요원인 한모 경장은 벌금 1000만 원, 최모 경장은 벌금 700만 원을 각각 선고 받았다. 2019년 10월에는 서울대병원 신경외과 백선하 교수가 백남기 유족 측이 제기한 민사 소송에서 고인의 사망진단서에 사망 종류를 '외인사'가 아닌 '병사'라고 잘못 기재했다는 이유로 4500만 원의 배상 판결을 받았다. 백선하 교수는 이에 불복하여 즉시 이의 신청서를 제출했다.

2019년 10월, 법원이 서울대병원 신경외과 백선하 교수에게 사망진단서에 외인사를 병사라고 잘못 기재했다는 이유로 4500만 원의 배상 판결을 내렸다는 소식을 듣고 평소 친분이 있던 백선하 교수 측 정진경 변호사와 연락을 취했다. 당시에는 대한의사협회 회장직을 수행하고 있을 때였다. 정진경 변호사는 조만간 백선하 교수의 백남기 씨 두개골 골절에 대한 의학적 소견을 자신이 공개적으로 발표할 예정이다. 본 소송에 이의 신청을 제기하며 계속 끌고 나갈 것이라 했다. 대한의사협회에도 공식적으로 백남기 씨 의학영상 사진 등에 대한 의료 감정을 요청하겠다는 방침도 설명했다. 그렇다면 백선하 교수의 의학적 소견, 대한의사협회의 향후 나오게 될 의료 감정 소견 등을 종합하여 백남기 씨의 두개골 골절이 살수차에 의한 물의 압력 때문이 아니라 다른 외력에 의한 것임이 밝혀진다면 이 사건에 대해 철저한 진상 규명을 하겠다는 나의 생각을 전했다.

유감스럽게도 나의 의협 회장 임기 내에는 의료 감정의 결과가 나오지 않아 철저한 진상 규명을 하지 못했으나 조만간 의료 감정 결과가 나오고 이것이 백선하 교수 측에 전달되면 나는 백남기 사건에 관해 의학적으로 철저한 진상 규명에 나설 계획이다.

2019년 11월에 백선하 교수 법률대리인 정진경 변호사가 밝힌 백남기 씨의 두개골 골절에 관한 의학적 소견은 다음과 같다.

'당시 백남기 씨의 두개골 오른쪽 부위에는 적어도 4곳 이상에 서로 연결되지 않은 심한 골절상이 있었다' 두개골 골절상과 관련해서 물 대포를 맞거나 물대포를 맞고 쓰러지면서 생긴 것이라는 백 씨 유족 들의 주장에 대해서는 '머리가 깨질 정도로 사람이 뒹굴면 대개는 몸 의 다른 부위에도 골절이 생기는데, 백 씨는 목 아래 부위가 멀쩡했 다'고 했다. 백남기 씨 두개골 골절상은 '가까운 곳에서 외부의 강한 충격에 여러 번 힘껏 가격당하거나 차에 치여 몇 번을 굴러야 생길 수 있는 골절상'이라고 했다. '물대포는 맞는 순간 압력이 옆으로 분 산되기 때문에 이런 골절상을 일으키긴 어렵다'는 소견을 발표했다. '두개골은 뇌를 보호하는 매우 단단한 물질이다. 따라서 서로 연결되 지 않은 골절은 독립된 외부 압력이 강하게 4회 이상 망인의 머리에 가해졌음을 의미한다', '이렇게 심각한 골절상은 영상 등에서 확인되 는 망인의 쓰러지는 모습과 부합하지 않는다'는 소견도 추가로 제시 했다.

물론 이는 서울대병원 신경외과 백선하 교수의 소견이다.

문재인 케어 저지 투쟁과
의협 국민 건강 수호 비상대책위원회 활동

앞서 잠깐 언급했던 문재인 케어와 관련해 전국의사총연합의 활동을 이야기하고자 한다. 2017년 8월 9일 문재인 대통령은 새 정부 출범 3개월 만에 대규모 재정이 투입되는 사회주의적 의료 정책을 전격적으로 발표했다. 의료 정책은 건강보험 보장성 강화 정책이라 명명되었다. 건강보험의 보장성을 크게 높이겠다면서 미용·성형 등을 제외한 비급여 전부를 급여화해, 즉 건강보험이 적용되는 항목으로 만들어 보장성 강화를 달성하겠다는 계획을 발표한 것이었다. 그리고 '올해 하반기부터 바로 시작해서 2022년까지 국민 모두가 의료비 걱정에서 자유로운 나라, 어떤 질병도 안심하고 치료받을 수 있는 나라를 만들어가겠다'고 말했는데 이는 어떤 선진국도 실천하지 못한 몽상과 같은 이야기에 지나지 않는다. 물론 할 수 있으면 좋겠지만 재원의 한계로 인해 실현 불가능한 목표다.

비급여를 전면 급여화해 건강보험 보장성을 획기적으로 높이겠다는 문재인 정권 초기의 이 의료 정책을 언론에서는 문재인 케어라 부르기 시작했다. 정부도, 의료계도, 언론도 어느 순간부터는 문재인 케어라고 사용하게 되었다.

역대 모든 정권은 의학적으로 필수적인 비급여를 점진적으로 급여화해 국민들의 의료비 부담을 줄이려는 노력을 해 왔다. 국민건강보험이란 사회보험 특성상 대부분 수긍할 수 있는 정책 방향이다. 하지만 불필요한 비급여까지 모두 급여화하는 것은 필요하지 않고 가능하지도 않다. 나는 출발부터 이 정책이 잘못된 것으로 판단했다. 정치적 인기를 높이기 위해 포퓰리즘 수단으로 건강보험을 사용하는 것이나 마찬가지였다. 문재인 케어 문제는 다른 장에서 상세히 설명할 예정이므로 본 장에서는 간략하게 정리한다.

비급여의 전면 급여화 정책이 얼마나 의료계에 부정적 영향을 미칠지 나는 너무나 잘 알았다. 전국의사총연합의 상임대표로서 전의총 집행부 내의 결사반대와 저지 입장을 즉시 단체 공식 입장으로 정하고 뜻을 같이했다. 빠르게 의료 단체들을 모으기 시작했다. 서둘러야 했던 것은 당시 대한의사협회 회장과 집행부가 문재인 케어 정책을 총론적으로 찬성하면서 개별적 사안들에 협상을 진행하려는 입장을 보이고 있었기 때문이다.

시급하게 여러 단체와 인사들을 모아 '비급여 전면 급여화 저지와 의료제도 정상화를 위한 비상연석회의'라는 연합 조직을 결성하여 2017년 8월 26일에 문재인 케어 전면 반대 긴급 집회를 개최했다. 집회는 짧은 준비 기간에도 불구하고 약 500명의 의사들이 참여하여 비급여 전면 급여화 정책에 분명한 반대 입장을 표명했다. 정부의 정책에 동조하는 듯한 입장을 취하고 있던 당시 의협 집행부를 강력하게 비판했던 것이다. 의료계의 위기감이 매우 컸다. 집회 이후 의료계의 주도적 여론은 비급여 전면 급여화 반대 투쟁으로 가는 것으로 변화했다.

집회 이후 불과 한 달이 채 되지 않을 때였다. 나와 몇몇 인사들의 주도로 당시 의협 회장 불신임안과 비상대책위원회 구성안 의결을 요구하는 임시대의원총회를 개최했다. 2017년 9월 16일 임시대의원총회에서는 당시 회장의 불신임안은 부결되었다. 그렇지만 비상대책위원회 구성은 통과 의결되어 대한의사협회가 문재인 정부의 비급여 전면 급여화 정책을 전면적으로 반대 투쟁할 수 있는 조직 정비를 할 수 있었다. 3장 첫머리에서 내가 박치기했던 장소가 바로 이날 임시대의원총회가 열렸던 의협회관 3층 강당이었다.

2017년 10월 21일, 9월 16일의 의결대로 문재인 정부의 비급여 전면 급여화 정책을 반대하는 비상대책위원회가 출범했다. 비상대책위원회에서 나는 부위원장 및 투쟁위원장에 위촉되었다. 전의총 상임대표이자 비대위 투쟁위원장으로서 2017년 11월을 전후하여 50여 일간 강력한 대정부 투쟁을 전개했다. 회원들의 전폭적 지지를 바탕으로 비대위 투쟁위원회는 2017년 12월 10일 의사 회원 3만 명이 참가한 제1차 전국의사총궐기대회를 성공적으로 개최했다. 대회 이후 정부와 비급여의 전면 급여화 문제를 협의하기 위한 공식 협의체가 구성되었다.

나는 전의총 상임대표로 2017년 8월 문재인 대통령이 발표한 비급여 전면 급여화 정책을 반대하는 투쟁을 주도했다. 의료계 전체적인 여론을 강력한 저항 투쟁 노선으로 변화시켰던 것이다. 이 사건을 계기로 나는 평소 생각해 본 적 없던 제40대 대한의사협회 회장 선거에 출마했다. 나의 의료 정책운동사에 있어 새로운 단계로 나아간 자기발전의 동력이 된 것이다. 그리고 비로소 알게 되었다. 생각해 본 적 없는 운명적인 어려운 선택이 의외로 쉽게 실현 가능한 것으로 여겨질 때가 있다는 사실을.

네 번의 삭발과 목숨을 건 단식,
대한의사협회 회장 활동

'이제부터 나는 더욱 무거운 책임을 지게 되었다.
대한의사협회 회장답게 언행을 조심하고 또 보내 준 신뢰에
성과로서 답을 해야 한다. 반드시!'

대한의사협회 회장에 당선되다

2018년 3월 23일, 약 한 달간 치러진 제40대 대한의사협회 회장 선거에서 당선되었다. 대한의사협회는 우리나라 모든 의사들이 의사 면허를 취득하면 당연히 가입하게 되는, 모든 의사들을 회원으로 갖는 전문가 단체다. 의료법에 그 근거 규정이 들어 있다. 의협은 1908년 최초 전신 모임이 만들어진 이후 2021년 현재까지 113년의 역사를 갖고 있다. 의협에 등록되어 있는 의사 숫자는 13만 명을 넘어서지만 현직에서 활동하고 있는 의사는 대략 10만 명 정도다.

나는 2017년 11월 초순까지는 대한의사협회 회장 선거에 나올 생각이 전혀 없었다. 당시 전국의사총연합(이하 전의총)이란 단체의 대표를 맡아 정부의 잘못된 의료 정책과 싸우고 있었는데 당시 전의총 집행부는 장시간 토론 끝에 전의총 대표를 맡고 있던 나에게 40대 대한의사협회 회장 선거에 출마할 것을 제안했다. 나는 즉시 답을 하지 않고 심사숙고하여 1~2주 뒤에 나의 생각을 말하겠다고 했다.

나는 가족을 비롯해 누구와도 상의하지 않고 진료 업무를 하면서 이것저것 많은 생각들을 했다.

2017년 11월 중순 무렵 새롭게 등장한 문재인 정부가 핵심 의료 정책으로 제시한 소위 문재인 케어는 너무 위험한 정책이었다. 국민들에게 표면적으로는 좋아보일지 모르지만 그 정책의 급진적 실행 시 엄청난 부작용이 불어 닥칠 것이 분명했다. 의사들에게도 원칙적으로 강요할 수 없는 정책이었고 의사들의 직업적 자유를 본질적으로 침해하는 내용인데다 진료 행위에 미치는 파장이 너무나 클 것으로 판단하고 있었다.

당시 나는 대한의사협회 비상대책위원회의 부위원장이자 투쟁위원장을 맡아 문재인 케어 저지 투쟁을 진두지휘하고 있었다. 문제는 그 사안의 성격상 몇 달 만에 양측이 대회전大會戰을 벌여 승부를 볼 수 있는 그런 류의 문제가 아니었다. 정부 측에서는 비급여의 전면 급여화라는 급진적이고 실현 불가능하며 시행할 필요도 없는 정책에 대한 근본적 정책 변경을 해야 했다. 의료계도 비급여 중 환자 치료에 필수적인 항목들을 선별하고 정부와 의료계 간 긴밀한 협의를 진행하여 점진적으로 급여화를 추진하면 되었다.

우리의 투쟁은 우선 정부가 '모든 비급여의 전면 급여화'라는 급진적이고 불가능하며 선동적인 정책을 포기하고 '필수적 비급여의 점진적 급여화'로 정책을 변경하는 데에 동의하게 하는 것이 1차 목표였다. 그다음에 정부가 '필수적 비급여의 점진적 급여화'에 동의했을 때 그때부터는 투쟁의 장이 협상 테이블로 넘어가게 되는 것이다. 국민 건강을 위해 필요한 비급여 항목들을 선별해 급여화할 때 그 급여 기준의 합리적 결정, 수가의 합리적 설정, 비급여 영역의 존치, 정부가 고집하고 있던 예비급여제도의 철폐 등 협상 과정에서의 지난한 과제들이 있었다. 이 과제들을 해결하는 데에는 오랜 시간이 걸릴 것이다.

나는 이런 문재인 케어 저지 투쟁의 본질을 누구보다 잘 알고 있었고 그 전략 자체를 세운 사람이었다. 2017년 8월, 문재인 정부가 문재인 케어를 기세 좋게 발표한 이후 이를 반드시 막아내겠다는 전 의료계의 투쟁을 사실상 주도한 사람 역시 나였기 때문에 결자해지의 자세로 이 문제는 내 손으로 끝까지 처리하는 것이 사리에 부합하다는 결론에 도달했다. 그래서 전의총 집행부의 의협 회장 출마 제안을 수락하고 회장 후보 중 가장 먼저 2018년 1월, 40대 대한의사협회 회장 선거 출마를 선언하기에 이르렀다.

2018년 2월 하순부터 시작된 의협 회장 선거전에서 선거 캠프의 운영진들과 함께 선거 기간 4주 동안 쉼 없이 전국을 순회했다. 전국 대학병원, 주요 병원들을 방문하여 내가 직접 홍보물을 돌렸다. 집행부에서도 최선을 다해 주었다. 4주 기간 동안 전국을 순회하며 앉았다 일어 섰다를 반복하다 보니 바지가 두 벌이나 찢어졌다. 그만큼 단기간 내에 많은 지역과 많은 의료기관을 방문했다. 토론회 등도 연달아 열렸다. 여러 의료 현안에 대한 질의들에 나는 솔직한 생각들과 감정을 토로하는 식으로 응했다. 4주 선거 운동의 결과는 과거 의협 회장 선거에 비해 상대적으로 압도적인 차이로 내가 당선되었다.

함께 힘든 선거를 치러낸 선거 캠프 운영진들에게 누구보다 감사한 마음을 전했다. 그리고 의사로서의 진료, 연구, 의료 정책 등 모든 경력이 깊지 않고 당선 당시 나이도 만 46세의 나이임에도 불구하고 우리 사회 최고 전문가 단체의 대표로 나를 선택해 준 것에 전 회원들에게 감사를 표했다. 당선 당일 밤, 나는 홀로 방에 앉아 각오를 새롭게 다졌다.

'이제부터 나는 더욱 무거운 책임을 지게 되었다. 대한의사협회 회장답게 언행을 조심하고 또 보내 준 신뢰에 성과로서 답을 해야 한다. 반드시!'

문재인 케어의 근본적 정책 변경 투쟁,
그리고 지난했던 협상들

2018년 5월 1일, 나는 회장에 취임하자마자 즉시 문재인 케어에 대한 투쟁 조직과 전략을 재점검했다. 문재인 케어에 대한 투쟁은 내가 2017년 8월경부터 당시 전국의사총연합의 대표로서 시작했던 일이다. 또한 2017년 4분기에는 대한의사협회 비대위 투쟁위원장으로서 수많은 소규모 집회, 거듭된 청와대 앞 철야 시위, 긴급 기자회견, 삭발, 전 회원이 참가한 대규모 집회 등을 개최하면서 강력한 대정부 압박으로 정부 측과 이미 이 문제의 심도 있는 논의를 위한 협의체가 구성되어 여러 차례 논의가 진행되어 오고 있었다.

2017년의 결정적 순간은 서울 덕수궁 대한문 앞에서 그해 12월 10일 개최된 '문재인 케어 저지 제1차 전국의사총궐기대회'였다. 이 집회는 당시 의협의 국민 건강 수호 비상대책위원회가 주최한 집회였는데 집회 홍보 등은 다른 소위원회에서 담당했지만 당일 대규모 집회 준비는 온전히 내가 주도해야 했다. 이런 대규모 집회는 의사 협회에서는 몇 년에 한 번 정도 열리는 일이었다. 더군다나 집회 이후 청와대 앞까지 행진의 경험이 없었던 의사 회원들을 사고 없이 대오를 잘 유지하며 성공적으로 집회를 마무리하는 것은 결코 쉬운 일이 아니었다.

투쟁위원회에 참여한 인사들, 또 집회 실무를 돕는 몇 명의 의협 사무처 직원들을 데리고 집회 업체와 함께 사전에 몇 차례 리허설을 했다. 집회 전날 저녁부터 덕수궁 앞에서 대형 무대 설치, 집회 현장의 각 시도의사회와 지역 단체들을 위한 수십 개의 천막동 설치, 특히나 중요한 음향 장비의 설치, 각종 집회 현장에서 사용할 준비물들 그리고 당일 덕수궁 앞 집회 후 청와대 앞까지 약 2~3km 행진을 위한 행진 선도 차량의 준비, 차량에 탑승하여 일군의 시위 인원들을 유도할 사람들, 질서 진행을 위한 인원들 등 준비할 것이 너무나 많았다.

2017년 12월 10일 당시에는 나의 직접 지시를 수행할 사람들이 너무 적어 내가 직접 처리해야 할 일들이 너무 많았다. 세세한 것까지 모두 내게 문의가 들어와 집회 전날과 집회 당일에는 몸과 마음이 괴로울 지경이었다. 가장 웃지 못 할 일들은 집회 시작 전에 집회 현장에 들어와 혹한의 날씨에 커피와 어묵 등을 파는 아주머니들이 있었는데 한 개인이 작은 물품들을 들고 다니는 것이야 큰 문제가 되지 않았지만 큰 어묵차(일명 오뎅차)가 몇 대 집회 현장으로 들어왔다고 집회 무대와 음향을 맡은 업체에서 나에게 그 어묵차를 치워달라고 부탁한 일이었다. 나는 거액의 돈을 받고 집회 업무를 맡은

업체에 화가 날 수밖에 없었다. '그런 일은 당신들이 알아서 하거나 집회 현장에 있는 경찰들의 도움을 받아 처리해야 할 일이 아닌가' 하며 오뎅차들을 집회 현장 밖에서 장사를 하도록 조치하라 하였으나 이런 일조차 제대로 처리하지 못해 결국 30분쯤 뒤에 내가 현장으로 달려가 오뎅차들을 집회 현장 밖으로 나가도록 설득하여 내보내야 했다.

상황이 이런 정도였으니 집회 당일 안전사고 예방, 계획된 프로그램의 성공적 수행, 예정되어 있던 10분 내외의 나의 투쟁 연설 그리고 집회의 효과를 극대화하기 위한 청와대 앞 행진 등 가장 중요한 일들에 집중해도 모자랄 판에 별의별 자질구레한 일들을 다 지시하고 직접 처리해야 하니 체력과 정신력의 한계에 다다를 지경이었다. 나는 오랜 시간 동안 수많은 집회와 시위, 행사들을 직접 주최하고 실행해 보았지만 이날 2017년 12월 10일 집회만큼 고생한 적은 그 이전에도 그 이후에도 없었다. 아마 앞으로도 그럴 일은 없을 것 같다.

엄청난 고생을 한 것만큼 집회는 대성공을 거두었다. 전국 16개 시도의사회가 전폭적으로 참여했고 각 대학병원·수련병원 전공의와 병원 근무 의사들의 참여도 많아 집회 참여 인원은 3만 명을 넘어섰다. 그 혹한기에 덕수궁 앞 세종대로를 꽉 채우고 집회가 끝날 때까지, 또 집회 후 행진이 종료될 때까지 한 건의 안전사고도 없이 우리의 주장을 충분히 문재인 정부와 사회에 알렸다.

문재인 정부는 대한의사협회의 투쟁 의지를 과소평가하고 있다가 점점 강도를 높여가는 당시 비대위의 투쟁과 그것을 동력으로 하

네 번의 삭발과 목숨을 건 단식, 대한의사협회 회장 활동

여 전국의 회원들이 대거 집결한 총궐기대회를 보고 자신들의 정책 강행보다 협상을 시작하는 것으로 방향을 틀었다. 이 집회를 계기로 본격적으로 문재인 케어 논의를 위한 의정협의체가 구성되었다.

2018년 3월 의사협회장 선거로 문재인 케어의 중점적 논의를 위한 의정협의체는 중단 되었지만 이 의정협의체를 통해 문재인 케어를 포함한 의료 정책 전반에 대한 논의가 여러 차례 의정 간에 진행되었다. 내가 2018년 5월 1일 의협 회장에 취임한 이후 이전의 의정협의 결과를 존중하면서 더 논의를 진행시키기 위한 새로운 의정협의체가 5월 10일 구성되었다.

그러나 나는 문재인 케어와 의료 정책 전반에 대한 논의를 위한 의정협의체가 새롭게 구성되었음에도 불구하고 원래 계획했던 문재인 케어 저지를 위한 2차 전국의사총궐기 대회를 다시 개최하고자 했다. 의협 회장 당선인 신분인 2018년 4월 말, 이 대규모 2차 집회를 계획했으나 당시 나의 신분이 당선인이었기 때문에 대규모 집회 개최를 위한 예산 집행, 책임 소재 등 여러 가지 문제가 있었다. 그래서 회장에 공식적으로 취임한 이후 최대한 빨리 제2차 전국의사총궐기대회를 개최하려고 했던 것이다.

그것은 내가 문재인 정권의 핵심 의료 정책으로 제시되었던 문재인 케어의 맹목적 반대를 위한 것이 아니었다. 의협의 새로운 집행부가 구성되었음에도 불구하고 정부는 문재인 케어의 기본 틀을 변경하겠다는 입장을 공식화하지 않았다. 비급여의 전면적 급여화는 자신들이 입안한 대로 시행하되 의료계에 여러 정책 항목들에 개선 요구 사항을 수용하고 일부 수가를 정상화하는 조치를 취하겠다는 등 신뢰할 수 없는 행보를 이어 갔다. 나는 문재인 케어 저지 투쟁을 내세운 새로운 회장과 집행부가 출범한 이상 정부의 공식적 정책 변경을 촉구하기 위해 다시 한번 대규모 의사 집회를 개최하여 우리의 강고한 의지를 전하지 않으면 안 된다는 판단을 내렸다.

만약 이번 2차 집회에도 불구하고 정부가 합리적으로 정책 변경을 하지 않는다면 우리의 주장이었던 필수적 비급여의 점진적 급여화라는 입장 자체를 바꾸어 문재인 정부와는 급여화 논의 자체를 하지 않겠다는 입장이었다. 즉, 문재인 케어의 전면적 폐기로 우리의 투쟁 노선을 바꾸어야 한다는 생각을 확고하게 갖고 있었다. 의사의 직업적 책무 상 2017년 12월에 의사 3만 명이 모이는 전국적 대규모 집회를 개최하고 5개월 만에 다시 그것을 넘어서는 전국 단위의 대규모 집회를 개최한다는 것은 매우 어려운 일이었다. 내부적으로 무리한 계획이라는 반대 주장들도 있었지만 전 회원들의 직선제 선거로 나의 주장을 명백히 밝히고 회장에 당선된 사람으로서 가급적 빠른 시간 안에 우리의 주장을 관철시킬 필요가 있다고 판단했다.

앞에서 말했듯 문재인 케어의 정책 변경을 정부가 공식화하더라도 이제 각 개별 의료 행위들에 대한 전문적 협상이라는 새로운 투쟁의 장이 기다리고 있었다. 급여화해야 할 필수적 비급여 항목들에 의정 간 합의를 이루어 내는 과정도 시간이 많이 걸리는 작업이라 우리의 결집된 행동과 의지를 보이는 강력한 대정부 투쟁을 최대한 빨리 단행하여 정부의 정책 변경을 빠르게 이끌어 내야 했다. 2018년 5월 20일 개최된 '문재인 케어 저지 및 중환자 생명권 보호 제2차 전국의사총궐기대회'는 역시 전국 16개 시도의사회의 전폭적인 지원을 원동력으로 삼아 1차 대회를 능가하는 규모와 열기로 성공을 거두었다.

이때 집회를 주도하면서 2017년 12월 집회와는 비교할 수 없을 정도로 개인적인 부담이 줄어든 것을 체감하며 놀랄 수밖에 없었다. 나는 이제 의협의 회장이었고 수십 명의 상근이사와 상임이사진이 각자의 역할을 맡고 있었다. 다수의 사무처 직원들에게 직접적으로 지시를 내릴 수 있는 입장이었다. 나는 집회의 큰 주제와 방향, 그리고 프로그램의 전체 내용 정도만 지시하거나 검토하여 의견을 제시하면 되었다. 세부적인 일들은 모두 이사들과 사무처 직원들이 처리했다. 실무진들이 집회를 준비하느라 많은 노고를 치렀다. 두 번의 대규모 집회를 주도하면서 내가 부담해야 할 일의 규모를 비교하고 곰곰이 생각하기도 하고, 의협 회장직을 수행함에 있어서 여러 의료 정책들의 매우 큰 변화를 가져올 수 있고, 또 가져 와야 한다는 부담감과 자신감을 동시에 지니게 되었다.

5월 20일의 집회 성공 후 정부 측에서도 변화의 기운이 점점 감지되기 시작했다. 집회 이후 정부와의 공식적인 의정협의 과정에서 지난해와 당해 초의 의정협의 결과를 존중하면서 비급여의 전면 급여화 문제를 다시 본격적으로 다루었다. 나는 따로 차관과의 비공식적인 만남과 장관과의 비공식 만남 등으로 문재인 케어 정책 변경을 위한 논의를 해나갔다. 정부는 2018년 그리고 2019년을 거치면서 공식적으로 비급여의 전면 급여화 대신 비급여의 대폭 급여화라는 표현과 급여화 항목들의 변화 그리고 비급여의 단계적 급여화라는 용어를 사용했다.

한편으로는 2018년 7월부터 시작된 구체적인 의료 행위 항목의 실무 협상을 따로 진행하면서 문재인 케어의 급진적인, 실현 불가능한, 정치 인기영합주의적인 성격은 정책적으로 변화되었다. 우리 측의 핵심 요구 사항이었던 '필수적 비급여의 점진적 급여화'와 정부 측의 '비급여의 단계적 급여화'는 내용적으로 유사점을 지니게 되었다. 그 결과 문재인 정부 말기에 이른 지금, 문재인 케어의 비급여의 전면 급여화라는 정책은 사실상 근본적 정책 변경이 이루어졌다고 평가해야 할 것이다.

공식적인 의정협의에서 필수적인 의료 행위부터 급여화 실무 협상을 시작하기로 했다. 내가 회장으로 있던 40대 집행부에서는 첫 번째로 뇌, 뇌혈관 자기공명영상(이하 MRI)에 대한 급여화 협상이 시작되었다. 대략 2018년 7월 전후에 시작된 실무적 협의였다.

모든 정치사회적 투쟁은 대개 특정 성과물을 얻기 위한 것이다. 정치사회적 투쟁 그 자체가 목표가 아니라는 것이다. 물론 아주 드물게 그 투쟁 행위 자체가 투쟁의 목표가 되는 경우도 있다. 나는 나에 대한 의료계 안팎의 숱한 오해에도 불구하고 의사라는 국내 최대·최고의 전문가 단체의 정책운동, 정책투쟁이 갖는 목표와 방법, 그리고 그 한계를 명확히 인식하고 있었다. 집행부 인사들에게 거듭 그 점을 강조했다.

정치사회적 투쟁으로 양측 간 협상장이 열릴 때부터 협상이라는 새로운 형식의 투쟁이 시작된다. 이 점은 매우 중요하다. 정책투쟁에 있어 그 최종적 목표인 성과물은 구체적인 실무 협상으로 얻어내는 것이다. 그래서 협상장에는 투사가 필요한 것이 아니라 관련된

다양한 전문가들이 필요하다. 성공적 협상을 위해서는 협상에 임하는 실무 전문가와 전문적 협상가들이 철저한 사실 관계 파악과 사실 자료의 준비, 주장의 정당화 논리, 그리고 무엇을 받고 무엇을 줄 것인가, 받을 것을 어떻게 최대한 끌어 올 것인가 하는 협상 전략. 또한 협상의 판을 언제든 깨버릴 수 있는 협상 배후의 투쟁력이 핵심 요소들이다. 단체 회장의 역할, 즉 조직 대표자의 역할은 협상이 진행되고 있을 때에는 그런 배후의 협상력을 확보해 주는 것이다. 그리고 사전에는 강력한 정치사회적 투쟁으로 공정한 큰 틀의 협상판을 만들어 내는 것이 조직 대표의 역할이라고 할 수 있다. 조직의 대표가 이 점을 언제나 명확히 인식하고 있는 것도 매우 중요한 일이다.

문재인 케어의 첫 번째 실무 협상에 해당하는 뇌, 뇌혈관 MRI 급여화 협상에서 사전에 의협 측의 준비회의를 내가 주재하며 직접 챙기기로 했다. 협상의 기본 원칙을 주지시켜야 했고 또 협상판을 깨버려야 할 상황에 대해서도 분명한 조건을 제시해 두어야 했기 때문이다. 의학회, 개원의사회, 중소병원들, 그리고 의협 집행부가 참여한 협상팀을 구성한 뒤 사전 회의를 거듭하며 철저한 자료와 논리를 준비했다.

뇌, 뇌혈관 MRI 급여화 협상을 시작으로 향후 모든 필수적 비급여 의료 행위의 급여화 협상에 있어 반드시 준수되어야 할 원칙들은 의사의 진료 자율권 확보가 최우선적인 것이었다. 의사가 의학적 원칙에 따라 진료할 수 있을 때 환자의 이익이 극대화되는 것이다. 의사는 환자를 진료할 때 경제적 이윤의 극대화, 의료 소송으로부터의 자기 보호 등 의학적 원칙 이외의 요인에 의해 영향을 받아서는 안 된다. 내가 의료 정책운동을 함에 있어 절대로 타협하지 않고 의료 행위의 정당한 보상 제공, 선의가 전제된 의료 행위의 법적·제도적 보호를 끝없이 주장한 것은 바로 이런 이유 때문이다. 환자와 국민의 최선의 권익 확보란 목표를 떠난 의료 정책운동은 존립할 수 없다는 점을 늘 확신하고 있다. 거기에 환자의 선택권 확보, 의료기관 경영을 위한 적정한 수가 확보, 합리적인 급여 기준의 확보, 비급여 선택권의 존치 등 역시 반드시 실무 협상에서 지키고 관철해야 할 원칙들이었다.

2021년 하반기 현재, 문재인 케어는 정책의 기본 틀에서 근본적 변경이 이루어졌다. 물론 아쉬운 점이 없지 않으나 필수적 비급여를 중심으로 점진적 급여화가 의정 간 협상을 통해 지속적으로 진행 중이다.

최초 문재인 케어의 틀은 무너졌다. 최초 문재인 대통령이 제시한 문재인 케어는 잘못된 정책이었으며 실패가 예견된 정책이었다. 현재 시점에서는 코로나19까지 더해지며 더 진행할 동력도 사라진 상태이지만 향후 어떤 정권이 들어서든 언제든지 정권의 정치적 인기만을 위한 의료 포퓰리즘 정책은 되살아날 수 있다. 국민들과 의사들이 늘 경계해야 할 것이다.

죽음까지 불러온 응급실 폭력

2018년 하반기에는 유독 응급실과 진료실에서 의사들을 향한 심각한 폭력 사건이 많았다. 응급실 등 의료기관 내 의사, 간호사 등 의료인과 병원 직원들에 대한 폭언, 폭행, 협박 등의 사건은 지금까지도 매일 비일비재한 일이다. 이런 잘못된 관행들은 반드시 사라져야한다.

2018년 7월부터 12월 31일까지 발생한 사건 하나하나가 매우 충격적이었다. 진료 중인 의사들에 대한 폭력 사건이 발생했고 급기야 진료 중인 의사가 환자의 흉기에 사망하는 사건까지 발생하고 말았다.

이 사건들이 수개월 연달아 발생하고 그들에 대한 처벌은 당시 현행법과 경찰의 수사 관행, 검찰의 기소 관행, 법원의 판결 관행을 보았을 때 모든 것이 부실하고 너무나 가벼웠다. 또 현장에서 실효적 예방 대책이 그 전에도 없었고 앞으로도 예방책을 빠른 시간 내에 마련한다는 것이 매우 어려운 현실 속에서 고통스러운 시간을 보내야 했다. 치밀어 오르는 분노를 가라앉히느라 엄청난 인내심을 발휘해야 했다. 아무런 잘못도 없이 환자를 치료하다 갑작스럽게 심각한 폭행, 망치나 흉기 등의 공격을 받아 다친 의사들을 방문하면서 진심어린 위로를 건넸다.

하지만 의사협회 회장으로서 그런 것만을 하고 있을 수는 없었다. 최대한 빠른 시간 내에 응급실·진료실 폭행 발생 시 경찰의 강력한 초동 대처, 검찰·법원의 무관용의 엄격한 처벌, 강력한 초동 대처와 무거운 처벌을 위한 국회에서의 법 개정, 그리고 실효적인 현장 예방 대책 등 법과 제도적인 개선 방안을 반드시 마련해야 하는 것이 모든 것을 걸고 해내야 할 나의 책무였다.

2018년 7월 1일 전북의 한 응급의료센터에서는 응급의학과 의사가 진료 중 환자에게 얼굴을 주먹으로 맞고 쓰러진 상태에서 발로 수차례 걷어차인 사건이 발생했다. 술에 취한 채 응급실을 찾아와 진료를 받던 중 의사의 입원이 불필요하다는 말에 무차별적으로 주먹으로 얼굴을 가격하고 쓰러진 의사를 발로 공격한 것이었다. 이 자는 '감옥에 갔다 와서 칼로 죽여버리겠다'는 협박까지 했다.

폭행당한 의사는 폭행 중 정신을 잠시 잃었다. 코뼈 골절, 뇌진탕, 치아 골절 등의 중상을 입고 입원 치료를 받았다. 7월 3일 전라북도 의사회 백진현 회장을 비롯해 임원들과 함께 전북 익산병원을 방문하여 폭행당한 의사를 만나 대화하고 위로의 말을 건넸다. 폭행당한 의사는 정신적으로 큰 충격을 받았다. 피해를 입은 의사는 의료인들과 응급실을 찾는 다른 환자들을 위해서라도 반드시 폭행범이 엄격한 처벌을 받을 수 있게 해달라고 했다. 병문안 이후 바로 전북 익산 경찰서를 방문하여 경찰서장에게 본 사건에 대한 엄중한 수사와 폭행범의 구속 수사를 요구했다. 지역의 의료인 폭행 사건 발생 시 초동 대처에 만전을 기해 줄 것도 부탁했다.

나는 집행부 임원들과 함께 서울 서대문구에 위치한 경찰청 앞에서 '의료기관 내 폭력 근절 범의료계 규탄 대회'를 긴급하게 개최하기로 결정했다. 의협 산하 단체의 대표자들이 대거 참여키로 했다. 이 집회에는 대한의사협회가 주최했지만 똑같이 업무 현장에서 폭행 피해를 입고 있는 대한병원협회, 대한치과의사협회, 대한간호협회, 대한간호조무사협회도 함께 참여하기로 했다.

800여 명의 의협과 함께 참여한 단체들의 대표자들이 모여 서대문구 경찰청 앞에서 긴급 집회를 개최하고 보건의료인 폭행에 대해서는 원칙적으로 징역형으로 처벌, 반의사 불벌죄 조항 폐지로 처벌 의무화, 미흡한 초동 대처 개선을 위한 경찰의 응급실 폭력 대응 매뉴얼 제정, 응급실 무장 경찰관과 청원 경찰 배치, 의료인이 부당한 폭력에 저항할 수 있는 사회적 여건 개선 등의 조치를 정부 측에 요구했다.

그리고 집회 연설에서 반드시 국회와 협력해 응급의료법과 의료법을 개정하여 의료기관에서 의료인 등을 폭행하는 경우 강력하게 처벌할 수 있는 법 개정과 제도 개선을 최대한 빠른 시간 내에 이룰 것이라는 점을 수차례 강조했다.

의료기관에서의 폭행 사태 중에는 흉기를 든 공격 등 사람의 목숨을 해치는 살인 행위까지 있다. 그 과정에서 흉기를 휘두르는 자를 제압하기 위해 나선 경찰관이나 응급 환자를 구조·이송하기 위해 나선 응급구조사·소방관 등이 그들에게 살해당하는 비극적 사건들이 발생하기도 했다. 자신들의 목숨을 걸고 시민의 안전을 위해 순직한 이 분들의 희생을 보면 참으로 안타깝고 숭고한 희생이 아닐 수 없다.

심각한 응급실 폭행 사건에 대한 대응에 많은 노력을 경주하고 있던 중 의료기관에서 조현병 환자가 휘두른 흉기에 경찰관이 이를 제지하다 사망한 비극적인 사건이 발생했다. 나는 2018년 7월 9일 경북 안동병원 장례식장을 찾아 그렇게 희생당한 고 김선현 경감을 조문했다. 조문에는 경상북도 의사회 장유석 회장과 임원들이 함께해 유족들에게 깊은 위로의 뜻을 전했다. 가족들의 애통한 슬픔은 무슨 말로도 위로가 되지 않을 것이다. 현장에서 경북지방경찰청장을 만나 다시 한번 경찰들의 숭고한 희생에 대해 감사와 위로의 뜻을 전했다. 그리고 국민의 생명을 지키다 황망하게 순직한 경찰, 소방관, 의료인 등에 대한 인면수심의 살인 행위 등 폭력 행위에 더욱 강경한 처벌이 필요함을 주장했다.

익산 사건이 발생한 지 며칠이 지나지 않아 이번에는 강원도 강릉에서 심각한 진료실 폭력 사건이 또다시 발생했다. 2018년 7월 6일 살인 전과로 보호관찰 중인 조현병 환자가 자신의 장애등급 판정에 불만을 품고 자신을 오랫동안 진료해 온 정신과 의사의 진료실을 찾아 망치를 휘두르며 난동을 부린 사건이 발생한 것이다. '진료실 망치 테러' 사건이었다.

진료실에서 순식간에 망치로 기습 공격을 당한 모 정신과 의사는 다행히 빠르게 몸을 피해 전치 2주 상해를 입었다. 불운했더라면 정말 심각한 상해를 입거나 사망에 이를 수도 있을 만큼 위험한 사건이었다. 이 자는 폭행 이전에도 가해자와 그 보호자들이 수시로 정신과 의사에게 전화를 걸어 욕설을 했고 이미 망치와 칼을 이용한 살해 협박까지 한 것으로 알려졌다. 수개월 동안 지속적인 살인 협박이 결국 현실화 되어 버린 것이었다. 그 과정에서 계속 경찰에 알리고 예방을 위해 노력을 하였으나 현실의 관행은 결국 사건 발생을 예방하는 데에 아무런 도움이 되지 못했던 것이다.

7월 20일 강원도 의사회 강석태 회장을 비롯한 임원들과 함께 피해를 입은 정신과 의사를 방문하여 위로의 말씀을 건넸다. 놀라운 것은 이 정신과 의사는 그런 위험한 망치 테러를 당했음에도 가해자에 대하여 조현병 환자로서 동정심을 여전히 지니고 있었다. 처벌 후에도 필요하다면 진료를 계속할 수 있다는 다짐까지 했다는 것이다. 보통의 인간으로서는 불가능한 일이다. 해당 정신과 의사의 환자에 대한 숭고한 애정과 존중, 의사로서의 높은 책무 의식에 감탄과 존경을 하지 않을 수 없었다.

위로 방문 후 우리는 다시 강릉 경찰서장을 방문하여 해당 가해자의 엄중한 처벌을 요구하고 사건 발생 전 수개월 동안 협박 행위에 대해 어떻게 아무런 예방적 조치가 없었는지를 물었다. 이에 실효적인 개선책도 요구했다.

야속하게도 그해 여름 응급실 폭력은 연달아 발생했다. 2018년 7월 31일 새벽 4시 경 경북 구미 차병원 응급의료센터에서 술에 취한 20대 남성이 응급실에 진료를 받으러 온 후 웃통을 벗고 침을 뱉는 등 난동을 부리다 응급실 한쪽에서 진료기록부를 작성하고 있던 김 모 전공의 머리를 철제 트레이로 가격했다. 김 전공의는 두피의 동맥이 파열되어 전치 3주의 상해를 입고 입원하게 되었다.

가해자는 아무런 이유도 없이 응급실에서 진료기록부를 작성하던 한 젊은 의사의 정수리 부분을 응급실에서 진료용으로 사용하는 철제 기구를 사용하여 내리친 것이다. 이 역시 가해자의 행동을 전혀 예측할 수 없는 상황에서 발생한 일로 자칫 목숨까지 잃을 뻔한 위험한 사태였다. 4일간의 여름휴가를 가족들과 함께 경북 경주에서 보내고 있을 때 긴급히 이 사태의 보고를 받았다. 휴가를 중단하고 바로 다음 날인 8월 1일 전공의가 입원한 경북 구미병원 입원실을 찾아 위로했다. 다시 경상북도 의사회 장유석 회장과 임원들이 병문안에 동행했다. 입원한 젊은 전공의는 심각한 폭력 사태에도 불구하고 밝은 표정으로 회장인 나를 맞아 주었다.

젊은 의사의 두 손을 잡고 정말 큰 일이 날 뻔했다며 진심어린 위로의 말과 미안한 마음을 전했다. 나를 비롯하여 의협의 각급 대표자들은 연이어 발생하는 응급실·진료실 폭력 사태에 한편으로 당황하고 한편으로 분노하지 않을 수 없었다. 심지어 전공의 정수리를 아무 이유 없이 공격한 가해자는 구속되지도 않은 상황이었다.

다시 구미 경찰서장을 방문하여 구속 수사를 촉구하였고 빠른 초동 대처가 필요함을 역설했다. 나는 심각한 폭행이 발생한 거의 모든 현장을 다른 일정을 취소하더라도 반드시 방문하여 피해 입은 의사를 위로했다. 해당 지역 경찰서도 반드시 방문해 강력한 처벌을 요구했다. 그것은 그러한 전국적인 여론 형성으로 가급적 빠른 시간

안에 경찰청 의료기관 내 폭력 사태 대응의 매뉴얼을 현실에 맞게 제개정해야 한다는 절박함이 있었기 때문이었다.

나는 가급적 빨리 당시 민갑룡 경찰청장과 대화 자리를 마련하라는 지시를 내려둔 상태였다. 응급실·진료실 폭력 사태의 근본적 해결을 위해서는 경찰의 신속하고 강력한 초동 대처, 국회에서의 처벌 수위를 높이는 법 제정과 개정, 그리고 검찰의 기소 관행과 법원의 판결 관행을 무관용의 원칙에 의한 엄격한 처벌로 변경하는 것이 반드시 필요했다. 거기에 또 신속하게 실효적 예방책도 정부와 협조하에 전국 의료기관에 마련해야 했다. 나는 마음이 급했다. 경찰의 신속하고 강력한 초동 대처를 위해 경찰청장과의 만남을 서둘렀던 것이다.

2018년 9월 4일 민갑룡 경찰청장과 만나 최근의 응급실·진료실 폭행 사건의 심각한 현황과 현장에서의 초동 대처 실상에 대해 대화를 나누었다. 경찰에서도 문제의 심각성을 충분히 인지하고 있었다. 보건복지부에서도 실질적 제도 개선을 위해 많은 노력을 기울이고 있었다. 이날 회의는 분명한 성과가 있었다. 민갑룡 경찰청장이 응급실 폭행 사범에 대해 엄정한 경찰 대응 매뉴얼을 약속하였고 응급실 내 폭력 사범에게는 공무집행방해죄를 적용하여 무관용 원칙으로 대응하고, 흉기를 소지하거나 중대한 피해가 발생하는 등의 사건에 대해서는 피의자 구속 수사 원칙을 적용키로 했다. 응급실 폭력의 현장을 실제로 들여다보면 경찰의 신속한 초동 대처는 무엇보다 중요한 일이었다. 많은 의사들의 희생으로 경찰의 의료기관 내 폭행 사태에 경찰의 대응 매뉴얼이 엄중하게 준비된 것은 문제 해결을 위한 큰 진전이었다.

연달아 발생한 응급실·진료실 폭행 사건으로 이를 용납해서는 안 된다는 국민들의 여론이 크게 형성되었다. 의협 회장으로서 폭력 사태 근절을 위한 법 제·개정이 필요하다는 점을 지속적으로 주장하고 국회의 주요 정당들과 협의를 계속했다. 국회에서도 적극적으로 법 제·개정에 나섰고 보건복지부도 적극적인 협력에 나섰다.

그 결과 2018년 12월 27일 국회 본회의에서 응급실에서 진료하는 의사를 포함한 응급의료종사자에게 폭행을 가한 가해자에게 가중처벌을 하는 내용의 '응급의료에 관한 법률' 개정안을 최종 의결하기에 이르렀다.

개정안에는 응급의료종사자에게 상해를 입혔을 경우 10년 이하 징역 또는 1000만 원 이상 1억 원 이하의 벌금에 처하도록 했다. 중상해에 이르게 한 사람은 3년 이상 유기징역, 사망에 이르게 한 사람은 무기 또는 5년 이상의 징역에 처하도록 벌칙 규정을 강화했다.

처벌의 하한을 무겁게 설정하고 중상해 이상은 3년 이상의 유기징역에 처하도록 한 것은 분명한 예방 효과가 있을 법률 개정안이었다. 일단 응급의료법 개정안이 본회의를 통과하였고, 한편에서 의료법에 관련 규정을 신설하는 것도 국회에서 논의가 진행 중이었으므로 법안 통과를 위해 협회의 역량을 총동원하여 적극적인 의견 개진을 진행했다.

응급의료법 개정안 핵심 내용을 포스터로 제작하여 전국 병원급 이상 응급실을 운영하는 의료기관들에 발송토록 조치했다. 전국 수천 개의 병원들에 수만 장의 포스터가 발송되었다. 기회가 닿을 때마다 병원 응급실에 잠깐이라도 들러 포스터가 부착되어 있는지를 확인했다. 많은 병원 응급실 잘 보이는 곳에 개정된 법률안 내용을 고지하는 포스터가 부착돼 있었다.

2018년 12월 31일은 잊을 수 없는 날이다. 2018년 하반기의 계속되던 응급실·진료실 폭력은 그해 마지막 날 참혹한 사건을 일으키고 말았다. 강북삼성병원 정신과 진료실에서 진료를 하던 임세원 교수가 환자의 칼에 맞아 진료실 밖 복도에서 사망하는 사고가 발생했다. 임세원 교수는 정신과 의사이자 학자로서 많은 신망을 받던 분이었다.

그에게 진료를 받아오던 환자가 미리 흉기를 소지한 채 갑자기 진료실에서 칼을 휘두르며 공격했다. 이를 피해 진료실을 벗어나던 임세원 교수는 진료실 밖에서 공격을 당하면서도 간호사들이 안전한지 계속 확인을 했던 것이다. 비극적인 사건이었고 안타까운 일이었다. 대한의사협회는 협회 차원에서 조문하고 전 회원의 이름으로 애도하는 성명을 발표했다. 임세원 교수의 유족은 이런 잔혹한 참극에도 불구하고 정신과 환자들에게 편견이 있어서는 안 된다는 입장을 발표했다. 그것이 임세원 교수가 생전에 바라던 바였다는 점을 강조했다. 고귀하고 숭고한 마음이었다.

전국 모든 의사들의 대표자로서 깊은 슬픔과 절망감을 느끼지 않을 수 없었다. 근본적 문제 해결을 위해 내가 할 수 있는 모든 것을 최선을 다해 2018년 하반기에 하였지만 복잡다단한 현실에서 이런 비극적 사건을 막을 수 없다는 것에 인간 노력의 한계를 깊이 생각했다.

2019년 4월 5일에는 그간 지속적으로 노력해 왔던 의료기관 내 폭력 사태와 관련된 의료법 개정안이 본회의를 통과했다. 반의사 불벌죄 조항의 삭제 등이 반영되지 않은 한계가 있긴 했지만 응급의료법 개정안에 이은 실질적 예방 효과를 볼 수 있는 의료법 개정안이었다.

본회의를 통과한 의료법 개정안에는 의료인 등을 폭행·상해에 이르게 했을 경우 '7년 이하의 징역 또는 1000만 원 이상 7000만 원 이하의 벌금'에 처하고 중상해는 '3년 이상 10년 이하의 징역'에, 사망은 '무기 또는 5년 이상의 징역'에 처할 수 있도록 하는 조항이 담겼다. 응급의료법 개정과 의료법 개정을 통해 입법적으로 일단 의료기관 내 폭력을 강력히 처벌할 수 있는 법적 정비가 이루어진 것이다.

응급실과 진료실에서 폭력의 징후가 있을 때에 경찰·경비 등을 호출할 수 있는 응급 비상벨의 설치, 비상 대피 공간의 설치, 비상 대피로의 설치 등 심각한 피해를 막을 수 있는 예방적 조치는 현재 진행형이며 우리가 머지않은 시간에 실질적인 제도 개선을 해야 할 과제다.

이제 나는 의료 정책운동의 현장을 떠났지만 후임자들과 여러 의료단체 대표자들이 남은 과제를 꼭 실현시켜 주기를 간절히 바라고 있다. 의료인 폭행을 막아야 하는 가장 중요한 이유 중 하나는 그 응급실과 진료실을 찾는 환자의 진료라는 막중한 책무를 방해받지 않고 수행할 수 있어야 그들의 생명과 건강을 지킬 수 있기 때문이다.

네 번의 삭발과 목숨을 건 단식

"문재인 케어 저지하여 국민 건강 지켜내자!"

2017년 11월 28일, 청와대로 진입로 입구의 효자 치안센터 앞에서 나는 생애 첫 삭발 투쟁을 진행했다. 각급 의료계 단체의 대표들이 함께 모여 초겨울 밤에 머리카락을 자르고 있는 나를 착잡한 표정으로 지켜보며 구호를 크게 외치고 있었다. 당시 의협 비대위 투쟁위원장을 맡고 있던 나는 문재인 정권에 의료계의 강한 반대 의지를 표명하고 12월 초순에 예정된 대규모 반대 집회 성공을 위해 삭발 투쟁이 필요하다고 판단했다.

원래 나는 삭발이나 단식 같은 투쟁 방식을 선호하지 않는다. 당장 강한 투쟁 의지의 표명은 될 수 있을지 몰라도 일시적이기 때문이다. 정말로 상대측에게 공포를 일으키기 위해서는 많은 사람들이 모여 집단적 의지를 표명하는 대규모 군중집회가 가장 효과적인 정치사회적 투쟁 수단이다. 규모에 상관없이 정치적 의사를 명확하게 표현하고 자유민주주의 사회에서 다수의 힘을 직접적으로 보여 줄 수 있는 집회 시위를 가장 우선적으로 수행해 왔다.

그러나 의료계에서 의료 정책운동을 해나가면서, 특히 의료계의 제도권이라 할 수 있는 대한의사협회 내 조직에서 대정부 투쟁 위원장의 역할을 맡으면서 단체의 특성에 맞는 투쟁 방식을 생각하고 실행하지 않으면 안 되었다. 집회나 시위 등이 쉽지 않은 의협이란 거대 조직에서는 개인적 희생을 보여 주고 전체의 의지를 개인이 상징적으로 보여 주는 투쟁 수단으로 삭발 등의 방법을 채택하게된 것이다. 2017년 10월 하순부터 11월 하순까지 할 수 있는 방법들을 총동원하여 문재인 케어 반대 의사를 지속적으로 표명했다. 이는 2017년 12월 10일의 제1차 전국의사총궐기 대회의 성공으로 이어지게 되었다.

"환자를 살리기 위해 최선을 다한 의사들을 결과가 나쁘다고 구속한 법원을 규탄한다. 즉각 구속된 의사 3명을 석방하라!"

2018년 10월 25일, 경기도 수원지방법원 성남지원 앞에서는 의협 회장인 나와 방상혁 상근부회장이 삭발을 하고 있었다. 성남 한 병원에서 오진으로 환자가 사망했다는 이유로 해당 병원 의사 세 사람을 한꺼번에 법정 구속하는 초유의 사태가 발생했기 때문이다.

이유와 경과가 어찌 되었든 환자가 사망한 것은 환자들을 치료하는 의사들 입장에서는 참으로 안타까운 일이다. 그러나 모든 의사는, 의사의 모든 의료 행위에는 이미 선한 의도가 전제되어 있다. 즉, 최선을 다해 환자의 질병을 치유하려는 목적 하에 각종 위험이 수반된 의료 행위를 하는 것이다. 치료 결과는 좋을 수도 있고 나쁠 수도 있다. 좋은 결과를 만들기 위해 모든 노력을 다하더라도 인간의 힘으로는 어쩔 수 없는 환자들이 있다.

이런 의료 행위의 특수성을 무시한 채 치료 결과, 최악의 상황인 환자가 사망에 이른 것을 두고 의사를 형사 구속하면 어떻게 되겠는가. 세계 어느 주요 선진국에서 의사의 의료 행위를 형사 처벌하는가. 이것은 의사의 권익을 보호하려는 정책이 아니다. 의사들에게 최선의 진료를 장려하여 환자의 생명과 건강을 지키려는 사회적 합의가 만들어 낸 사회적 관례이자 제도인 것이다.

의협 회장으로서 이러한 문제에 비교적 깊이나 이해가 없는 수많은 언론들과 시민들의 비난 등을 무릅쓰고 원칙적으로 의사의 의료 행위에 형사 처벌은 있을 수 없음을 강조하기 위해 성남지원 앞에서 또다시 삭발하며 사법부에 강한 항의를 표명했다. 이 일은 2018년 11월의 제3차 전국의사총궐기대회를 개최하게 되는 핵심 이유가 되었다.

성남지원의 의사 3명 구속 사태는 의료계 내에 큰 파장을 일으켰다. 무엇보다 회장인 내가 이런 관행들을 용납할 수 없었다. 다른 주요 선진국처럼 이런 문제를 제도적으로 정비할 때가 왔다고 판단했다. 가칭 「의료분쟁특별법」 제정을 추진하기로 결정하고 전 회원 집회를 다시 개최하여 이를 정부와 국회에 요구하기로 했다.

2018년 11월 11일, 덕수궁 대한문 앞에서 '대한민국 의료 바로세우기 제3차 전국의사총궐기대회'를 개최했다. 전국에서 1만 2,000명의 회원이 참석했다. 집회에서는 의사 구속의 부당성을 강력하게 규탄하였고 법과 제도를 정비하여 다시는 이런 일이 재발되지 않게 해야 한다는 데에 뜻이 모아졌다. 전국 16개 시도의사회장단과 의협 집행부, 대한전공의협의회 등 모든 산하단체 대표자들은 집회 말미에 청와대 앞으로 이동하여 감옥의 쇠창살을 모방한 구조물을 설치해 두고 가칭 「의료분쟁특례법」 제정의 필요성을 강력하게 주장했다.

나는 3명의 의사가 구속되어 있는 수원구치소를 찾아가 접견하고 위로의 말을 건네며 최대한 빨리 구속을 해제하고 공정한 재판이 이루어지도록 최선을 다할 것을 전했다. 비가 내리던 그날 밤, 집행부 이사 10여 명과 함께 수원구치소 앞에서 철야를 했다. 전국의 13만 의사들이 구속된 동료들의 고난과 함께하고 있음을 보여 주고자 했다.

2심 판결에서 3명의 의사 중 1명은 무죄, 2명은 집행유예로 일단 풀려났다. 그렇지만 2명의 의사가 실형을 선고받은 것은 아직 우리의 사법 체계가 의료 문제에 있어 전근대적 사고에서 벗어나지 못하고 있음을 여실히 보여 준 사례다.

한 가지 덧붙일 것은 의사가 의료 행위 중에 과실로 발생한 의료 사고에 아무런 책임을 지지 않겠다는 것이 아니란 점이다. 아직은 부족하지만 의료배상보험 등을 이용하여 당사자 간 빠른 합의와 민사 배상 소송 등의 제도를 이용해 그에 상응하는 책임을 지는 제도적 장치가 엄연히 존재하고 있다. 의료 과실, 불가항력적인 사고 등에는 의료배상보험, 민사 소송, 국가 보상 등의 다양한 제도로 의사의 책임을 묻고 또 환자들이 실질적 배상을 받을 수 있다.

2019년 들어 세 번째 삭발 투쟁에 들어갔다. 2018년 투쟁으로 문재인 케어에 대한 정부의 정책 변화 움직임이 있었지만 이를 정책 변화로 공식화하는 일은 매우 중요했다. 회장 2년차에 접어들며 문재인 케어에 대한 큰 방향을 잡았다는 판단이 섰다. 따라서 나는 계획했던 의료개혁의 근본적 핵심 과제들을 반드시 내 임기 안에 해결할 것을 다짐했다. 가용한 모든 수단을 동원하여 의료개혁 과제를 쟁취하겠다는 각오 아래 거듭된 논의를 거쳐 2019년 초반 의료개혁 쟁취투쟁위원회(약칭 의쟁투)를 구성했다. 내가 위원장이 되어 의료개혁 대정부 투쟁 전담 조직으로 삼았다.

이후 나는 정부와의 모든 대화를 단절할 것을 선언했다. 전 회원의 대정부 투쟁 설문 조사를 약 2주간에 걸쳐 실시했다. 3만여 명에 가까운 회원이 참여했다. 회원들의 대정부 투쟁 실시에 대한 압도적인 찬성 의사를 확인했다.

16개 시도의사회를 비롯하여 전 산하단체와의 긴밀한 논의로 정부 측에 우리의 단합된 요구 사항을 전달하고 시한을 정해 시행 여부의 답변을 듣기로 했다. 정부 측의 거부가 확인되면 전국의사총파업으로 전면적인 대정부 투쟁을 실시하여 우리의 요구 사항을 쟁취하기로 했던 것이다.

나와 집행부의 의도와는 달리 우리 내부의 합의된 의료개혁안을 도출하는 문제는 난항을 겪었다. 투쟁 시기가 적합한가 하는 문제 제기가 있었다. 또 그런 투쟁이 상반기 중 준비를 철저히 한다 해도 과연 하반기에 성공할 수 있겠는가 하는 등 수많은 회의론들이 있었다.

모든 회원들의 의지를 대변하고 국민의 건강 권익을 위해 대표자의 의지를 출발점으로 삼아 거대한 규모의 조직을 이끌고 가 대정부 투쟁을 실행해 성공을 거두는 일은 쉽지 않다. 너무나 어려운 일이란 것을 나는 매일의 투쟁 정국을 이끌어 나가며 절감했다. 그렇지만 내가 계획한 대로 대정부 투쟁을 2019년 안에 실시하고 결론을 맺지 않으면 2020년 회장 3년차에는 더더욱 어려울 거라 판단되었다. 나로서는 반드시 2019년 안에 해내야만 한다는 당위성과 절박성이 있었다. 2019년 2월 26일 구 대한의사협회 회관 앞마당에서 '관치의료 타파, 대한민국 의료 정상화'를 결의하며 나는 또다시 삭발했다. 세 번째 삭발이었다. 전 직역 대표자들이 참여하는 의쟁투 회의를 거듭 개최하며 중지를 모아 나갔다. 전국 시도를 순회하며 대회원 설명회 작업, 전 회원 홍보물 배포, 전국 반모임을 위한 학습 자료 배포 등의 작업도 계속 이어 나갔다.

의쟁투 활동을 계속하는 가운데 나는 심각한 고민에 빠지지 않을 수 없었다. 현장 개업 의사들, 대학교수들, 전공의들, 병원 근무 의사들 등 현장 의사들이 선뜻 함께 동참할 수 있는 전환의 계기나 각성의 계기가 없었다. 당위성은 인정하겠지만.

설상가상으로 복지부가 2019년 6월 건강보험종합계획을 발표했다. 문재인 케어 추진 계획 원안과 거의 유사하게 제시해 버렸다. 현장에서 비급여 항목의 급여화가 진행되고 있는 것과는 상당한 차이가 있는 정부안을 또다시 발표한 것이다. 대통령이 직접 발표한 정책을 주무 부서인 복지부가 조금이라도 변경하는 것은 어려운 일이다. 말하자면 정권이 작심하고 입안하여 추진하는 일을 아예 중단시키거나 정책을 크게 변경시키는 것은 매우 어려운 일이다. 그럼에도 불구하고 문재인 케어는 2018년 하반기를 기점으로 실무선에서는 이미 정책적 변경이 차츰 이루어지고 있었다고 보는 게 맞다.

정부의 공식적 발표에 다시 한번 강한 항의를 표하지 않을 수 없었다. 내가 네 번째 삭발을 한 이유였다. 2019년 6월 28일, 서초구 서울 심평원 앞에서 건강보험종합계획 철회를 촉구하는 삭발 투쟁을 단행했다. 2017년 11월 첫 삭발을 시작한 이래 2년 동안 총 네 번을 삭발했다.

"그냥 헤어스타일을 그렇게 고정하기로 했어요?"

툭 던진 아내의 말이다. 내심 걱정의 말을 할 만큼 누가 봐도 내 투쟁의 방법은 강력하고 간절했다. 'JTBC 뉴스룸' 프로에서 나의 거듭된 삭발을 보도하며 '삭발을 이렇게 계속하면 그건 이발이 아니냐'는 댓글이 달린 것을 소개하며 기자와 앵커 손석희가 웃음을 터뜨렸다는 뉴스가 나오기도 했다. 그냥 재미있는 해프닝 정도로 생각하기로 했다. 내게는 엄중한 상황이지만 누군가에게는 조롱이나 유머에 지나지 않을 수 있는 게 세상일이니. 공적 일을 하다 보면 그런 것쯤은 감수해야 하는 삶의 일부분이기도 하니까.

2019년 6월 28일, 네 번째 삭발 이후 나는 곧 2019년의 절반을 넘기는 시점에서 뭔가 승부수를 띄우지 않으면 안 되겠다고 생각했다. 전국의사총파업을 일으켜야 할 커다란 반전의 계기가 필요했다. 집행부의 핵심 인사들과 상의 후 합의된 대정부 요구 사항을 정리했다. 완성된 것은 아니어도 그간 의쟁투 논의 내용들을 정리해 기자회견에서 발표하고 즉시 용산의 구 의협회관 앞마당에서 무기한 단식 투쟁에 들어갈 것을 전격 결정했다.

2019년 7월 2일, 청와대 분수대 앞에서 집행부 이사 10명과 함께 대정부 요구 사항을 발표하고 이를 정부가 수용할 때까지 무기한 단식 투쟁에 들어가겠다는 결의를 발표했다. 대정부 요구 사항은 다음과 같은 6가지 선결 개혁과제였다.

> 첫째, 급진적 보장성 강화 정책의 전면적 정책 변경
> 둘째, 진료 수가 정상화
> 셋째, 한의사들의 의료 침탈행위 근절
> 넷째, 의료전달체계 확립
> 다섯째, 의료분쟁특례법 제정
> 여섯째, 정상적 의료재정 투입

나는 대정부 요구 사항을 청와대 앞에서 기자회견 형식으로 발표한 다음 바로 구 의협회관 앞마당에 설치된 천막으로 이동하여 무기한 단식에 들어갔다. 사실 나는 10대 때부터 20대, 30대까지 청소년·청년 시절을 지내며 밥을 굶는 데에는 특출한 재주가 있었다. 아주 어렸을 때부터 식욕이 남달리 없었다. 청소년·청년 시절에도 3일 정도 식사를 하지 않아도 배고픔을 느끼지 못했다. 옆에서 챙겨주는 사람이 없으면 식사를 거르는 일이 거의 다반사였다.

단식 투쟁은 앞서도 말했지만 내가 선호하는 정치사회적 투쟁 방식이 전혀 아니었다. 하지만 대한의사협회라는 전체 의사들을 회원으로 갖는 전문가 단체에서는 달랐다. 의협에서는 회장의 단식 투쟁은 매우 강력한 저항이자 투쟁 수단이다.

타고난 신체적 특성이 있어 단식에 별 부담을 느끼지 않던 내게 큰 곤란이 찾아온 것은 단식 이틀이 채 되지 않아서였다. 나는 물과 소금만 먹었는데 이틀째에 큰 고통이 찾아왔다. 기력이 크게 떨어지고 호흡이 거칠며 심박수가 증가했다. 이런 신체의 변화는 빨리 찾아온 무더위 때문이었다. 의협 회관 앞마당에 설치한 천막은 한강변에 있어서 햇볕이 그대로 내리쬐었다. 온도계를 보니 영상 45도를 오르내렸다. 영상 45도의 혹서의 환경에서 단식을 하고 있었으니 몸이 힘들 수밖에.

나는 속으로 '이거 예상치 않은 복병을 만났구만' 하고 생각했다. 단식하며 수분과 소금은 보충하지만 혹서에 땀으로 수분과 전해질 배출이 다량 발생하면 수분과 전해질 불균형으로 신체에 큰 문제가 발생할 수 있다. 수분의 제한이 심해지면 저혈압 발생으로 신장으로의 혈액 공급 저하가 되고 신기능 이상을 일으키는 것이 가장 빨리 찾아오는 심각한 문제다. 이사들과 직원들이 일찍 찾아온 더위에 이동식 에어컨을 사와 설치하며 건강이 상하지 않게 나름의 배려를 해주었다. 그 덕분인지 3~4일 단식이 지속되면서 몸의 기력이 떨어지는 것 빼고는 조금씩 안정을 찾아갔다.

단식을 하면서 내가 크게 걱정하지 않았던 것은 의사들이 내 주위를 에워싸고 있었기 때문이다. 잠시 웃음이 비집고 나왔다. 의협 회장의 단식 현장에서만 볼 수 있는 특이한 광경이었다. 의협 집행부 상임이사들, 자문위원들, 모두 각자 자기 분야에서 오랜 임상 경험을 지닌 전문의들이다. 일부 교수들은 우리나라 최고의 전문가들도 있고, 찾아오는 각급 의료계의 인사들 역시 모두 의사들이다. 이렇게 많은 의사들에 둘러싸여 단식을 하는 사람은 최근 몇 년간 우리나라에서 내가 처음이 아니었을까.

지근거리에서 내과 의사인 정성균 이사께서 오전·오후 혈압 등을 측정하고 간이 소변 검사로 신장 기능 이상 여부를 체크했다. 단식 5일째부터는 소변에서 케톤체가 나오는 등 신장 기능 이상 징후가 조금씩 나타나기 시작했다. 나는 그야말로 탄수화물이라 부르는 당질이 포함된 보조 음식 등 일체의 음식을 섭취하지 않았다. 오직 물과 소금만 먹었다. 거기에 혹서의 날씨 속에 단식을 했으니 '생단식'을 해버린 것이다. 결국 일주일 만에 나는 몸을 가눌 수조차 없었다. 주로 누워 있었고 누군가와 대화할 때에도 적절한 단어의 선택, 논리적 구조를 갖춘 문장을 만드는 데에 약간의 어려움이 생겼다.

단식 8일째, 현장 회의에 참석했다가 의식이 저하되어 인근 중앙대학교 병원으로 실려가 입원하게 되었다. 8일간의 짧은 단식이었지만 그간 의협의 거의 모든 산하단체 대표자들이 위로 방문을 와주었다. 현장 회의도 진행했고 왜 이런 극단의 선택을 할 수밖에 없었는지에 대한 이야기도 나누었다. 주무 부서인 보건복지부 차관이 찾아와 우리 요구 사항에 대해 이야기했다. 야당인 자유한국당의 보건복지위원회 소속 여러 국회의원들도 찾아왔다. 여당인 민주당 측의 보건복지위 소속 몇몇 의원들과도 단식 현장에서 대화를 나누었다.

대한병원협회·대한치과의사협회·대한간호협회·대한약사회·대한한의사협회 회장들도 위로 방문하여 사례의 마음을 전했다. 그들은 이구동성으로 하루빨리 단식을 중단하고 대화를 재개하여 문제를 풀어나가야 한다고 조언했다.

나는 16개 시도의사회장들과의 대화에서 "이번에 정부가 우리 요구 사항을 받아들이지 않으면 전국의사총파업을 몇 차례 단행하여 2019년 안에 무기한 전국의사총파업으로 이 투쟁을 마무리해야 한다"고 계속 주장했다. 우리의 힘으로 쟁취를 하든, 우리가 패배하여 내가 감옥에 가든, 양단간에 결판을 반드시 2019년 안에 결론 지어야 한다는 입장을 강조한 것이다. 거듭된 회의 결과, 단식 이후 전국의사대표자대회를 개최하여 대정부 요구 사항을 다시 제시하고 정부와 마지막 의정협의체를 구성하여 진정성 있는 대화를 해보고도 정부가 아무런 전향적 대책이 없으면 전국의사총파업으로 나아가자는 것으로 결론이 났다.

의지와 계획에 비해 매우 아쉬운 계획이었지만 회장인 나의 계획만을 계속해 고집할 수는 없어 일단 이렇게 투쟁 계획을 수정 변경했다. 어떤 방식으로든 의료개혁 과제들을 모두 협상 테이블에 올려놓고 일괄 타결 방식으로 해결할 생각이었다. 당연히 한꺼번에 모든 것을 실행하기는 어렵다. 그래서 모든 개혁 과제에 5개년 계획을 세우든, 7개년 계획을 세우든 의정 간의 합의된 중장기 계획을 마련하여 확정하고 이것을 매년 실천해 나가는 방식으로 근본적 의료개혁 과제들을 2019년도에 해결하자는 것이 나의 제안이었다.

세부적인 사안으로 매번·매해마다, 정권이 바뀔 때마다 의정 간에 대립과 분쟁을 반복하는 것을 더 이상 되풀이하지 말고 나는 내 회장 임기 내에 근본적 의료개혁의 과제들을 해결할 수 있는 의정 간 합의된 국가정책 계획안을 확정하는 것이 목표였던 것이다. 단식을 더 이상 지속할 수 없었기 때문에 일단 병원에 입원하여 건강을 어느 정도 회복 후 변경된 계획, 즉 빠른 시일 내에 전국의사대표자대회 개최, 의정협의 재개, 그리고 의정협의 불발 시 2019년 내에 전국의사총파업 단행안을 강력하게 집행하고자 했다.

8일 만에 단식을 중단하고 나는 의협 회관 인근 중앙대병원에 입원했다. 일주일 입원하여 몸을 추슬렀다. 입원했다는 소식을 듣고 아내가 일곱 살짜리 아들을 데리고 입원실을 찾았다. 입원 후 침상에 누워 있는 내 몰골은 말이 아니었다. 머리는 삭발을 했지, 8일 단식에 체중은 급감했고, 혹서기에 햇볕에 노출된 얼굴과 목은 새까맣게 그을렸다. 단식한 것을 모르는 사람이 나를 봤다면 웃음을 터뜨릴 몰골이었다. 그런 나를 한동안 바라보던 아내가 근심어린 얼굴로 한마디를 던졌다.

"몸이 좋아질 때까지 가급적 오랜 기간 입원해 있었으면 좋겠어요."

아내의 말 한마디에는 많은 말이 함축돼 있었다. 누구보다 나를 걱정하는 아내의 마음이었다.

"몸 상태 봐가며……."

내 말 끝을 잡고 어린 아들이 고개를 갸우뚱거리며 물었다.

"아빠, 왜 병원에 왔어요? 얼굴은 왜 테디 베어같이 됐어요?"

테디 베어라는 말에 나는 기습을 당한 듯 움찔했다.

"테디 베어라, 하하하. 아빠가 태어나서 생전 처음 단식이란 걸 했더니 이렇게 됐네? 이거 하면 안 되겠다. 앞으로 아빠가 미워하는 사람들한테 아빠처럼 단식해 보라고 해야겠다."

아들과 나의 대화를 듣던 아내 얼굴에는 그제야 미소가 번졌다.

"어휴, 지금 그런 말이 나와요? 지금!"

나는 입원 당일과 하루 이틀은 수액만 맞았다. 수액을 맞으며 잠자리에 들었다. 이후 7일간 더 입원한 후 퇴원했다. 몸의 완전한 회복은 기약이 없을 것 같았다. 시간이 지나서 보니 몸이 회복되기까지는 6개월 정도가 걸린 것 같다. 음식을 먹으면서 하는 것은 진정한 단식 투쟁이 아닐 테니 누군가 정말로 단식 투쟁을 한다면 나로선 말리고 싶다. 해보니 건강에 미치는 유해한 영향이 너무 크다. 단식이 아닌 다른 수단도 많으니 우리들의 정치사회적 의사 표현을 위해 단식 아닌 다른 수단을 쓰기를 권한다.

병원을 퇴원하자마자 나는 상근부회장이 릴레이 단식 7일을 마치고 입원해 있는 병원에 병문안을 다녀온 후 이사들 일부가 릴레이 단식을 이어 가고 있는 구 의협회관 단식 농성장을 다시 찾았다. 위로와 격려의 말을 건넸다. 내가 복귀했으니 정상 회무 체제에서 최대한 빨리 전국의사대표자대회를 개최할 것을 제안했다.

준비 기간이 짧았지만 서둘러 준비하여 2019년 8월 18일 예정대로 서울 더플라자호텔에서 '최선의 진료를 위한 근본적 의료개혁 쟁취 전국의사대표자 대회'를 개최했다. 전국 의료계 각급 단체를 대표하는 대표자 350명이 대회에 참가하여 대정부 요구 사항을 재확인했다. 그 자리에서 나는 "정부와 올해 안으로 마지막 대화를 시도해 보고 가급적 빨리 결론을 내겠다. 부정적 결론이 나온다면 우리는 배수의 진을 치고 투옥까지 각오하고 무기한 전국의사총파업을 한다. 반드시 의료개혁 과제를 완수하자!"는 점을 강조하고 의지를 다졌다.

2019년 9월 11일, 나는 복지부 차관과의 회의에 참석해 의정협의 재개를 결정했다. 그 후 의협 협상단과 복지부 협상단 간의 의정협의가 재개되었다. 그렇지만 실질적 논의는 이루어지지 못했다. 자꾸 헛되이 진행되는 양상으로 시간만 흘러갔다. 2019년 안에 마무리하고 싶은 내 의지와 상관없이 결과물이 나올 듯 말 듯한 애매모호한 의정협의가 지루한 장마처럼 점점 늘어지기만 했다.

정보가 없는 감염병 앞에서

해를 넘긴 2020년 1월 중순 들어 뜻하지 않은 일이 우리나라는 물론 전 세계를 강타했다. 중국 우한폐렴 소식들이 계속해 전달되었다. 1월 하순경에는 우리나라에도 우한폐렴 첫 환자가 발생했다. 갑작스레 코로나19 정국으로 의료계와 정부는 끌려 들어갔다. 우리나라를 비롯한 세계 주요 국가들에서 우한폐렴 환자들이 소수 발생하기 시작한 것이다. 이 감염병에 대한 정보가 전혀 없었던 터라 각국 정부들은 몹시 우왕좌왕했다.

우리나라 역시 형편이 다르지 않았다. 그나마 나는 의료계 관련 최고 전문가들로부터 가장 빠르게 정보를 전달받을 수 있는 상황이었으므로 코로나19 사태가 심상치 않음을 직감했다. 언제나 그렇듯 나쁜 예감은 빗겨가질 않았다. 무기한 전국의사총파업을 해서라도 2019년 내에 어떡하든 근본적 의료개혁 과제를 정부와 일괄 타결로 해결하려 했던 나의 계획은 어렵겠다는 생각이 들었다.

2019년 삭발을 시작으로 전 회원 여론 조사, 의쟁투 결성과 이어진 각종 회의와 숱한 기자회견, 성명 발표, 단식, 전국의사대표자대회, 의정협의 재개 등 그야말로 나는 한 해 동안 죽을 각오로 목표를 달성하고자 절박하고도 열정적으로 하루하루를 뛰어다녔다. 하지만 이제 2019년의 의료개혁 투쟁은 의협 회장 임기 내에조차 실현하기 어려울 코로나19사태 현실이 눈앞에 펼쳐졌다.

더 기막힌 것은 앞으로 살다 보면 그런 일이 또 찾아오지 말란 법도 없다는 사실이다. 결국 우리네 삶은 전체적인 상황이 조성되지 않으면 자신의 의도와 의지만으로는 안 된다는 것을 꿈 깨듯 깨달아야만 했다. 돌이켜 보면 그런 일은 그때에만 있었던 것은 아니었다.

100년 만의 팬데믹 감염병 코로나19

2020년 1월 26일, 설 연휴 기간 중 의협 집행부 긴급회의를 위해 집을 나와 용산 의협 임시회관으로 향했다. 이동 중 스마트폰을 통해 접한 우한폐렴 소식들은 전 국민을 공포에 몰아넣기에 충분했다. 1월 26일까지 우한폐렴 확진자는 2,000명을 넘어섰고 사망자는 56명이었다. 정보를 통제하는 중국에서 나온 소식이라 그대로 믿을 수는 없었지만 적어도 우한폐렴 확산이 그 이상일 것은 확실했다. 우리나라에서도 세 번째 확진자가 나온 상황이었다.

의협회관에 도착하여 긴급하게 모인 상임이사들과 함께 우한폐렴의 최신 현황 자료를 모아 감염병 학자, 예방의학자들의 조언을 들었다. 우한폐렴 정보를 정리하고 대한의사협회가 무엇을 할 것인가를 논의했다. 회의가 끝난 직후 나는 대한의사협회의 입장을 정리해 우한폐렴 관련 대국민 긴급 담화문 및 대정부 메시지를 발표해야 한다고 생각했다. 일부 신중론과 반대 의견이 있었지만 결국 회의 직후, 의견을 정리하여 긴급 대국민 담화문을 발표하기로 했다.

대국민 담화문에서는 최악의 시나리오를 가정한 조치가 필요함을 강조했다. 우리는 불과 5년 전인 2015년에도 메르스 사태를 겪었다. 우한폐렴 역시 전파력이나 치명률의 정확한 정보가 당시에는 나올 수 없는 상황이었다. 분명한 것은 메르스보다 훨씬 강한 전파력을 지닌 바이러스일 가능성이 컸으므로 우리는 강한 경각심이 필요했다. 대국민 담화문에는 다음과 같은 내용을 담았다.

'이제는 정부의 선제적 대응이 필요하다. 사전 예방을 위한 충분한 조치가 필요하다. 과거 메르스 사태에 준해 경각심을 가지고 임해야 한다'는 것과 '최악의 경우, 중국으로부터의 전면적 입국 금지 조치 등 가능한 모든 조치를 위한 행정적 준비를 당부하고 최악의 시나리오를 가정해 준비해 달라'.

해외 유입 감염병 초기 사태에서 가장 우선적인 방역 원칙인 해외 감염원 유입 차단, 즉 중국발 입국 전면 금지 방역 정책을 가장 먼저 정부에 공식적으로 요구했다. 정부에는 '최근 2~3주 이내 중국 후베이성으로부터 입국한 입국자 명단을 파악하여 정부 차원에서 소재와 증상 발생 여부 등의 전수 조사 및 추적·관리를 건의한다'는 제안을 보냈다.

국민들에게는 문병 자제와 최근 고위험 지역 방문자들의 불필요한 외부 활동 자제와 발열이나 호흡기 증상 발현 시 1339 연락 등을 요청했다. 외출 시 KF80 이상의 마스크 착용과 손 위생의 각별한 주의를 당부했고 대한의사협회의 모든 의사 회원들은 우한폐렴으로부터 국민 보호를 위해 최선을 다하겠다는 각오를 밝혔다.

설 연휴 기간 중 발표된 대한의사협회의 긴급 대국민 담화문은 우리 사회에 중대한 메시지로 받아들여졌다. 정부 측에서는 대정부 제안 사항인 전수 조사에 착수하겠다는 방침을 발표했다. 그러나 중국발 입국 금지 조치의 대한의사협회 권고는 끝내 받아들여지지 않았다. 결국 2월 중하순 대구에서 1차 대유행의 결과를 낳고 말았다. 정부가 중국발 입국 금지 조치를 수용하지 않은 것은 코로나19 대응 초기 단계에서 명백한 방역 실패였다. 2020년 1월 이후 내가 의협 회장으로 있던 1년 4개월여 기간 중 사사건건 정부와 마찰을 빚는 직접적 계기가 되었다. 물론 대한의사협회는 국민 건강을 위해 주도적으로 해야 할 부분들, 또 정부와 적극 협력해야 할 부분은 사심 없이 협력했다.

1차 긴급 대국민 담화문 발표 이후 이틀만인 2020년 1월 28일 대한의사협회는 다시 긴급 기자회견을 열어 정부의 전수 조사 방침과 전세기 투입 결정을 환영한다는 입장을 발표했다. 또한 후베이성 외 중국 지역을 다녀온 사람도 폐렴 의심 증상이 있을 경우, 후베이성 방문자와 동일한 수준의 의심을 해야 한다는 제안도 발표했다.

특히 2020년 1월 28일 문재인 대통령은 국립중앙의료원을 방문한 자리에서 코로나19 감염증 의심 환자를 진료하는 과정에서 의료기관이 질병관리본부 콜센터(1339)에 알리지 않는 등 의무를 이행하지 않는 경우 행정적 문책을 하겠다는 발언을 했다. 나는 이에 강한 유감의 뜻을 표했다. 정체를 잘 파악하고 있지 못한 신종 감염병 사태 최전선에 나와 있는 의사들에게 대통령이 행정적 문책을 운운한다는 것은 대단히 잘못된 것이다. 문 대통령은 행정적 문책이 아닌 격려와 감사의 뜻을 표했어야 했다. 당시 나는 청와대와 민주당 측에 강한 항의의 뜻을 전하도록 했다. 청와대와 민주당 측에서는 그런 취지가 아니었다는 해명을 해 왔다. 나는 더 이상의 논란은 바람직하지 않다고 생각하여 더는 문제 삼지 않기로 했다. 그리고 이날 기자회견에서 소신 신고를 저해할 수 있는 확진 환자의 비난을 자제해 줄 것을 당부했다.

2020년 1월 26일 최초의 우한폐렴 관련 대국민 담화와 1월 28일 기자회견에서 의협이 제시한 의견들은 이후로도 코로나19 방역과 관련된 중요 사항들을 거의 망라한 것이 되었다. 우한폐렴의 정보가 매우 미비한 상황에서 가장 적실한 방역 원칙들과 대응 지침을 제시함으로써 코로나19로부터 국민들의 건강과 생명을 지키는 데에 큰 기여를 했다.

의협 임시회관이 협소해 새로운 사무 공간을 낼 수 없던 나는 회장실과 임원실 한 곳을 이용하여 '신종 코로나바이러스 종합상황실'을 설치하고 24시간 가동케 했다. 종합상황실 운영으로 의사 회원들의 제보·민원 사항을 접수하고 수시로 기자 브리핑을 열어 코로나19 대국민 지침 및 행동 요령과 대정부 제안 사항들을 지속적으로 발표하기로 했다.

2020년 1월 30일 의협은 '신종 코로나바이러스 감염증 위기 관련 대국민 호소 담화문'을 발표했다. 당시 중국에서 온 교민들 격리 시설 주변 주민들의 감염증 전파에 대한 걱정으로 격리 시설 확보에 난항을 겪을 조짐이 있었다. 담화문에서는 가족의 안전을 지키려는 격리 시설 주변 주민의 심정을 충분히 이해한다면서 격리 시설 밖으로 바이러스가 전파될 위험성이 없다는 정확한 의학적 정보를 발표했다. 국적 항공사 중국 운항 제한 필요성도 언급하는 한편 다시 한번 효과적인 검역 관리를 위해 중국발 국내 입국 항공편의 단계적인 제한과 중단을 적극적으로 검토할 것을 강조했다. 마스크 등 기본 방역 용품이 원활히 공급되도록 정부의 조치를 요구하였으며, 일선 의료기관이 적극적으로 감염병 관리에 나설 수 있게 재정 지원책 마련도 요구했다.

2020년 2월 1일, 의협은 다시 대국민 담화문을 발표했다. 우한뿐 아니라 항저우, 광저우, 정저우, 창사, 난징 등 5개 지역 입국자를 입국 제한할 것을 제안했다. 중국 전 지역 중국발 입국 금지 조치를 연이어 제안해도 정부가 조치를 취하지 않아 일단 제한적으로나마 시행하자는 제안이었다. 정부는 2월 1일에야 우한발 입국 금지를 검토한다는 입장을 취했다. 턱없이 부족한 조치였다.

나는 2020년 2월 3일의 4차 대국민 담화문을 통해 정부가 3일 중국 후베이성 경유자로 입국 제한 범위를 결정한 데 대해 미흡하고 실효성 없는 조치라고 지적했다. 입국 제한 대상을 중국 전역으로 확대할 것을 네 번째 다시 제안했다. 정부의 후베이성 경유자 입국 제한 조치는 1월 26일 의협이 대국민·대정부 담화에 중국 입국자에 대한 전면적 입국 금지 조치를 고려해야 한다고 발표한 지 8일 만에 이루어진 것으로 당시 확산세를 볼 때 역시 너무 미흡한 조치였다.

2020년 2월 5일에는 국회에서 민주당 코로나 대책특위와 간담회가 있었다. 나는 이 자리에서 집단 감염병 확산을 조기에 종식시키기 위한 세 가지 원칙으로 해외 유입원 차단, 국내 지역 사회 전파 방지와 방역, 조기 진단과 치료라는 세 원칙을 천명했다. 정부가 확산 저지를 위해 많이 노력하고 있지만 미흡한 부분이 있다면서 정부의 후베이성 방문 외국인 입국 금지 조치만으로는 부족하다고 지적했다. 이에 입국 금지 범위를 중국 전역으로 확대할 것을 또다시 주장했다. 다섯 번째 제안이었다.

202년 2월 18일에는 코로나19의 지역 사회 감염 확산 징후가 있어 긴급 기자회견을 개최하여 지역 사회 1차 의료기관 및 중소병원과의 민관협의체를 구성할 것을 제안했다. 중국발 입국 금지도 다시 요구했다. 여섯 번째 요구였다.

나는 코로나19라는 바이러스와 그것으로 인한 감염증은 지금까지 인류가 한 번도 경험해 보지 못한 새로운 질병이고 전 세계 어떤 전문가도 아직 코로나19에 대해 확실하게 알지 못한다는 점을 재차 강조했다. 정부가 어떤 결정을 내리든지 국민의 생명을 우선으로 하는 원칙을 지켜주길 바란다는 입장을 발표했다. 여섯 번째 중국발 입국 금지를 요구한 이날 대구에서 첫 코로나19 확진자가 발생했다. 대구의 확산세는 빠르게 번졌다. 2월 25일에는 확진자가 500명을 넘어섰다. 집에서 입원 대기 중이던 고령의 환자가 사망하는 등 심각한 사태가 발생했다.

대구에서의 코로나19가 급격히 확산하는 것을 보고 의협은 2월 24일 당시까지의 정부 방역 대책을 총체적 방역 실패로 규정했다.

네 번의 삭발과 목숨을 건 단식, 대한의사협회 회장 활동

당시 박능후 보건복지부 장관의 경질을 요구했다. 이때에도 시기를 놓친 측면이 있지만 재차 중국발 입국 금지를 요구했다. 한편 의학적 원칙을 소홀히 하면서 정부 입장만을 일방적으로 옹호하는, 코로나19 관련 정부 자문을 하는 극소수 '비선 전문가' 그룹이 있다는 점을 지적했다. 나는 그들 역시 방역 실패의 책임을 져야 한다는 것을 지적했다.

코로나19 확진자가 최초 발생한 시점에서 얼마 지나지 않아 2020년 1월 26일 첫 대국민 담화문을 발표한 이래 1월 30일, 2월 1일, 2월 3일, 2월 5일, 2월 18일까지 약 3주간 여섯 번에 걸쳐 해외 유입 감염병 차단의 가장 기본적 원칙에 해당하는 중국발 입국 금지를 정부에 요청했다. 그러나 정부는 후베이성 경유 입국 금지만을 시행함으로써 결과적으로 대구에서의 1차 대유행을 초래했다. 일부 종교 단체에 대구 대유행 원인을 돌리고 있지만 대구에서 감염병을 확산시킨 첫 소수의 감염자들은 중국에서 직접 감염되어 국내에 들어오거나 중국에서 유입된 바이러스에 감염된 환자들이었다.

당시 정부가 의협의 지속적인 권고안을 조기에 받아들였다면 코로나19 초기 우리나라는 사회적 거리두기 단계의 강화 등 그렇게 큰 희생 없이도 확진자 수를 적절히 통제하면서 치료체계 구축과 백신 확보를 위한 많은 시간을 벌 수 있었을 것이다. 이 점에서 당시 의협의 거듭된 선제적 요구가 매우 적실한 대책이었고 그것을 정부가 받아들이지 않은 것은 코로나19 초기 방역 실패의 가장 큰 원인이라고 생각한다.

3단계의 효율적인 치료체계로

우려하고 있던 코로나19 감염병의 대규모 지역 확산이 대구에서 첫 번째로 발생하고 말았다. 1차 대유행이라고 부르는 그것이다. 대구에서는 2020년 2월 18일 첫 확진자가 발생한 이래 다음 날부터 확진자가 급증하기 시작했다. 2월 29일에는 909명의 확진자가 발생하면서 이 시기를 즈음하여 대구 코로나19 환자는 정점에 이르기 시작했다.

대구 시민들의 헌신적인 방역 협조와 대구시 의사회와 대구광역시 당국의 효율적인 민관 협력, 그리고 전국 각지에서 달려온 의사·간호사 등 의료인들의 헌신 등이 주효하여 대구에서의 1차 대유행은 첫 확진자 발생 50여일 만인 2020년 4월 10일 신규 확진자 0명으로 사실상 안정적인 통제 상황으로 들어갔다. 240만 명에 이르는 대규모 도시에서 1일 확진자 1,000명 내외가 나오는 상황에서 50일 만에 몇 명 단위의 1일 확진자가 나오면서 코로나19를 안정적으로 통제하는 상황까지 만든 것은 당시도 그렇고 그 이후도 그렇고 세계에서도 유례를 찾아보기 힘든 일이었다.

그만큼 대구 시민들의 방역을 위한 협조는 특별한 것이었다. 대구시 의사회는 시의사회 역량을 총동원하여 시내의 대학병원, 종합병원, 병원, 의원들의 협력 체계를 빠르게 구축하고 부족했던 의사들을 충원하기 위해 당시 이성구 대구시 의사회장은 역사에 남을 만한 명문을 써서 전국의 의사들에게 대구 지원을 호소했다. 전국에서 수백 명의 의사들이 아무런 대가없이 대구·경북 지역을 방문하여 코로나19 환자들을 돌보았고 이 역시 대구가 위급한 상황에서 벗어나는 데에 큰 기여를 했다고 생각한다.

위 50여일의 기간 동안 대구의 총 확진자는 6,800여 명, 사망자는 142명이었다. 코로나19 첫 대유행이라 치료체계를 구축하는 데에 시간이 걸리면서 자택에서 대기하다 적절한 치료를 받지 못하고 돌아가신 환자들도 있었다. 참으로 안타까운 일이 아닐 수 없었다. 하지만 대구는 정말 시민, 행정기관, 의료기관들이 똘똘 뭉쳐 서로를 격려하고 도우며 이 막중한 위기를 타개해 나갔다. 대구 시민들께 진심으로 존경과 감사의 말씀을 전하지 않을 수 없다. 대구 대유행의 초기에 나는 대구·경북을 총 3회 방문하여 대책을 숙의하고 위로의 말씀을 전하며 방역 물품을 전달하는 등 대한의사협회의 역량을 총동원해 대구 대유행의 위기 극복을 위해 도왔다.

2020년 2월 19일부터 본격적으로 확산되기 시작한 대구의 상황을 직접 점검하고 대구시 의사회와 대한의사협회의 협력 방안을 논의하기 위해 대구행을 서둘렀다. 2020년 2월 21일 대구로 내려가 대구광역시청을 방문하여 권영진 시장과 면담하고 협력 방안을 논의했다. 대구파티마병원과 경북대학교병원을 방문해 의료 현장에서의 각종 어려움을 듣고 해결 방안을 조속히 모색하기로 했다.

특히 당시 대구 상황에서 코로나19 진료로 인해 대구파티마병원을 제외하고 모든 대학병원급의 응급실들이 코로나19로 인해 일시 폐쇄된 상황이 발생하였는데 코로나19 전담 의료기관을 다수 선정하고 이를 코로나19 이외 일반 진료 의료기관과 이원화하는 조치도 중요하다고 주장했다.

2월 26일에는 대구 지역의 의사 인력이 많이 부족한 상황이어서 당시 방상혁 상근부회장을 단장으로 의료지원단을 파견하기로 했다. 3월 2일 다시 대구 서구 시민운동장 임시 선별 진료소를 방문하여 당시 검체 검사를 시행하고 있던 의료지원단의 방상혁 부회장과 현장에 파견 근무하고 있는 여러 명 공중보건의사들을 격려하고 현장의 어려운 점과 개선점 등을 청취했다.

대구 외에도 경북 지역에 코로나19의 확산세가 맹렬한 상황이었다. 2020년 3월 3일, 경북의사회의 장유석 회장과 협의하여 경북도청을 찾아 이철우 도지사와 경북 지역의 코로나19 극복을 위해 적극 협력할 것을 약속하고 필요한 의사들을 일부 파견했다. 일부 경북 지역 병원에서 방호 물품의 부족을 호소하여 방호복 3,000벌을 기증했다.

2020년 2월 18일 대한의사협회의 중국발 입국 금지 등을 재차 요청한 기자회견 이후 대구에서 대규모 감염병 지역 확산이 일어나면서 2월 마지막까지 상황은 악화 일로를 걷고 있었다. 정부는 대구에서의 1차 대유행에 어떻게 대응해야 할지, 특히 발생하고 있는 대규모 환자들을 어떻게 치료해야 할지 긴급한 대책을 마련하지 못한 채 매우 당황해하고 있었다.

2020년 2월 하순 청와대 사회수석이 급히 만나자고 연락해 와서 서울 모처에서 만나 대구 대유행에 어떻게 대응할 것인가에 대한 대한의사협회의 대응 방안을 설명했다. 나는 치료체계의 핵심적인 제안을 했다. 이 점은 최대한 빨리 보건복지부 차관과의 회의에서 구체적으로 설명하겠다는 뜻을 전달했다.

당시 보건복지부 차관과 나는 긴급하게 회의를 열었다. 평소 여러 의료 현안에 대해 많은 의견을 나누던 사이여서 나는 격의 없이 의협의 치료체계 구성 제안을 설명했다. '대규모로 환자가 발생하고 있는데 다행히 무증상이나 경증 환자가 압도적으로 많다', '이 환자들의 경우 굳이 병원에 입원 치료할 필요가 없다', '중등도(중간)나 위중증으로 발전하는지 주의 깊게 관찰하고 타인으로의 전파 차단을 위해 당시에는 14일 정도의 시설 격리로 충분하다'는 등의 의견을 제시했다.

정부 측에서는 코로나19 감염 환자를 의료기관이 아닌 곳에서 치료한다는 것에 많은 부담을 느끼고 있었다. 국민들 입장에서 볼 때에도 충분히 수긍할 수 있는 근거를 제시하지 못한다면 엄청난 저항과 비판에 직면할 가능성 있는 조치였다. 나는 아주 단호하고 자신 있게 말했다.

"코로나19의 감염력을 생각할 때 앞으로도 대규모 무증상, 경증 확진자가 나올 텐데 이 환자들을 모두 병원 입원 치료를 받게 한다면 압도적으로 많은 코로나19 이외 다른 질환과 외상을 치료해야 하는 국가 의료체계가 완전히 붕괴됩니다. 이것은 선택할 수 있는 문제가 아니라 그렇게 해야 하는 문제고 또 그렇게 하는 것이 의학적으로도 타당합니다. 이 문제를 국민에게 설명이 필요하다면 대한의사협회장으로서 제가 직접 정부 브리핑에 나서 의학적 설명을 하겠습니다. 국민들에게 대한의사협회의 권고 사항이라고 하시고 밤을 새워서라도 무증상·경증 환자들의 시설 입소와 치료, 그리고 중등도 이상 증상을 보이는 경우 코로나19 전담 병원 입원, 중증의 증상을 보이는

환자의 경우 코로나19 위중증 전문병원 입원, 이렇게 3단계 치료체
계를 구축하십시오. 다른 더 좋은 방책이 없습니다. 이것이 가장 효
율적인 치료체계가 될 것입니다.”

정부는 의협의 권고를 받아들여 실제로 이틀 밤을 새워 코로나
19 3단계 치료체계를 구축하고 국민에게 발표했다. 즉각 대구를 시
작으로 전국에 적용하기 시작했다. 전국의 여러 시설들을 활용한 입
소 시설, 치료 기관인 생활치료센터들이 들어섰고 이곳에서 압도적
으로 많은 무증상·경증 환자들이 치료를 받음으로써 병원들의 병상
확보에 숨통이 트였다.

시간적으로 매우 급박한 위기 순간에 각 영역 전문가들의 역할은
매우 중요하다. 전문가들은 그런 국가적 위기 상황에서 문제 해결을
위한 최선의 대안들을 빠른 시간 내에 고안하고 제시할 수 있다. 코
로나19 3단계 치료체계도 그런 것 중 하나였다.

2020년 12월 29일, 혹한기의 한복판인데도 나는 부천의 한 요양
병원 앞에서 긴급 기자회견을 자청하여 서 있었다.

“단 2주간 38명의 환자가 사망했다. 27명은 전원 병상조차 찾
지 못했다. 대체 정부는 뭘 하고 있는 건가? 안에서 다 죽으라
는 건가?”

나는 미리 준비해 간 기자회견문을 낭독하는 한편, 현장에서 당
시 코로나19 3차 대유행 시기에 요양병원 등 고위험군인 고령층

환자들에게서 대량의 코로나19 확진자가 발생하고 있는데 정부의 중환자 치료체계 준비 태세가 너무나 부실한 것에 강한 분노를 담아 외쳤다.

현재 시점까지도 코로나19는 80대 이상 환자들이 감염되었을 때 20%에 가까운 치명률을 보이는 매우 심각한 질환이다. 그래서 고위험군, 60대 이상 노령 층에 코로나19 환자가 다수 발생했을 때를 대비하여 코로나19 위중증 환자 치료체계를 충분히 구축해 둘 것을 지난 2020년 2월 말, 대구 대유행부터 시작하여 3~4월, 그 뒤 8월 전후 2차 대유행 시기 등 기회가 있을 때마다 정부 측에 요구했고 준비 상황을 공개하고 점검할 것을 요구해 왔다.

그러나 막상 2020년 11월, 12월에 이르러 3차 대유행의 시기가 되고 보니, 정부 측에서 준비해 놓은 중환자 치료체계는 너무나 부실한 것이었다. 중환자 병상은 턱없이 부족했다. 인공호흡기, 에크모 등 중환자를 위한 장비, 중환자 진료를 담당할 의사들, 진료를 보조할 간호사들 등 모든 것이 제대로 갖추어진 곳이 매우 드물었다. 상급종합병원, 즉 대학병원 일부는 이런 역량을 확보하고 있었지만 동원할 수 있는 병상이 너무 적었다.

그 결과로 12월 중 서울 등 수도권과 지방 일부의 요양병원에서 대규모로 발생하고 있는 코로나19 고령층 환자들에게 최선의 치료를 전혀 제공할 수 없는 상황이 계속되었다. 최선의 치료는커녕 입원해 있는 요양병원에서 코로나19에 감염이 된 상태로 환자를 진료해야 하는 의사들의 기초적인 진료만을 받고 있는 상황이라 단기간 내에 수십 명의 환자들이 요양병원에서 다른 병원으로 전원 되지도 못한 채 그냥 죽어갔다.

도대체 정부는 10개월 가까운 기간 동안 무엇을 한 것인가? 2020년 12월까지 문재인 정부가 코로나19 중환자 병상 등 중환자 치료 체계를 부실하게 준비한 것은 코로나19 백신 조기 확보에 거의 아무런 노력을 하지 않은 것에 비견할 만큼 심각한, 대통령과 정부의 국민의 생명권 보호 의무에 대한 직무유기였다고 생각한다. 당시에도 이런 상황들에 크게 분노했고 여전히 정부의 실책들은 향후 반드시 책임을 묻는 조치가 있어야 할 것으로 생각한다.

기자회견을 개최한 부천의 모 요양병원은 2020년 12월 11일 첫 확진자가 나온 이후 내가 방문한 12월 29일까지 34명의 사망자가 이미 발생한 곳이었다. 요양병원들의 모든 환자, 의료진, 행정인력들을 통째로 격리하는 코호트 격리를 아무런 대안도 없이 무분별하게 실행함으로써 부천의 한 요양병원에서만 3주가 채 되지 않은 기간에 34명의 환자가 사망한 것이다. 적절한 전원 치료도 받지 못했다.

거기에 더욱 심각한 것은 요양병원 원장 등 의사들도 코호트 격리를 당해 이미 코로나19에 감염된 상태에서 환자들을 진료할 시설, 장비, 역량이 안 됨에도 불구하고 여전히 수십 명의 환자들을 진료하고 있을 수밖에 없는 상황이었다는 점이다. 어떤 방식으로든 긴급한 조치가 취해지지 않으면 다시 수십 명의 노인 환자가 제대로 된 치료도 받아보지 못하고 사망하게 될 위험한 상황이었다.

분노하고 또 분노하지 않을 수 없었다. 정부를 가장 강한 수준으로 비판하고 당장 이 요양병원의 모든 환자들을 전문적 치료를 받을 수 있는 중환자 병상으로 전원할 것을 요구했다. 만약 정부가 이런 조치를 하지 않는다면 의협 회장으로서 모든 수단을 동원하여 관련자들의 책임을 반드시 끝까지 묻겠다는 방침을 천명했다. 이날의 긴급 기자회견은 많은 언론들의 공감을 샀던지 대부분의 주요 언론들에 보도되었다. 그래서였을까. 그날 밤으로 부천 해당 요양병원의 모든 코로나19 감염환자들을 다른 중환자 치료 병원으로 이송했다는 연락을 정부 측으로부터 받았다. 다행스럽게도 수십 명 환자들은 전문적 치료로 생명을 구할 수 있는 기회를 얻은 것이었다. 다음 날에도 부천 모 요양병원뿐 아니라 전국 모든 요양병원의 유사 사례들에도 정부가 적극적이고 즉각적인 조치를 취할 것을 요구했다.

나는 2020년 11월 3차 대유행의 진행 상황을 보면서 지난 6~7월경 이미 발족하여 활동을 시작하려고 했던 공중보건의료지원단을 더 늦지 않게 즉시 가동해야 한다고 생각했다. 경증을 넘어 중등도, 위중증으로 넘어가는 고령 환자들이 점점 많아지고 있었기 때문이다. 각 의료기관에서 계속 근무하고 있는 의사들 외에도 추가적인 인력 지원이 필요한 곳이 많았던 것이다.

대구 유행이 안정적으로 통제 가능한 상황에 이른 후에도 나는 분명히 2차 대유행이 올 것인 바, 의사들의 추가적 지원이 필요할 때 이미 가능한 인력풀을 전국적인 단위에서 준비해 둘 필요성을 절감하고 있었다. 그리고 그 결과물이 당시 서울시 의사회장인 박홍준 회장이 단장을 맡은 공중보건의료지원단이었다. 박홍준 회장과 나는 의기투합하여 이 조직이 코로나19 환자들을 살려내고 현장에서 과중한 업무를 담당하고 있는 의사 동료들에게도 큰 도움이 될 것으로 생각하고 의욕적으로 추진했다.

다만 의협 내부의 일부 비판적 의견도 있었지만 보다 더 큰 대의를 위해 나아가지 않으면 안 되었다. 실제로 정부의 중앙사고수습본부(이하 중수본)의 실무진과 실무적 협의를 위해서 당시 변형규 보험이사가 공중보건의료지원단의 실무 조직인 재난의료지원팀을 맡아 역시 헌신적이고 매우 내실 있게 이 일을 잘 맡아 주었다.

사사건건 정부와 부딪치다

2020년 7월 전후 본격 활동을 하려고 했으나 당시 집권 여당인 민주당과 보건복지부, 청와대가 2020년 5~6월 대한의사협회와 일언반구 상의도 없이 소위 '공공의대 설립'과 '의대 정원의 한시적 증원' 방침을 확정하여 발표함으로써 재난의료지원팀의 본격적인 활동은 힘들게 되었다. 정부와 의협 간 대규모 투쟁이 발생한 후 의협 내부의 복잡한 의견 차이를 제도적으로 일단 봉합하고 2020년 11월에 이르러서 의협 공중보건의료지원단 재난의료지원팀은 본격적으로 전국의 선별 진료소, 생활치료센터, 코로나19 전담 병원, 위중증 병원 등에서 진료할 의사들을 모집하게 되었다.

약 두 달이 안 된 기간에 무려 1,300명의 의사들이 지원했다. 이들은 가장 먼저 병원 전체를 코로나19 전담 병원으로 내어 준 남양주 현대병원, 평택 박애병원 등에 나가 중환자들을 진료하면서 우리 사회가 3차 대유행을 극복해 나가는 데에 기존 의사들과 함께 막중한 역할을 했다.

또 2021년 8월 현재, 4차 대유행에서 코로나19와 싸우는 과정에서 큰 기여를 해나가고 있다. 이 지면을 통해 당시 단장을 흔쾌히 맡아 봉사해 준 박홍준 서울시 의사회장, 실무적으로 과중한 업무를 잘 처리해 준 변형규 보험이사, 그리고 무엇보다 국민의 생명과 건강을 위해 헌신 봉사하고 있는 1,300명의 재난의료지원팀에 지원해 준 의사 회원들에게 나의 온 진심을 담아 존경과 감사의 인사를 전한다.

황당무계한 공공의대
신설 계획과 의대 정원 증원

민주당, 보건복지부, 청와대는 소위 당정청 협의로 공공의대 신설 계획과 의대 정원을 한 해에 400명씩 늘리고 이를 10년 동안 한시적으로 증원해 10년간 4,000명의 의사를 추가 배출하겠다는 방침을 2020년 5월경 발표했다. 나는 코로나19 대응에 여념이 없는 대한의사협회를 두고 이게 웬 황당무계한 정책인지 놀라지 않을 수 없었다.

내가 가장 받아들을 수 없었던 것은 부실 의대 교육으로 의료계 자체 각고의 노력으로 겨우 폐지했던 서남의대 정원 40명을 다시 살려내 이를 전북 남원에서 40명 정원의 공공의대로 설립하겠다는 정책의 부당함에 있었다. 의대 정원을 매년 400명씩 늘리면 이들을 의과

대학에서 교육하고 수련병원에서 교육수련을 담당할 사람들은 결국 의과대학 교수들이 아닌가. 당사자들에게 어떠한 사전 협의나 대화 없이 이런 중차대한 의료 정책을 자신들 멋대로 발표하고 강행하다니. 더구나 공공의대, 증원되는 의과대학생들의 선발에 있어 정부안에 따르면 시민단체 추천, 지자체장 추천 등이 포함되어 있어 누구보다도 실력 있고 성실해야 할 예비 의사의 선발이 불공정한 과정으로 인해 자격 없는 사람들로 채워질 가능성이 매우 컸기 때문에 도저히 받아들일 수 없었다.

사실 한 정권에서 당정청의 합의가 이루어진 정책을 막는다는 것은 매우 어렵다. 그렇지만 나는 이것을 반드시 막아내야 했다. 시작은 의사 회원들에게 정부의 이 정책을 우리가 반드시 싸워 막아내야 한다는 것부터 설득하는 일이었다. 대부분의 회원들은 이 사안이 투쟁의 어젠다인지도 인식하지 못했다. 강대식 부회장, 박종혁 총무이사 두 사람만이 나의 첫 투쟁 발걸음을 지지했다.

매우 지난한 과정이 기다리고 있었다. 2019년 초에 이어 전 회원 설문 조사를 다시 시행하여 약 3만 명에 가까운 의사들의 뜻을 확인했다. 대회원 홍보자료, 전국 시도의사회의 지역 반모임 자료 배포, 반모임 개최와 전국 주요 병원 순회 등 약 두 달 동안 힘든 과정을 거쳐 대한의사협회가 똘똘 뭉쳐 이것을 막아내야 한다는 전반적인 결의를 어느 정도 만들어 냈다.

약 두 달의 시간이 지났고 2020년 7월 말에는 다시 코로나19 2차 대유행이 시작되었다. 또 민주당과 복지부가 8월에 이를 본격적으로 입법화하려는 시도가 감지되었던 터라 코로나19 대유행 상황에서도 2020년 8월 문재인 정부와 대규모 의료 정책투쟁을 벌여 반드시 우리의 뜻을 관철시켜야 했다. 코로나19의 2차 대유행이라는 당시 상황을 고려할 때 이 정책투쟁의 수단은 대한의사협회가 택할 수 있는 최고 수위의 투쟁인 전국의사총파업이었다. 단기간에 힘을 집중하여 정부를 완전히 굴복시키고 가급적 빨리 끝내야 한다는 필요성이 컸다.

나는 공공의대와 의대 정원 증원 저지투쟁에 이스라엘 의사회 투쟁 모델을 채택하기로 결심했다. 한국적 상황에서는 어려운 일이었지만 초단기전으로 이 투쟁을 끝내고 가뜩이나 고통 받고 있는 국민의 피해를 최소화할 수 있어서였다. 16개 시도의사회 회장들을 권역별로 만나 함께 뜻을 모았다. 당연히 많은 시도의사회장들 역시 정부의 일방통행 식 정책에 분개하고 있었으므로 어떤 식으로든 힘을 함께 모으기로 했다. 대한전공의협의회도 투쟁에 주도적으로 참여하겠다는 분위기가 무르익고 있었다. 대한의학회는 전면에 나설 수 있는 입장은 아니지만 내부적으로는 지지 의사를 갖고 있었다.

나는 의협 내부의 힘을 최대한으로 결집했다. 우리 의협 역사상 가장 빠른 1·2·3차 총파업의 일정을 확정하고 밀어붙이기에 이르렀다. 2020년 8월 14일, 여의도에서 2만 명 규모의 대집회와 함께 하루간의 1차 총파업을 성공시키고 난 후 정부 측 요청으로 한쪽에서는 본격적으로 의정 간의 협상 테이블이 마련되었다. 나는 우리의 공공의대 저지와 의대 정원 증원 불가 방침을 거듭 밝히고 정책의 철회를 거듭 요구했다. 정부 측에서도 정책의 변경이나 일정 변경 등을 하지 않을 것을 초기에 제시했다. 협상이 잘 될 리 없었다.

한편에서는 복지부 장관과 거듭된 회의, 총리와의 회의 등을 진행시키면서 합의에 도달하지 못하자 나는 다시 2020년 8월 26일부터 28일까지 총 3일간 2차 전국의사총파업을 단행했다. 2차 파업에 돌입하자 정부는 자신들의 막강한 공권력을 사용하기 시작했다. 업무 개시 명령이 떨어졌다. 2차 총파업이 시작되자마자 나를 타깃으로 하는 공정거래위원회의 현장 조사가 의협 회관으로 들이닥쳐 시작되었다. 총리가 주관하는 관계 장관 회의에서는 의협 회장을 구속시켜야 이 사태를 빨리 진정시킬 수 있다는 의견이 제기되었다. 2020년 9월 7일 최종 승부를 단기간에 보기 위한 3차 의사 총파업, 즉 무기한 전국 의사 전 직역이 참가하는 총파업을 2020년 9월 7일로 계획하고 있었다.

공권력의 강압과
숨 막히는 협상

정부 측의 무리한 업무 개시 명령으로 일부 전공의들에 대한 형사 고발 조치와 나에 대한 구속 계획 등은 분명 우리 측에 막대한 피해를 가져올 것들이었다. 그렇지만 객관적으로 판단하면 정부의 공권력을 동원한 강압들은 자신들의 의도와 정반대로 결국 3차 무기한 총파업에 모든 직역 의사들을 대거 참여시키는 결과를 낳을 것이었다.

코로나19 3차 대유행의 강도가 커가고 있는 상황에서 청와대, 정부, 민주당 측도 여론의 심한 압박을 받고 있었다. 단기간 내의 투쟁 계획을 미리 세워두고 우리 내부의 동의도 사실상 얻어 둔 상태였으므로 내가 먼저 서두를 이유는 없었다. 결국 당정청 측에서 의협의 요구안을 수용할 수 있다는 정보들이 전달되었다.

당시 전공의협회 집행부에 대정부 요구 사항을 명확히 정리해서 제출할 것을 지시했다. 전공의협회 대정부 요구안이 당시 의협의 투쟁기구였던 범의료계 투쟁위원회(범투위)에 전달되었다. 전공의협회 집행부의 대정부 요구안을 중심으로 의협의 대정부 요구안, 즉 우리 측이 제시할 합의안을 작성하도록 했고 당시 범투위에 참여한 여러 시도의사회장들, 여러 의협 상임이사들, 전공의협회 회장, 부회장 등을 포함한 의협의 모든 직역 단체 대표들은 최종 의협 측 합의안에 만장일치로 동의하고 협상 타결 여부의 전권을 회장인 나에게 위임했다.

2020년 9월 3일 오후부터 시작하여 9월 4일 새벽까지 우리 실무 협상팀을 정부와 민주당 측 실무 협상팀과 협상하도록 하면서 자택에서 전화로 협상 진행 상황과 교착 지점 등에 대해 하룻밤 내내 보고받으며 계속 지시를 내렸다. 우리 측 최종 합의안의 핵심 내용들은 무조건 관철시켜야 한다는 것이었고 그것이 바로 공공의대 추진 중단, 의대 정원 증원 추진 중단, 그리고 두 사안들에 대해서는 코로나19 안정화 이후 원점에서 전면 재논의를 한다는 것이었다. 의협이 제시한 이 합의안은 의협-민주당, 의협-보건복지부 안에 글자 하나 변경 없이 그대로 반영되었다. 합의가 성사된 것이다. 투쟁과 협상의 전 과정에서 의협 집행부 중 30대의 젊은 이사들이 놀라운 역량과 헌신을 보여 주었다. 김대하 홍보이사, 송명제 대외협력이사. 조승국 공보이사들이 그들이었다.

합의 이후 정부는 일부 전공의들에 대한 고발 취하, 업무 개시 명령 취소, 공정위 조사 취소 요청, 의대생 국가시험 접수 기한 연장 등 애초 구두로 합의한 내용들을 실행했다. 당정청의 자중지란으로 인해 의대생 의사국가시험 실시가 애초 계획보다 조금 늦어지기는 했지만 2020년 해를 넘기지 않고 이 문제도 해결되었다. 의협 산하단체인 각 직역단체들 일부에서 내부적 의사 결정 과정 상 구조적 문제가 있다. 대한의사협회는 전문가 단체로 의료 정책투쟁 등 대정부 투쟁 과정에서 시스템이 미비한 점들이 많이 있다. 의사 결정 시스템의 미비는 공공의대와 의대 정원 확대 저지 투쟁의 과정, 의-당정 합의 이후 약 3주간 의협 내에서 격렬한 내부 토론이 벌어지는 결과를 낳았다. 향후 해결해야 할 의협의 조직 구조상의 문제라 생각한다. 지속적인 토론으로 최선의 방안을 마련하여 시간이 오래 걸리더라도 의협 내부의 의사 결정을 효율적으로 해낼 수 있는 시스템을 향후 미래의 의료 정책 주역들이 꼭 이루어주기를 바란다.

나는 2020년 2분기부터 4분기까지 근 9개월 동안 코로나19 백신의 국제적인 동향 파악과 백신 조기 확보를 위한 노력이 거의 전무하였다는 점을 여러 경로를 통해 파악했다. 2020년 12월 주요 선진국들과 일부 국가들이 코로나19 백신을 다량 확보하고 백신 접종을 시작한 반면, 우리 정부의 백신 조기 확보 실패에 대한 언론과 야당, 국민들의 비판 여론이 비등하기 시작했다.

12월 정부의 백신 확보 현황과 노력을 유심히 지켜보던 나는

2020년 12월 24일 강한 비판적 입장을 발표했다. 코로나19 백신 정책은 선 백신 확보, 후 접종 계획 수립이 되어야 한다는 점을 강조했다. 미국, 영국, 일본, 캐나다, 호주, 뉴질랜드, 싱가포르 등의 국가는 조기 구매를 위해 국가 정상이 진두지휘하며 국가 역량을 총동원했다. 백신 조기 확보에 실패하게 되면 2021년에 국민 대다수에게 백신 접종을 할 수 없게 될 것을 경고했다. 당시 청와대와 정부 여당은 백신 조기 확보 실패에 변명과 책임 회피만을 계속했다.

30개국 내외에서 2020년 12월 중, 2021년 1월 중 백신 접종을 시작하는 상황에서 우리나라가 언제, 무슨 백신을, 누구에게, 얼마나 접종할 것인지 2020년 12월 말에 이르러서도 여전히 예측불가인 것은 정상적인 상황이 아님을 지적하고 민간 역량까지 총동원하여 정부가 백신 확보에 만전을 기할 것을 주장했다.

의학과 과학에 충실하지 않은
극소수와 연이은 정부 실책

2021년 1월 3일 코로나19 백신 접종이 성공적으로 진행되기 위해서는 정부의 충분한 백신 물량 확보, 확보한 백신들을 종류별로 해당 백신의 구체적 국내 도입 시기와 시기별 구체적 물량과 2021년 전체 시간표를 국민과 의료계에 제시할 것을 촉구했다. 그러나 정부는 최근 2021년 8월까지도 백신들의 구체적 도입 시기와 물량을 국민들에게 공개하지 않고 있다. 이유는 백신 공급 회사들과 계약 내용에 대한 비밀 유지 조항 때문이라는 것이었다. 그러나 미국, 일본 등의 국가는 백신 종류별 월별·주별 백신 공급 계획을 모든 국민이 볼 수 있도록 모두 공개해 두고 있다.

정부가 공개를 하지 못하는 핵심적 이유는 최근 2021년 7~8월 모더나 백신 공급이 원래 계획보다 지연되면서 모더나사와 백신 공급 계약을 할 때 구체적 물량과 도입 시기를 세부적으로 계약서에 명시하지 않은 채 모더나사와 우리 정부가 협의한다고 계약했기 때문이라는 것이 밝혀졌다. 2020년 12월 문재인 대통령이 모더나사의 최고경영자와 직접 화상 통화를 하며 모더나 백신 2000만 명 분량을 2021년 2분기에 공급 받기로 했다고 정부는 발표하였는데 결과적으로 이는 국민을 상대로 대통령이 거짓말을 한 것이었다. 백신 수급의 정부에 대한 불신이 사라질 수 없는 이유가 바로 이런 전례들 때문이다.

코로나19 백신 접종의 성패를 결정짓는 세 가지 요소는 정부의 백신 공급, 의료기관·의료인의 백신 접종 역량, 그리고 국민들의 백신 접종 순응도라고 할 수 있다. 2021년 2월 말 백신 접종이 시작된 이래 6개월간의 백신 접종 경험으로부터 의료기관·의료인의 백신 접종 역량은 예상을 뛰어넘어 충분하다는 것이 입증되었다. 많은 우려에도 불구하고 국민들의 백신 접종 순응도도 장년층 이상에서는 매우 높다는 것도 밝혀졌다.

청년·중년층에서의 백신 접종 순응도를 장년·노년층만큼 높이기 위해서는 백신 접종의 안전성 확보를 위한 정부의 노력과 드물게 발생하는 백신 접종 후 심각한 부작용과 사망에 대해 충분한 보상 대책이 마련되어야 한다. 코로나19 백신 접종 성공을 위한 세 가지 요소 중 정부의 백신 공급이 정부의 확언과 달리 현재까지도 계속 문제를 일으키면서 불안정한 상태로 정부 측에서는 백신의 확보를 위해 최선의 노력을 다하고 수급 계획을 투명하게 공개할 것을 다시 한번 강조한다.

2021년 4월 22일 대한의사협회에서는 코로나19 백신 접종 후 발생한 중증 질병, 장애, 사망 등에 우선적으로 신속한 치료와 치료비 지원이 이루어져야 하고 인과 관계의 입증이 명확하지 않더라도 포괄적 보상을 신속하게 제공해야 한다는 입장을 발표했다. 그래야 국민의 코로나19 백신 접종 순응도를 높여 앞으로 지속되어야 할 코로나19 백신 접종의 성공을 보장할 수 있을 것이다.

그러나 코로나19 백신 접종의 현장에서는 인과 관계를 입증해야 국가 보상을 받을 수 있게 되어 있다. 즉, 인과성 입증이 이루어지지 않으면 국가 보상을 받을 수 없다. 정부의 기본 방침은 백신과 질병, 사망, 장애 등의 인과성 입증에 매우 엄격한 기준을 적용하고 있다. 그러나 국민들이 백신 접종을 한 후 예기치 않게 발생할 수 있는 백신 연관 질병, 장애, 사망 등의 인과성이 명확하지 않더라도 신속한 보상을 제공하고 그보다 먼저 신속한 치료와 의료비 지원이 이루어져야 할 것이다.

대법원은 판례를 통하여 예방 접종과 장애 등의 인과 관계가 있다고 추정하기 위한 증명의 정도에 첫째, 예방 접종과 장애 등의 인과 관계가 의학적·과학적으로 명백히 입증되어야 하는 것이 아니라 간접적 사실 관계 등 제반 사정을 고려하여 추단하고 증명할 수 있으며 둘째, 시간적 밀접성이 있고 의학 이론이나 경험칙 상에

추론이 불가능하지 않으면 된다고 했다. 셋째로 장애 등의 원인이 원인 불명이거나 다른 원인이 아니라는 정도의 증명으로 족하다고 판시했다.

이런 제반 사항을 감안하면 백신 접종과 백신 접종 후 중증의 질병, 장애, 사망 등은 일단 인과 관계가 명확치 않더라도 신속한 의료비 지원과 포괄적 보상을 우선 제공하고 추후 인과 관계가 의학적으로 명확히 입증된다면 실질적 보상을 추가로 제공하는 것이 국민을 위해 가장 좋은 대안이라는 점을 의협은 주장했다.

정부의 코로나19 방역의 연이은 실책들은 의학과 과학에 충실하지 않은 극소수 의학자들의 조언을 우선시하고 그들을 중요한 의사결정을 수행하는 직위에 임명한 것이 큰 원인 중 하나였다. 대표적인 것이 예방의학자인 기모란 교수를 청와대 방역기획관으로 2021년 4월에 임명한 것이었다.

당시 나는 의협 회장 임기가 10일 정도 남은 상황이었는데 퇴임 준비를 해야 할 때에도 기모란 교수를 청와대 방역기획관에 임명한 문재인 대통령의 잘못된 인사를 용납할 수 없어 청와대 앞 1인 시위를 준비토록 했다. 기모란 교수를 방역기획관에서 즉각 파면하고 대통령의 사과를 요구하는 성명을 발표했다.

기모란 교수는 2020년 '중국발 입국 금지 조치를 하지 않은 것은 잘한 일'이라고 했다. 심지어 '백신 확보를 서두를 필요 없다'는 등의 코로나19에 대한 합리적 대응과는 완전히 배치되는 발언을 했다. 문재인 정부는 2020년 주요 선진국들과 여러 나라들이 코로나19 백신 접종을 시작할 때 백신 자체를 전혀 확보하지 못해 향후 코로나

19 방역 정책에 중대한 위기를 맞을 위험에 처하게 되었다. 그런데 백신 조기 확보에 실패한 문재인 정부의 실정을 두고 기모란 교수는 '백신 확보를 서두를 필요가 없다'는 주장을 하며 결과적으로 문재인 정부의 백신 조기 확보 실패를 변호한 것이었다.

도대체 의학자로서의 자질과 양심을 의심케 하는 발언이 아닐 수 없었다. 2021년 8월 현재도 정부의 백신 확보량이 혼선을 거듭하면서 백신 접종 계획이 변경되는 등 국민들을 혼란케 하고 있는 것을 보면 기모란 교수의 이 주장이 얼마나 잘못된 것인지 알 수 있을 것이다. 그런데 이런 기모란 교수를 대통령의 코로나19 방역 정책 수립에 의학적 조언과 자문을 수행할 청와대 방역기획관에 임명하였으니 얼마나 잘못된 인사인가.

나는 이런 기모란 교수의 방역기획관 임명을 규탄하고 즉각적인 파면과 대통령의 대국민 사과를 요구한 것이었다. 그러나 문재인 대통령은 언제나 그랬던 것처럼 국내 최고 전문가들의 정당한 요구에는 귀를 닫아버렸다. 여전히 기모란 교수를 청와대 방역기획관에 앉혀 두고 있다. 이러니 정부 방역 정책 상 수많은 실책들이 난무할 수밖에 없는 것이다.

코로나19와 공존을 전제로
방역 정책의 전면적 전환이 이루어져야

우리나라에서 코로나19 첫 환자가 발생한 이후 2021년 8월 현재까지 1년 8개월의 시간이 지났다. 총 20개월의 시간이다. 그간 세계 주요 선진국들과 각국들은 축적된 각종 데이터들을 조사·분석하여 새로운 방역 전략들을 지속적으로 제시하며 실천하고 있다. 영국과 미국, 프랑스 등은 비교적 높은 백신 접종 완료율을 바탕으로 사회적 거리두기 정책 철폐 내지 완화, 마스크 착용 정책 변화 등 국민들의 사회 활동을 정상화하는 것을 목표로 이미 방역 전략의 전환을 이루었다.

그러나 우리나라는 여전히 확진자 수 감소만을 유일한 방역의 목표로 설정한 채 확진자 수 증감에 따른 사회적 거리두기 단계의 강화와 완화라는 단순하고 실효성을 상실한 방역 정책을 고집스럽게 고수하고 있다. 이는 대단히 잘못된 것이다. 이 문제에 대해 최근 8

월까지의 세계 주요 선진국들의 축적된 임상 데이터와 분석 결과를 바탕으로 우리나라의 코로나19 방역 목표를 정확히 제시하고 방역 전략의 3원칙을 제안했다.

코로나19 방역 목표와 방역 전략 대전환을 위한 기초적 사실들과 필요성을 정리해 보면 다음과 같다.

첫째, 코로나19 감염병은 20대에서 50대까지 청장년층에서 극히 낮은 중증 환자 이환율과 사망률을 보인다. 60대 이상 고령층과 고위험군에서 상대적으로 높은 중증환자 이환율과 사망률을 보이며, 특히 70대와 80대 이상의 고령층에서 매우 높은 중증환자 이환율과 사망률을 보이는 역학적 특성을 지니고 있다.

둘째, 자영업자와 소상공인, 소기업인, 이들에 고용된 근로자 등의 경제 활동과 초중등 교육, 대학 교육의 교육 활동을 중심으로 한 모든 필수적 사회 활동을 최대한 빨리 정상화해야 한다.

셋째, 코로나19 바이러스의 높은 감염력과 계속된 변이 바이러스의 출현 또, 단기간 내에 대량 환자 발생 시 미치는 의료체계의 부담 등을 감안할 때 전파 차단 노력은 지속되어야 한다.

이러한 사실들과 필요성을 고려할 때 코로나19 방역의 목표는 코로나19와 공존을 전제로 코로나19를 안정적으로 관리하면서 모든 필수적 사회 활동을 정상화하는 것이어야 한다.

이런 새롭게 설정한 목표를 달성하기 위한 코로나19 방역 전략의 3원칙을 다음과 같이 제시할 수 있다.

네 번의 삭발과 목숨을 건 단식, 대한의사협회 회장 활동

첫째, 60대 이상 고령층과 고위험군을 중심으로 신속하게 백신 접종을 완료하고, 금년 11월 이후 추가 백신 접종 대책을 수립해 계속 백신을 확보해야 한다.

둘째, 확진자 수를 중심으로 한 방역이 아니라 중증 환자 이환율과 사망률을 최소화하는 것을 목표로 치료 중심의 방역으로 전환해야 한다. 이를 위해 코로나19 치료 역량을 지속적으로 강화해 나가야 한다.

셋째, 실내 마스크 착용과 손 위생 등 개인 방역을 지속하고 감염된 환자의 조기 발견을 위한 진단 역량을 강화한다.

코로나19는 언제 소멸한다고 말할 수 없다. 코로나19 방역 대책은 코로나19와의 공존을 전제로 새롭게 수립되어야 하고, 향후 계속 축적되는 데이터와 새로운 변이 바이러스의 출현 현황, 백신과 치료제의 개발 결과에 따라 탄력적이고 유연하게 지속적으로 갱신되어야 할 것이다.

우리나라는 코로나19 방역에 있어 확진자 수와 사망자 수가 세계 각국과 비교하면 표면적으로는 상대적으로 우수한 성과를 보이고 있다. 그러나 이는 국민들의 막대한 경제적 희생과 기본권의 본질적 침해, 의사·간호사와 그 외 병원 인력을 비롯해 현장 공무원들의 헌신과 희생에 의한 것으로 정부의 코로나19 방역 정책에 결코 좋은 평가를 내릴 수 없다. 현재까지 코로나19 방역의 성과를 그나마 가능케 한 국민들과 의료진들의 희생에 깊은 위로와 감사의 말씀을 드리지 않을 수 없다.

환자와 국민의 권익을 위한

나는 2018년 5월 1일 대한의사협회 제40대 회장에 취임한 후 2021년 4월 30일까지 3년간 회장직을 수행했다. 나는 우선적으로 의사들의 '정당한' 권익 확보를 위한 활동을 했다. 의사도 우리 국민 누구나 누릴 수 있는 자유와 기본권을 당연히 누려야 하고, 직업적 책무 수행과 그것의 결과로 누려야 할 정당한 권리는 당연히 누려한 한다는 것이 나의 확고한 생각이다. 단, 타인의 정당한 권익을 빼앗아 의사들만 누리려는 소위 '약탈적' 권익 운동은 절대로 해서는 안 된다는 것 역시 나의 확고한 소신이다.

더 깊게 생각해 보면 의사의 정당한 권익 확보의 결과로 의사들이 환자를 진료함에 있어 의학적 원칙을 제1원칙으로 아무런 제약 없이 삼을 수 있을 때에 환자의 권익은 극대화된다. 그리고 환자의 권익은 환자의 건강이며 때로는 생명이라는 사활적 권익이다. 내가 아무런 의심과 두려움 없이 대한의사협회 회장으로서 의사들의 정당한 권익 확보 투쟁에 당당하게 나설 수 있었던 것은 바로 이러한 확고한 확신이 있었기 때문이다.

다른 장에서 이야기하겠지만 나는 태어날 때부터 중환자였던 어머니와 32년간을 함께해 왔던 사람이다. 어머니가 유명을 달리하실 때까지 어머니와 함께했던 사람으로서 누구보다 환자의 아픔이나 가족들의 아픔을 뼛속 깊이 잘 알고 있다. 많은 언론에서 나를 '의사들의 이권 확보만을 위해 맹목적으로 싸우는 극단적 직역 이기주의자' 등의 모습으로 이미지화한 것은 최대집이란 사람을 몰라도 너무 모르는 것이다. 나는 의료 정책운동을 하며 환자의 생명과 건강, 환자의 이익과 편의라는 관점을 한 번도 버린 적이 없다. 의사는 환자를 떠나 살 수 없는 존재다. 의사의 직업적 책무는 아픈 환자를 진료하고 그의 건강과 생명을 고양시키는 것이기 때문이다.

그러니 내게 있어 의협 회장으로서 의료 정책운동은 또 하나의 애국운동이라고 할 수 있다. 애국운동이란 다른 곳에서도 언급했지만 대한민국의 국민과 국토와 국권을 지키는 운동이다. 즉, 국민을 사랑하고 국민 생활의 향상을 위해 진심 전력眞心全力을 기울이고 국토와 국권을 목숨을 다해 지키는 일이다. 이런 관점에서 환자의 생명과 건강을 지키고 국민의 생명과 건강을 지키기 위한 좋은 의료 정책 수립과 실현은 애국운동 중의 애국운동이 아니고 무엇이겠는가. 이런 관점에서 2015년부터 2021년까지 격렬했던 나의 의료 정책투쟁사를 평가하고 싶다.

세 번의 심정지,
내 품안에서 영원히
잠든 어머니

"대집아, 이제 우리 그만 하자. 그동안 엄마는 말기 암이란 진단을 서울 대병원에서 확인한 이후 병원이 너무나 싫었다. 엄마가 그간 병원에 얼마나 많이 입원했니. 더 이상 병원에 입원하는 것은 죽기보다 싫다. 하지만 대집이 네가 이 다 죽어가는 엄마를 어떻게든 살려보겠다고 일도 내팽개친 채 백방으로 뛰어다니는 데 어떻게 병원 진료를 안 받겠다는 말을 할 수가 있었겠니? 하지만 이제 엄마는 더 버틸 힘이 없다. 얼마 남지 않았다. 그건 누구보다 내가 잘 안다. 너도 정말 할 만큼 다 한 거야. 어디 이번 위암 말기뿐이었니? 그간 엄마가 심장병으로, 또 원인도 모르는 통증으로 얼마나 많이 응급실을 갔고 좀 많이 입원을 했어야지. …… 그러니 이제 그만 해도 된다. 우리 막내아들 대집이는 엄마에게 너무 많은 것을 해 주었단다. 이제 그만 해도 돼, 응? 이제 그만 하자."

아버지의 아들, 어머니의 아들

말기 위암으로 아예 거동조차 힘들어 주로 누워 계신 어머니께서 상복부의 격심한 통증으로 몇 번 구토를 하셨다. 나는 어머니를 다시 자리에 눕혀 드리며 어머니를 위해 처방받아 준비해 두었던 꽤 강한 진통제를 정맥에 놓았다. 어머니는 주사제를 주입한 후 2~3분이 되자 통증이 많이 완화되었는지 하루 중 몇 번밖에 들을 수 없는 부드러운 음성으로 말씀하셨다.

"후우, 이제 통증이 좀 가라앉는 것 같구나."

"조금 덜 해? 한 30분만 있다 죽이든 뭐든 뭘 좀 다시 먹어봐. 수액으로 들어가고는 있지만 그래도 먹을 수 있으면 가급적 최대한 먹어야 돼."

나도 조금 안도하면서 어머니에게 말을 건넸다. 형이 옆에서 어둡고 무거운 표정으로 팔짱을 끼고 앉아 그 광경을 지켜보고 있었다.

어머니는 나와 함께 광주 누나 집에 방문했던 3개월 전 갑작스러운 구토와 토혈, 그리고 극심한 상복부 통증으로 인근 대학병원 응급실로 실려가 복부 CT 촬영을 했다. 위에서 발생한 암이 주변 림프절과 장기들, 즉 간으로까지 전이된 것으로 보인다는 판독을 받았다. 더 추가적인 검사로 확진을 받아봐야겠지만 그것으로도 위암 4기로 진단하는 데에는 무리가 없었다. 병원에서 어머니에게 몇 가지의 응급 처치를 하는 동안 내 머릿속은 빠르게 돌아갔다. 어떤 선택을 할 것인가. 일단 당시 충북 청주에 있던 자택으로 갔다가 수일 내로 모교인 서울대학교병원 종양내과로 모시고 갈 생각이었다.

응급실에서 주사와 수액을 맞고 처치 약물을 복용한 때문이지 어머니는 어느 정도 증상이 호전되어 하룻밤을 누나 집에서 더 보냈다. 어머니는 내게 가타부타 병의 진단과 상태를 묻지 않으셨다. 응급실에 있을 때도 누나 집으로 돌아와서도. 평생 위중危重한 질병을 지니고 힘겹게 살아서 그런지 갑자기 자신의 몸에 새로이 찾아온 병과 죽음에 별 관심이 없는 듯했다. 새로운 심각한 질병이 발생했겠지 하는 정도로 생각하고 있는 듯했다.

깊은 밤, 어머니가 누워 있는 방에 들어가 그 옆에 누웠다. 그때가 2004년 1~2월쯤이었다.

"엄마, 좀 어때? 지금은 아프거나 토할 것 같은 느낌, 그런 것 없어?"

"그래, 지금은 별로 불편하진 않구나. 후우……."

어머니가 말끝에 긴 숨을 몰아쉬더니 이내 말을 이어 가셨다.

"그런데 무슨 병인지 알아 봤니? 이번엔 그냥 넘어가지 않을 것 같은 느낌이 든다. 아이휴, 이 몸으로 살만큼 살았지, 지금도 하루하루 여기저기 아파서 약에 의지하며 살아가는데…… 너도 형도 다 컸잖아. 힘든 인생이었는데, 이제 그만 가도 좋지, 뭐."

'살만큼 살았다', '빨리 죽었으면 좋겠다' 이런 말들은 어려서부터 어머니께 워낙 자주 듣던 말이라 우리 가족들은 어머니의 말들을 심각하게 받아들이지 않았다. 그냥 몸이 힘들고 또 하루에도 몇 번씩 찾아오는 극심한 통증들로 몸에 밴 말투였다. 나 역시 마찬가지다. 아주 어려서부터 많이 아팠던 어머니와 함께 지내는 것이 익숙해져 있어 평소 건강하게 지내던 부모님의 갑작스런 암 진단 등 중병을 맞이하게 된 사람들과는 전혀 다른 감정적 반응 체계를 지니고 있었다.

하지만 그날은 왠지 달랐다. 어머니를 모시고 응급실로 향하면서 고통스러워하는 어머니의 모습을 보며 그 끈질긴 병마病魔와의 인생 여정이 끝자락에 와 있음을 직감적으로 느꼈다. 아니나 다를까, 응급실에서 어머니의 위암 말기 진단을 받았고 그것은 내 예측과 같았다. 응급실에서 여러 시간 곰곰이 생각하고 누나 집으로 돌아와 내내 생각을 거듭한 끝에 나는 이 사실을 어머니에게 있는 그대로 알리고 앞으로의 계획을 말씀드리기로 했다.

"엄마, 위암이 주변으로 퍼져서 4기가 된 것 같아. 3년에 한 번씩이라도 위내시경을 받았어야 했는데. 하기야 엄마는 위내시경조차 쉽게 받을 수 없는 상태가 아니었어. 주변 조직으로 암세포가 퍼졌으니 수술은 힘들어. 약물 치료를 시도해 봐야 할 것 같아. 일단 내일 청주로 돌아가자. 내가 계획을 세워볼게."

나는 어머니 옆에 모로 누워 무덤덤하게 말했다. 어머니는 이불을

덮고 누워 얼굴을 내 쪽으로 돌린 채 아무 표정 없이 내 말을 듣기만 하셨다.

2004년 당시를 기준으로 7년 전, 그러니까 아버지께서 담낭암 말기 진단을 받은 지 4개월 만에 돌아가셨다. 건강했던 아버지가 소화불량과 드물게 찾아오는 삼키기 곤란함과 간혹 일어나는 구역 증상으로 내과의원에서 진료를 받던 중 초음파와 CT 검사에서 담낭암 4기 진단을 받은 것이었다. 항암 치료는 초기에만 잠깐 했다. 효과가 있는 약물이 없어 병원 측에서는 말기 암의 극심한 암성 통증과 여러 가지 불편한 증상들을 관리하는 데에 초점을 맞췄다. 아버지는 입퇴원을 반복했다. 나중에는 마약성 진통제를 제외한 모든 치료를 끊고 집에서 한 달 정도를 앓다가 돌아가셨다.

죽음의 길을 천천히 걷고 있는 아버지의 간병을 어머니와 내가 맡아서 했다. 아버지는 견딜 수 없는 통증을 견디면서도 아무런 말씀이 없으셨다. 그 어떤 하소연도, 원망도 무언가를 해달라고 요청도 하지 않으셨다. 아버지는 그 멀고 쓸쓸한 죽음의 길을 이를 악물고 초인적 인내로 차근차근 걸어가셨다. 이때 나는 죽음을 받아들이는 아버지의 강한 모습을 지켜보며 남자는 저렇게 '살아내야' 하고, 또 저렇게 '죽어내야' 하는 것이구나 하는 생각이 섬광처럼 들었다. 이후로 아버지의 모습은 뇌리에 각인되었다. 그렇게 아버지는 집에서 눈을 감으셨다. 돌아가시기 며칠 전, 아버지는 아직 의과대학생이었던 나를 향해 기력은 떨어졌지만 마지막 힘을 다해 절도 있는 목소리로 말씀하셨다.

"그래도 우리 대집이가 의대생이라 아버지가 아플 때면 진통제를

처방받아 와 갖다 주고……. 아버지가 좀 편하게 길을 가는구나. 고
맙다. 우리 막내 대집아."

나는 거동할 수 없는 아버지를 대신한 보호자로 종양내과에서 암
성 통증을 가라앉힐 수 있는 마약성 진통제를 처방받아 가져다 드리
곤 했다. 당시 내가 아버지께 해드릴 수 있는 유일한 것이었다. 보잘
것없는 일이었다. 그렇지만 아버지는 그런 나에게 고마움을 전하셨
다. 그것도 당신께 남은 마지막 힘을 쥐어짜 절도 있는 목소리로. 평
소 눈물이 없고 과한 감정 표현이 거의 없는 나였지만 아버지의 그
말에는 가슴을 도려내는 아픔이 느껴졌다.

그로부터 며칠 후 아버지는 누워 계시다 조용히 잠을 자듯 돌아
가셨다. 어머니는 슬픔에 몸을 가누지 못했다. 나는 애통하고 가슴
을 후벼 파는 슬픔을 뒤로 하고 아버지의 죽음 후의 여러 가지 사
무들을 형과 함께 처리했다. 이렇게 어머니와 나는 말기 암 환자에
게 생존할 수 있는 시간이 어느 정도 있고 어떤 힘든 일들을 겪으
며 죽어 가는지 아버지를 지켜보며 남은 자의 몫으로 생생히 알고
있었다.

그래서였을까. 어머니는 위암 말기라는 내 말을 듣고도 별반 심정
적 동요가 없었다. 나도 예상하고 있던 터라 어머니에게 있는 그대
로 말씀을 드렸던 것이다.

"이런 몸으로 그래도 올해 만 65세, 66세까지 살았으니 정말 많이 살
았지. 의사 선생님들 덕분이야. 이 몸으로 이렇게 오래 살 수 있었던
건. 네 누나는 오래 전에 결혼해서 이렇게 아들, 딸 낳아 잘 기르고

있고, 너와 형도 이제 서른 초중반의 어른이 되었는데 뭔 걱정일까. 한 가지 아쉬운 건 형이 장가를 안 간다고 저렇게 고집을 피우고 있는 거. 그러니 너라도 장가가서 손자, 손녀 낳는 것을 보고 죽었으면 정말 여한이 없을 텐데. 그건 인력으로 되는 일은 아니니까. 대집아, 꼭 좋은 여자 만나 장가를 잘 가야 한다. 너는 꼭 돌봐 주는 여자가 있어야 돼. 돌봐 주는 여자가 없으면 대집이 너는 밥도 제대로 못 챙겨먹고 다닐 놈이야, 네가 더 잘 알지? 호호호. 엄마로서 끝까지 함께 하지 못하고 일찍 가야 하니……. 너희들이 어렸을 때는 날마다 조마조마 노심초사하며 살았다. 그런데 아빠 일을 생각해 보면 통증이 너무 심해 고통스러워했잖니. 이제 대집이 너도 환자를 보고 있으니 그냥 좀 아프지 않고 죽을 수 있게 해다오. 또 대학병원 그 지긋지긋한 곳에 누워 온갖 힘든 치료를 받으며 더 살고 싶은 생각은 추호도 없다. 다만 좀 아프지 않게 죽을 수 있게 해줘라 대집아, 응?"

어머니의 아주 오랜, 병마와의 기나긴 사투의 역사를 잘 알고 있었던 터라 어머니가 무엇을 원하는지 잘 알고 있었다.

"응, 엄마. 그건 걱정하지 말고. 내가 계획을 세워 뒀어. 일단 효과적인 항암제를 찾아서 치료 받는 것을 생각해 둬야 해. 부작용도 견딜 만한 것으로. 조만간 서울대병원 종양내과에 함께 가서 진료를 받도록 하자."

나는 어머니를 모시고 서울대병원 종양내과를 찾아 진료를 받았다. 최초의 병변이 위에 있었고, 이 암세포가 신체의 어디까지 전이되어 있는지 파악하기 위해서는 여러 가지 검사를 받아야 했다. 며칠 간 입원해 검사를 받기로 했다. 검사 결과 어머니의 위암은 주변 림프절과 간으로 전이된 것만 아니었다. 뼈로도 일부 전이되어 있었다. 나중에 어머니의 증상을 보았을 때 병변은 작았지만 뇌로도 전이되어 있었던 것 같다. 수술이나 방사선 치료 모두 불가했다. 항암제 중 위암에 일부 효과가 있는 먹는 항암제를 처방 받아 퇴원해 집으로 돌아왔다.

먹는 항암제로 암세포들이 더 증식하지만 않아도 생존 기간은 연장이 가능했다. 나는 어머니께 항암제를 먹으면서 무슨 불편한 부작용들이 나오는지 면밀히 관찰하자고 했다. 부작용이 심하면 아무리 효과적인 항암제라도 쓸 수가 없다. 어머니는 내 말을 듣고 항암제를 복용했다. 식욕은 거의 상실한 상태였지만 매끼 식사를 겨우겨우 드셨다.

불과 2주 만에, 그렇지 않아도 몸집이 작은 어머니는 눈에 띄게 살이 빠졌다. 식욕 부진은 호전이 없었고 간혹 구역질과 구토를 했다. 나는 어머니에게서 벌어지고 있는 일들에 일체 내색하지 않았지만 심적으로 큰 고통을 느꼈다. 뇌와 몸을 뭔가 날카로운 것으로 콕콕 찔러대는 것처럼 정신과 육체의 고통이 이만저만이 아니었다. 이때 내 나이 33세. 삶을 어떻게 살아갈 것인가 하는 문제에 사상을 확고하게 정립해 나가는 중으로 죽음 같은 노력을 하며 신체의 강인함을 서서히 획득하는 중이었다. 그러니 나는 슬픔이라는 감정에, 나의 온 존재를 흔들고 있는 고통에 좌우될 수는 없었다. 격렬히 또 다른 나와의 내적 투쟁이 벌어지고 있었지만 나는 현실 세계에서 그 내부 투쟁을 딛고 나의 길을 단호하게 걸어갈 힘이 있었다.

이발도 자주 하고, 수염도
자주 깎으라는 엄마의 유언

다시 찾은 종양내과. 어머니의 먹는 약물을 바꾸었다. 좀 더 지켜보며 CT 사진을 찍어 일부 병변의 변화를 보기로 했다. 한 달 만에 촬영한 CT 상에서는 전이암들의 증식이 관찰되었다. 어머니 증상도 더욱 악화되어 갔다. 그때가 아마도 마지막 입원이었던 같다. 담당 교수로부터 향후 나타날 수 있는 극심한 암성 통증을 대비해 강한 진통제를 미리 처방 받았다. 경구 항암제와 여러 소화기 약물들도 처방 받았다.

어머니를 모시고 청주 자택으로 돌아와서는 어머니께 말했다.

"엄마, 이번에 약을 먹어 보고 증상이 좀 좋아지고 기운도 나면, 나랑 같이 제주도로 여행 다녀오면 어때? 일주일이나 이주일 정도. 엄마랑 내가 평생 변변한 여행 한 번 다녀본 적 없잖아. 이것저것 다 잊어버리고 하늘, 바다, 수목, 꽃 이런 것들만 보고 바람, 햇빛, 그늘 이런 것들만 느껴보면서 나랑 이야기 실컷 하고. 그렇게 한번 다녀오자고, 꼭."

내 말에 어머니가 흐릿한 웃음을 머금으며 힘없이 말했다.

"좋지, 엄마 몸이 조금만 좋아지면 그것도 생각해 보자."

어머니의 구토가 더 잦아졌다. 상복부의 통증과 다리에, 사지 일부의 통증도 심해졌다. 나는 항구토제와 진통제를 드시도록 하고 혈관에 정맥 라인을 잡아 포도당, 수분, 아미노산 제제의 수액을 투약했다. 그리고 정맥으로 줄 수 있는 진통제도 간혹 투여했다. 불안과 불면에 진정수면제도 투약했다. 당시 나는 청주에서 개인병원을 갓 개원한 상태로 어머니께 필요한 약들 중 일부는 처방을 직접 했다.

　말기 암 진단을 받은 후 두 번째 달 말미에도 종양내과를 방문하여 진료를 받았다. 다시 새로운 경구 항암제를 처방 받았다. 집으로 내려온 후 어머니는 청주 자택에서 혜화동 서울대병원을 오가는 것을 몹시 힘들어했다. 어머니는 소파에 앉으며 내게도 앉으라고 말했다. 어머니는 원래부터 말랐던 얼굴이 더욱 야위었고 체구도 두 달 사이 어린아이처럼 작아져 버렸다.

"대집아, 이제 우리 그만 하자. 그동안 엄마는 말기 암이란 진단을 서울대병원에서 확인한 이후 병원이 너무나 싫었다. 엄마가 그간 병원에 얼마나 많이 입원했니. 더 이상 병원에 입원하는 것은 죽기보다 싫다. 하지만 대집이 네가 이 다 죽어가는 엄마를 어떻게든 살려보겠다고 일도 내팽개친 채 백방으로 뛰어다니는 데 어떻게 병원 진료를 안 받겠다는 말을 할 수가 있었겠니? 하지만 이제 엄마는 더 버틸 힘이 없다. 얼마 남지 않았다. 그건 누구보다 내가 잘 안다. 너도 정말 할 만큼 다 한 거야. 어디 이번 위암 말기뿐이었니? 그간 엄마가 심장병으로, 또 원인도 모르는 통증으로 얼마나 많이 응급실을 갔고 좀 많이 입원을 했어야지. 그때마다 대집이 네가 어디에서 나타나는지 모르지만 언제나 찾아와서 엄마를 돌보고 치료비 다 내고 그랬잖아. 싫어하는 기색은커녕 힘들어 하는 기색 한 번 내비친 적이 없었지 않니? 오히려 어릴 때부터 치던 장난을 치면서 아픈 엄마를 웃게 해 주었지. 엄마한테만 그랬지. 내가 그걸 어떻게 잊겠니? 엄마는 이번에도 정말 힘들었지만 대집이 네 노력이 너무나 고마워서, 너무나

가상해서, 너무나 미안해서, 힘든 몸을 이끌고 네가 하자는 대로 함께할 수밖에 없었던 거야. 그러니 이제 그만 해도 된다. 우리 막내아들 대집이는 엄마에게 너무 많은 것을 해 주었단다. 이제 그만 해도 돼, 응? 이제 그만 하자."

어머니는 끝내 울음을 터뜨리고 말았다. 나는 그 눈물의 의미를 너무나 잘 알았다. 그것은 자신이 힘들게 살아온 삶의 넋두리가 아니었다. 온갖 병마에 시달리다 말기 암에 걸려 죽음을 목전에 둔 것에 대한 억울함이나 설움을 토로하는 눈물은 더더욱 아니었다. 자식에 대한 무한한 사랑, 그리고 마지막까지 몸부림치고 있는 막내아들에게 혹여 실망을 주지 않을까 하는 마음에서 흘리는, 엄마로서의 배려와 자애의 눈물이었던 것이다.

나는 무거운 마음으로 그 말을 듣고 있었다. 눈물의 의미를 곱씹으며. 하늘이 참 잔인하다는 생각이 들었다. 아님 무심하던가. 어찌 이렇게 평생 중증의 질병으로 고통에 시달린 어머니의 마지막 가는 길마저도 고통을 주시는지 야속했다.

"엄마, 무슨 말인지 잘 알았어. 내가 엄마 몸 상태랑 마음을 깊게 헤아리지 못했던 것 같네. 그리고 나는 아픈 엄마를 데리고 이 병원, 저 병원 다니는 거 하나도 힘들지 않았어. 입원실, 응급실 찾아다니던 것도 전혀 힘들지 않았어. 그건 내가 무조건 해야 하는 일이니까. 그리고 내가 늘 하는 말이 있잖아. 우리 집, 또 우리 할아버지 자손들 전체 집안의 최고 공인 효자는 바로 나라고. 공인 효자 말이야. 그치 엄마."

어머니는 자신의 요청에 순순히 응하면서도 여전히 장난을 치는 나를 보며 한결 마음이 가벼워진 듯했다. 그렇게 어머니는 마지막 한 달을 집에서 투병 생활을 하며 영원한 안식에 들어가셨다.

2004년 5월 8일, 17년이 더 지난 지금도 그날 일을 생생하게 기억한다. 어머니는 아침부터 극심한 복부 통증과 계속되는 구토와 구역 증상을 보이며 의식이 흐려졌다 또렷해지기를 반복했다. 아마도 암세포들이 복부의 위장관 어딘가를 부분적으로 막아버린 것 같았다. 암세포가 일부 뇌로 전이된 증상들도 의심되었다.

어머니는 극심한 통증에 계속 신음했다. 나와 형은 아침부터 어머니 방에 앉아 침상 곁을 지키고 있었다. 나는 간간이 위장관의 운동성을 저하시키는 진경제를 정맥 주사로 투여했다. 진통제도 투여했다. 진경제와 진통제를 투여하면 잠시 통증이 가라앉았다. 그러면 나는 어머니의 이마에 맺힌 식은땀을 닦으며 어머니께 대화를 시도했다. 어머니는 간간이 아주 작은 목소리로 조금 괜찮아졌다는 말을 했다.

나는 먹는 강력한 진통제를 항구토제와 함께 물에 녹여 어머니께 드시게 했다. 수분과 전해질 균형을 맞추기 위해 수액을 주입하기도 했다. 진통제를 맞고 통증이 조금 가라앉은 어머니가 한순간 가쁜 숨을 몰아쉬며 나와 형을 향해 작은 소리로 말했다.

"대집아, 엄마 때문에 너무 고생 많이 했지. 그래도 대집이 덕분에 엄마가 덜 아프다 죽는다. 엄마는 너무 오랫동안 통증에 시달리며 살았다. 이제 통증도, 아픈 것도 무섭다. 대집아, 엄마가 없어도 꼭 밖에 다닐 때 양복 자주 갈아입고 다녀라. 평소에도 늘 했던 말이었지? 이발도 자주 하고, 수염도 자주 깎고, 꼭! 이건 엄마 유언이야."

나는 어머니의 말을 듣고 웃었다.

"엄마, 지금 그렇게 아프면서 그런 말이 나와? 평소 나에게 제일 많이 하던 말들이었는데 그 말을 무슨 엄마 유언이라고 해. 엄마도 참 대단하네, 대단해! 하하하."

"이 놈아, 웃지 말고 엄마 유언이니까, 양복 자주 갈아입고, 이발 자주 하고, 면도 자주 하고, 꼭 그렇게 해야 돼. 엄마가 하늘나라 가서도 잘 하는지 꼭 지켜볼 거다. 아휴, 말을 많이 했더니 또 복부에 통증이 몰려오는 것 같네."

어머니는 가쁜 숨을 몰아쉬며 평소 내 귀에 딱지가 앉을 정도로 하던 말을 하고는 옆에 앉은 형에게 시선을 돌렸다.

"꼭 지금 하고 있는 일에 목표를 이룰 거라 엄마는 믿는다. 언제나 말수가 적었고 우리 둘이 가끔 싸우기도 했지만 엄마는 네가 언제나 자랑스럽고 사랑스러운 장남이었단다. 동생을 잘 돌봐줘라, 지금도 잘 하고 있지만."

어머니의 그 말에 형이 원래의 굵은 목소리로 무겁고 짧게 말했다.

"알았어. 걱정 하지 마, 엄마."

힘겹게 말을 마친 어머니는 잠시 눈을 감았다. 잠에 들어버렸는지 의식이 상실되었는지 아무 말이 없었다. 나는 침상에 누워 있던 어머니를 내 무릎에 누이며 안았다. 어머니의 따뜻한 체온이 느껴졌다. 순간 어머니가 갑자기 눈을 크게 떴다. 그러고는 깊은 신음 소리를 내며 겨우겨우 숨을 몰아쉬었다. 그러기를 한 1분? 어머니의 온몸에 힘이 풀리는가 싶더니 이내 눈을 감고 축 늘어져 버렸다. 나는 어머니가 돌아가셨다는 것을 직감했다. 그렇게 어머니는 그 전의 두 번의 심정지에 이어 이번 세 번째 심장이 멎으며 영원한 안식으로 들어가셨다.

초등학교에 들어간 이후로 나는 운 적이 없었다. 억지로 노력을 해서 그런 것이 아니라 어떤 일에도 눈물이라는 것이 나오지 않았다. 아버지의 성격을 그대로 이어 받아서 그렇게 된 천성 중 일부였다. 눈물 자체가 없었으니까 울어본 적이 없었던 것이다. 그러나 어머니의 죽음을 직감한 순간, 나는 나도 모르게 두 눈에서 뜨거운 눈물이 주체할 수 없이, 끝없이 흘러나오는 것을 느꼈다. 소리 없이 두 눈에서 흘러내리는 눈물이었다. 그리고는 마치 한 마리 야수처럼 크고, 깊게, 낮은 포효를 했다. 그렇지만 눈물을 멈춰야 했다. 형과 함께 바로 장례 절차를 준비해야 했다.

1939년생이었던 어머니는 2004년 5월 8일 어버이날, 66세의 연세로 세 번째 심정지를 맞이하며 내 품 안에서 그렇게 먼 길을 떠나셨다.

세 번의 심정지, 내 품안에서 영원히 잠든 어머니

잠들기 전, 엄마의 숨소리를
확인해야 했던 세 살 꼬마

어머니는 20대 중반부터 심장의 판막 기능에 이상이 생겨 심장판막 질환을 앓았다. 아마 10대 중후반에 세균성 편도선염을 앓았던 모양이다. 당시 의료 환경에서는 이런 질환을 초기에 잘 치료할 수 없었던 터라 후유증으로 심장판막에 이상을 가져온 듯했다. 심장판막의 질환들을 류머티스 심질환Rheumatic Heart Disease이라 하는데 과거에는 꽤 흔히 볼 수 있는 질환이었다. 최근 수십 년간에는 발생 빈도가 낮아져 지금은 찾아보기 어려운 질환이다.

아무튼 나의 어머니는 결혼할 즈음에도 자신에게 그런 질환이 있는지 몰랐다. 다만, 가끔씩 숨이 차고 운동 능력과 체력이 떨어지는 증상이 있어 그저 몸이 허약한 사람 정도로만 여겼을 터였다. 34세에 막내아들인 나를 낳았는데 누나, 형을 낳을 때는 별반 증상이 없어 그다지 힘들지 않았다고 했다. 어머니가 33세 되기 한두 해 전 우리 가족은 아버지의 사업체 운영을 위해 전남 목포에서 서울 신촌으로 이사했다. 그해 어머니의 심장판막 질환 증상은 심해졌다.

33세가 되면서 기침을 하고, 객혈을 하고, 숨 차는 증상이 심해졌는데 덜컥 나를 임신하고 말았던 것이다. 어머니는 신촌 세브란스병원에 진료를 받으러 갔고 진료 결과 심장판막 질환으로 진단되었다.

심장에는 총 4개의 판막이 있다. 당시에 몇 개의 판막에 문제가 있었는지 나는 알지 못한다. 다만, 당시 어머니 병세는 심각해서 약물 치료를 바로 시작해야 했다. 심장내과 교수와 산부인과 교수 모두 어머니에게 임신 중단을 권유했다. 임신을 지속해서는 나중에 산모와 태아 모두 위험해질 수 있으니 산모의 건강을 위해 임신을 중단해야 한다는 것이 의사들의 소견이었다.

모성애는 어찌나 강한 것인지 나의 어머니 역시 의사들의 설득에도 불구하고 아이의 임신을 유지하고 낳겠다는 고집을 피워 신촌 세브란스병원의 심장내과 교수, 산부인과 교수, 흉부외과 교수 세 분의 세심한 진료로 결국 나는 건강하지는 않지만 살아서 태어나게 되었다. 어머니도 약물 치료로 심장판막 질환의 증상이 호전되었지만 어머니의 판막 질환은 약물로 치료될 수 있는 것이 아니어서 조만간 수술을 해야 한다는 것이 의사들의 판단이었다. 그렇게 나는 심각한 심장 질환을 앓고 있던 어머니의 강한 의지로 태어나게 되었다.

내가 태어난 지 2년쯤 후 우리 가족은 다시 목포로 이사했다. 두 살 때쯤 나는 장중첩증(장겹침증)이라는 병에 걸렸는데 진단이 늦어지는 바람에 다시 신촌 세브란스병원 응급실을 찾아 진단을 받고 수분

세 번의 심정지, 내 품안에서 영원히 잠든 어머니

과 전해질 균형이 무너지고 혈압이 저하되는 위급한 상황에서 응급 수술을 받고 또 살아났다. 그러고 보면 신촌 세브란스병원은 나를 두 번이나 살려 준 생명의 은인과 같은 병원이었다. 나는 지금도 가끔 신촌 세브란스병원을 찾으면 아픈 환자들이 그렇게도 많은 병원임에도 불구하고 뭔가 마음이 안정되고 푸근한 느낌을 갖는다.

어머니는 목포에 내려가 세 아이들을 키우며 집안 살림도 하고 시장에서 작은 아동복 점포도 운영했다. 건강이 좋지 않은 어머니에게는 무척 버거운 일이었을 것이다. 아무튼 어머니는 나를 낳은 이후 심장판막 질환 병세가 점점 악화되어 갔다. 서울을 떠나오며 한동안 목포에서 진료를 제대로 받지 못한데다 수술이 필요한 심장판막 상태가 점점 기능을 상실해 가고 있는 듯했다.

나는 유치원 전, 그러니까 태어나서 만 5세까지 기억이 거의 없는데 몇 가지 남아 있는 기억은 어머니가 저녁이 되면 가끔씩 기침을 심하게 하면서 피를 토했다는 것이다. 일주일에도 여러 번 그랬던 것 같다. 이것은 심장판막 질환에서 심장이 정상적 기능을 못하면서 폐에서 폐포와 혈관 사이에 산소와 이산화탄소 교환이 이루어지는 과정 중 혈관 쪽 압력의 증가로 혈액의 일부가 폐포 쪽으로 이동하면서 호흡기로 피가 나오는 일이 발생한다. 그것을 객혈이라고 한다. 객혈은 호흡기 질환에서 나오지만 심장 질환에서도 발생한다.

만 3세쯤 되었을 때 어머니가 힘든 일을 마치고 밤에 자신의 방에서 흰 수건에 기침을 하면서 피를 토하던 장면을 생생히 기억한다. 나는 그것이 무슨 현상이었는지 알 턱이 없었지만 어머니가 많이 아프다는 것은 알았다. 흰 수건에 묻은 피를 보고 무서운 생각에 사로

잡힌 기억도 있다. 그럴 때면 나는 어머니에게 다가가 서투른 말로 "엄마 괜찮아"를 연달아 묻는 듯 확인했던 것 같다. 어머니는 자주 기침하며 객혈을 했다. 세 살의 어린 마음에도 '저러다 엄마가 죽으면 어쩌지'하는 생각을 했었다.

그래서였을까. 내게는 새로운 버릇이 생겼다. 하루 일과의 끝을 엄마 코에 귀를 대고 숨을 쉬고 있는지 확인하는. 엄마가 숨 쉬는 것을 확인하고서야 비로소 잠자리에 들 수 있었다. 그 습관은 내가 대학교에 들어가 목포를 떠나기 전, 고등학교 3학년 때까지 지속되었다.

어머니와 함께 살면서 매일매일 가졌던 상실에 대한 두려움은 내 인생에서 꽤 오랜 시간 지속되었다. 20대 후반까지 결혼을 하지 않겠다는 생각을 한 적이 있는데 그것은 아내, 또 자식 등 혈연이라는 새로운 인연을 만들고 싶지 않기 때문이다. 어머니, 형과 같은 가족 중 나와 특히 가까웠던 사람들에 대한 막연한 상실의 고통과 상실의 두려움을 마음 속 깊은 곳에 담고 있었던 것이다. 그러나 그것은 삶을 어떻게 살아갈 것인가, 어떻게 살아야 하나 하는 문제에 맞닥뜨리며 사상 정립이라는 삶의 한 과정으로 극복되었다. 다른 장에서 그 문제를 조금 상세히 이야기하고자 한다.

어머니는 그렇게 심장 질환을 앓다가 아버지의 적극적인 설득과 수술 추진으로 1980년대 초 신촌 세브란스병원에서 판막 질환 승모판 협착증 수술인 교련절개술 수술을 받았다. 당시에는 의료보험이 안 되던 때라 목포 지역 주택 두 채 값이 들어갈 만큼 많은 수술비가 들었다.

초등학교 4~5학년쯤 되었던 것으로 기억한다. 어머니가 심장에 큰 수술을 받아야 해서 수술과 회복을 위한 요양으로 한 달 정도 집을 비울 것이란 이야기를 들었다. 어린 마음에 다시 어머니를 볼 수 있을까 하는 걱정이 되었지만 어머니께 이를 내색하지는 않았다. 어렸을 때부터 나는 대범함과 조숙함이 있었다.

오랜 기다림 끝에 어머니의 수술은 끝났다. 승모판 협착증을 완치할 만큼 성공적인 것은 아니었으나 병세를 호전시킬 수 있다고는 했다. 실제로 어머니는 수술 후 몇 년간 꽤 건강을 유지했다. 그렇지만 오랜 심장판막 기능의 저하로 어머니는 조금만 무리한다 싶으면 체력이 급격히 저하되었다. 기침과 객혈도 간간이 있었다. 그 와중에 어머니는 나와 형, 그리고 누나까지 뒷바라지하며 작은 아동복 가게를 운영하는 힘든 일을 계속했다.

어머니의 심장판막 질환은 이후 계속 악화되었다. 1998년쯤 서울대병원에서 심장 수술을 다시 할 수밖에 없었다. 당시의 의술은 1980년대 초반보다 많이 발전되었다. 심장에 있는 4개 판막 중 판막 기능에 심각한 결함이 있는 3개를 모두 기계 판막으로 교체하는 수술이었다. 어머니는 삼첨판, 승모판, 대동맥판, 3개의 판막을 모두 인공기계판막으로 교체하는 수술을 받았다. 수술 시간이 오래 걸리는 큰 규모의 수술이었다. 의과대학 본과 4학년이었던 나는 어머니의 병적 상태를 어느 정도 알 수 있었고 수술 결과도 충분히 설명 받았다.

어머니는 수술 후 중환자실에 옮겨진 뒤 좀체 나오질 못했다. 나는 매일 중환자실을 방문했다. 그러던 어느 날이었다. 내가 막 중환자실로 들어서는 순간, 어머니는 심정지가 되었다. 갑작스런 일이었다. 내 눈 앞에서 벌어진 어머니의 심정지였다. 숨이 멎는 듯했다. 중환자실에 있던 흉부외과 의사들이 신속히 심폐 소생술을 시행했다. 어머니의 심장이 다시 뛰기 시작했다. 수술로 교체한 판막 부근에서 계속 피가 새어 심낭에 쌓여 발생한 일이었다. 심장을 다시 열어 응급으로 수술하지 않으면 안 될 상황이었다. 세 번째 개흉술이었다. 다행히도 수술 후 어머니는 안정을 되찾아 3주 만에 중환자실을 나올 수 있었다.

수술 전에도 어머니는 심방세동이란 부정맥이 동반되어 혈전 예방을 위해 약물을 복용해 왔다. 수술 후에는 심실 부정맥 중 한 종류가 발생하여 부정맥 약을 추가로 복용하게 되었다. 이후 어머니는 건강을 회복하는 듯했다. 물론 오랫동안 심장 질환을 앓은 터라 전신 상태는 늘 좋지 않았다. 심장 비대, 심장 근육, 전도계 등에 이미 상당한 손상이 와 있던 상태였다. 무리한 일상생활은 금물로 약물을 꾸준히 복용해야 했다.

두 번째와 세 번째 개흉술을 받은 몇 년 후 어머니는 심한 구토로 서울대병원 응급실을 방문했다. 당시 나는 공중보건의사로 근무하던 때였다. 그날은 일요일로 집에 들렀다가 어머니 상태를 보고 서둘러 응급실을 찾았던 것이다. 나는 어머니 옆에 서 있었다. 어머니는 응급실 침대에 누워 심장 모니터링을 하며 진료를 기다리던 중이었다.

그때였다. 갑자기 어머니가 심정지를 일으켰다. 원인은 알 수 없었으나 내가 보고 있던 침상의 심전도 모니터에 심각한 심실 부정

세 번의 심정지, 내 품안에서 영원히 잠든 어머니

맥의 파波가 뜨기 시작했다. 동시에 어머니의 입술과 얼굴 전체가 보라색으로 변하며 심정지를 일으켰다. 두 번째 심정지였다. 응급실에 있던 응급의학과 전문의와 의료진이 재빨리 뛰어와 심폐소생술을 시행했다. 덕분에 어머니의 심장은 다시 뛰기 시작했다. 나는 갑자기 당한 일이라 정신을 제대로 가눌 수 없었다. 예측 불허의 상황이었다. 한참을 의자에 앉아 마음을 가다듬어야 했다.

어머니는 20대 중반에서 60대 중반까지 40년을 지난한 투병 생활을 했다. 세 번의 개흉술을 받았으며 두 번의 심정지를 겪었다. 66세에 이르러 세 번째 심장이 멈췄다. 내 품안에서.

장성한 이후 나는 운명적으로 그중 두 번의 개흉술을 보호자로서 내가 결정하고 지켜봐야 했다. 두 번의 심정지 역시 내가 지켜보던 중 일어났고 어머니는 기적처럼 살아났던 것이다.

내 안에 살아 있는 나의 어머니

어머니는 성인이 된 이후, 돌아가실 때까지 평생을 중증 심장 질환으로 고생했다. 어머니가 그런 몸 상태를 갖고 66세까지 삶을 살아낸 것은 일종의 '기적'으로 생각하고 있다. 의학의 힘이 가장 컸지만 어머니 자신의 삶에 대한 책임감에서 나온 의지가 또 하나의 중요한 이유였을 거라 믿는다.

어머니는 세 아이들이 장성해 가면서 갈수록 곤궁해지는 집안 살림에도 나와 형과 누나에게 소홀함이 없도록 말 그대로 목숨 걸고 최선을 다했다. 아이들이 대학교에 입학할 때까지 자식들이 겪는 어려움을 함께 해결해 보고자 할 수 있는 모든 일을 다 했다. 어머니는 신체는 병약하고 정신은 천성적으로 예민하고 민감하여 취약하고 나약한 모습을 많이 보이기도 했다. 그러나 어머니의 삶에는 그 저변을 관류하는 강인함 같은 것이 있었다.

평생 정직하고 성실하게 살고자 했던 사람이다. '목에 칼이 들어와도' 바른 말을 하라는 말씀을 우리 형제에게 늘 되풀이했다. 곤궁함 속에서도 어떻게든 자식들을 최우선으로 하여 여기저기서 학비를 마련해 왔다. 식욕이 부진했던 막내아들인 나를 위해 아침에 피를 토하면서도 매일 도시락을 정성껏 싸주었던 분이었다. 삶의 마지막 순간까지 괴롭혔던 극심한 통증과 인생 자체의 고통 속에서도 지금, 여기, 우리 가족들에 닥친 문제들을 해결하기 위해 끝까지 포기하지 않고 자신만의 전투를 치렀던 분이다. 어머니의 삶과 투쟁은 나에게 참으로 '위대한' 것이었다.

평생 이런 중병을 지니고 삶을 살아온 어머니와 태어날 때부터 어머니가 돌아가실 때까지 33년의 생을 함께한 나는 환자와 그 가족들의 아픔을 누구보다 잘 알고 있다. 아니 알고 있다기보다 직감적으로 느껴지는 것이라 표현하는 것이 좋겠다.

내가 오랜 기간 안보 투쟁에 처절할 정도로 힘을 다하고 또 제도권 정치를 하겠다고 결심한 것도 국민들의 고통을 조금이라도 덜고 치유하기 위한 것이라고 할 수 있다. 나는 지난했던 나의 대한민국 수호 투쟁과 의료 정책투쟁에 임함에 있어 국민들의 고통과 행복, 환자들의 고통과 치유라는 목적을 한 번도 잊은 적이 없다. 힘들어하고 지친 국민들의 삶에 깊은 공감과 이해, 그리고 그것을 치유하려는 것은 나의 아픈 어머니와의 피로 이어진 체험을 통해 일종의 선천적인 감정 같은 것이 되어 버렸다. 나의 이 말이 신에 드리는 신앙고백처럼 뜨거운 진실이라는 것을 나의 행동을 통해 언젠가 많은 사람들이 알게 될 것으로 믿는다.

오십의 나이에 이르기까지 어떤 문제들에 골몰하여 깊게 생각하는 천성과 습관은 나의 어머니에게서 유래되었다. 사실의 문제에 매우 민감하고 사실을 존중하고 고수하는 고집스러운 태도 역시 '목에 칼이 들어와도 바른 말을 하라'는 어머니의 가르침이 내 몸에 체화된 결과 중 하나라고 생각한다.

깊게 생각하는 나의 습관은 학습, 조사 연구 활동, 진료, 사업체 운영, 애국운동 등 나의 모든 삶의 부면에서 중핵적 역할을 하고 있는 것이 사실이지만 이것의 또 다른 측면은 하늘이 나에게 가한 천형天刑 같은 것이기도 하다. 잠을 자다 잠깐 깨어나서 생각에 빠져들게 되면 다시 잠들지 못할 때가 많다. 갑자기 떠오른 생각에 간혹 매우 깊게 빠질 때면 온몸이 탈진될 때까지 생각을 밀어붙여 그날은 다른 일을 할 수 없게 되어 오랜 시간 잠과 휴식으로 기력을 회복해야 한다. 나는 이것을 나의 삶에서 '사고思考 발작發作'이라 부른다. 젊은 시절 이것에서 벗어나고자 노력을 해보기도 하였으나 천성에 그 뿌리가 있음을 깨달은 이후에는 그냥 있는 그대로 받아들이고 살기로 했다. 어찌 보면 어머니가 나에게 준 선물이자 채찍인 셈이다.

어머니의 기일이 다가오면 집사람이 간혹 내게 묻는다.

"이번 기일에는 어머님께 안 가세요?"

"응, 올해도 기일엔 안 갈 거야."

"왜요? 그래도 기일에 우리 무일이도 함께 가보는 게 좋지 않을까요?"

그러면 나는 늘 나의 가슴을 손가락으로 가리키며 아내에게 말한다.

"이 가슴 속에 어머니가 살아 있음을 나는 자주, 아주 생생하게 느껴. 함께 있는데 거길 꼭 가볼 필요가 있겠어? 하하하."

"에이, 그래도 그것과는 좀 다른 문제죠."

나는 어머니가 살아 계실 때 우리 집안의 '공인 효자'로서 어머니께 할 일을 다했으니 어머니도 아마 내가 가면 '뭐 하러 바쁜데 여길 다 오느냐' 하실 거라며 웃으며 이야기했다. 어머니의 물질적 신체는 사라졌지만 어머니는 나의 정신 속에 존재의 양식을 바꾸어 존재하고 있다고 나는 믿는다. 선조들은 후손들이 그들을 회고하고 기억하고 있는 한, 그들의 가르침대로 우리가 행동하고 있는 한 우리의 정신 속에 다른 존재 방식으로 엄존하고 있는 것이다. 어머니는 나의 정신 속에, 그리고 나의 아들의 정신 속에, 그리고 내가 죽고 난 이후에는 어머니와 내가 나의 아들의 정신 속에, 그리고 그 아들의 아들 정신 속에 생생하게 존재하고 있지 않겠는가.

학습에 미치다,
청소년 시절

나의 청소년 시절 학습 생활을 돌이켜 보면 정말 미친 듯이, 깨어 있는
대부분의 시간을 투입하여 학습하고 또 학습했다. 그런데 청소년·청년
시절 학습의 중요성을 생각해 보면 열심히 학습하는 것은 좋지만 나는
그것이 극단적으로 과도해서는 안 된다는 것을 체험으로 깊이 깨달았
다. 운동과 휴식, 다른 즐거움을 주는 활동과 병행해서 적절한 균형점을
찾는 것이 가장 바람직할 것이다. 나는 불행히도 그렇게 하지 못했다.
극단적으로 많은 학습을 고집하는 바람에 정신적 피로감과 과민함에 시
달리며 이를 극복하는 데에만 대학교 입학 후 2년의 시간이 걸렸다.

중학교 3학년, 공부에 진력하다

"대집아, 이번 겨울방학에는 이 책들을 좀 공부해 보는 게 어떻겠니?"

고등학교 1학년 담임선생님은 수학 선생님이었다. 언제나 유쾌하고 60명에 달하는 한 반 아이들을 모두 잘 대해주던 서른 중반을 넘어선 젊은 분이었던 것으로 기억한다. 선생님이 건네준 책 몇 권의 제목을 빨리 훑어본 후 선생님에게 질문을 던졌다.

"이건 수학책들인 것 같은데 무슨 책들이지요?"

"어, 그건 대학교 수학과 1~2학년에서 배우는 과목들이다. 지금 이과 쪽 고등학생들 수학과 연속되는 것들 몇 개를 추려봤어. 요새 너 수학 공부하는 걸 보니, 이과계 수학도 거의 다 공부한 것 같던데 선생님이 준 것들도 방학 때 공부해 보면 더 도움이 되지 않을까?"

별 생각 없이 알았노라고 말했다. 지금 확실하게 기억나지 않지만 정수론, 선형대수론, 미적분학 그 외 한두 과목 정도 더 있었던 것 같다. 고등학교에 입학하기 전인 중학교 3학년 가을쯤부터 나는 본격적으로 학습에 매진하기 시작했다. 딱히 무슨 특별한 계기가 있었던 것은 아니다. 고작 두 살 위의 형이 나에게 고등학교 수학과 영어 학습을 권했기 때문이다. 형은 중3 겨울방학부터는 미리 고등부 영어·수학 공부를 시작하는 게 좋다며 당시 가장 널리 학생들이 보고 있었던『수학의 정석』과『성문기본영어』란 책을 나에게 건네주었다.

아이러니한 것은 형은 내가 중2 때 고등학교 2학년을 올라가자마자 학교를 자퇴했다. 본인이 무작정 학교에 다니기 싫다고 하여 어머니의 극구 만류와 몸져눕는 사태에도 불구하고 자퇴를 강행했다. 어린 마음에 학교에 다니지 않게 된 형이 마냥 부럽기만 했다. 그리고 집에서 한 1년 정도 두문불출하다가 형은 검정고시를 보겠다며 다시 공부를 시작했다. 서너 살 때부터 형과 한 방에서 지내면서 거의 친구처럼 아주 가까운 사이였기 때문에 형이 권하는 것은 대부분 별 생각 없이 따랐다. 내가 하루 대부분을 학습에 보내기 시작한 것은 바로 이런 계기로 인한 것이었다.

어머니는 나와 형, 누나가 초등학교에 다니기 시작할 때부터 '공부해라, 열심히 공부해라'하는 소리를 입에 달고 살았다. 말만 그렇게 했을 뿐 실제로 공부를 하고 있는지 방문을 열어 본다든지, 성적표를 보고 자식들에게 힐난한다든지, 무슨 학원을 가라고 강요한다든지 실질적으로 자식들에게 뭔가를 강제한 분은 아니었다. 그냥 '공부를 해야 잘 살 수 있다', '공부 열심히 해라'하는 말을 다른 어머니들처럼 입에 달고 산 분 중 하나였다. 다만 그 빈도가 워낙 많았던 것은 사실이다.

　나의 아버지, 할아버지, 증조할아버지는 모두 전남 목포에 생활 근거지를 두고 오랫동안 살아왔던 분들이다. 할아버지의 증언에 의하면 전남 무안에 경주 최씨 집성촌이 있었고 거기에서 증조부 때부터 목포로 건너와 터를 잡았다고 했다. 물론 할아버지는 평생 공무원을 하셨는데 전남 광주에 있는 전남도청에 오래 근무하셨으므로 광주에 기거한 적도 있지만 증조부부터 조부, 부친, 우리 형제들까지 4대째 목포에서 살아 왔으니 전남 목포가 우리 집안의 고향인 것은 분명하다. 물론 나는 아버지가 개인 사업차 서울 신촌에 몇 년 계실 때에 신촌세브란스 병원에서 태어나 두 살 남짓까지 서울에서 살았지만 그것에 대한 기억 자체가 없었다. 유소년 시절과 청소년 시절인 19세 때까지 목포에서 보냈다. 스무 살에 서울대학교 의예과에 입학하고 나서 생활의 근거지가 서울이나 서울 인근 경기도로 바뀌었으니 이제 나이 50세에 이른 지금에는 서울과 경기도에 산 시간이 목포에서 생활했던 것보다 더 오래 되었다.

　1980년대 목포는 전국의 다른 지역과 비교해 보면 경제 상황이 좋지 않았다. 모든 사회적 인프라가 미비했던 것으로 기억한다. 치안도 그다지 좋지 않아 길거리를 낮에 걷는데도 청소년들이나 젊은 여자들을 흉기로 위협하여 돈을 강탈하는 사건도 간혹 발생하기도 했다. 나도 중학교 1학년쯤 되었을 때 아버지 담배 심부름을 하러 초저녁에 집 근처 점포에 들렀다가 몇 명의 고등학생들에게 골목으로 끌려가 신발을 빼앗겼던 적이 있었다. 어린 나이에도 그 일에 대한 복수심으로 이를 갈며 화를 가라앉히느라 몇 달이 걸렸으니 어렸을 때부터 별스러운 데가 있었던 것은 사실이다.

아무튼 내가 초등학교, 중고등학교를 다니던 1980년대 목포는 교육 인프라 역시 서울이나 수도권과 비교할 바가 못 되었다. 당시 고교 평준화 정책으로 학습 동기와 역량이 서로 다른 아이들이 한 반에 같이 뒤섞여 고등학교 교실이 휴식 시간이나 점심시간이 되면 이게 대체 난장판인지, 공부하는 학교인지 모를 지경이었다. 한 반에만 60명 정도의 학생들이 있어 하루에도 주먹다짐과 안전사고가 끊이질 않았다.

중학교 입학 이후 중고등학교 6년 동안 학교 다니는 일의 주요 감정은 싫었다기보다는 매우 지루했다고 표현하는 것이 적합할 것 같다. 중학교 1~2학년 때는 본격적인 사춘기 시절을 제대로 겪으면서 지금 생각해 봐도 정상적인 행동과 사고에서 많이 벗어나 학교생활 자체에 아예 관심이 없었다. 중3때부터 사춘기에서 벗어나기 시작하면서 말수가 더욱 없어졌다. 학교생활은 지루함과 따분함 그 자체였다.

수학에 빠져들다

기존의 축적된 지식들에 대한 나의 선천적인 학습 능력은 평균적인 수준을 훨씬 넘어서 있었다. 그것은 본격적인 단체 생활을 시작한 유치원 이래로 초등학교 6년 동안 학교 선생님들이 부모님과 나에게 계속 일깨워주면서 자각하게 된 것이었다. 중2 때까지 학습할 항목들을 집으로 따로 가져와 공부한 적은 없었다. 대부분 학교에서 수업을 듣거나 수업 중에 내가 하고 싶은 학습을 하거나 학교에서 남는 시간을 활용해서 공부를 하고 나머지 시간은 온통 친한 친구들과 놀러 다니거나 집에 와서는 형과 수많은 놀이들을 했다. 어려서부터 책 읽는 것도 별로 좋아하지 않아서 형, 누나와 달리 집에서 책도 잘 읽지 않았다. 또래의 아이들은 만화 보는 것을 좋아했는데 어째서인지 나는 만화 보는 것에도 별 흥미가 없었다.

중3때부터 본격적으로 점점 스스로 학습 시간을 늘려 나갔다. 가을쯤부터는 형이 권해 준 학습서들을 가지고 본격적인 학습을 시작했는데 역시 고등학교 수학과 영어 학습은 만만치 않았다. 내가 그간 중학교까지 배운 교과목의 내용들과는 달리 양적으로도 매우 많았고 어려운 내용들도 꽤 있었다. 무언가 도전 의식 같은 것도 생겼다. 특히 수학 과목은 어려서부터 흥미를 많이 가졌으므로 점점 학습에 빠져들기 시작했다. 중3 겨울방학 때부터는 집에서 거의 하루 종일 학습에만 몰두하기 시작하여 나와 가장 가깝게 지내던 형과 어머니도 내가 좀 이상해졌다고 느낄 정도였다.

고등학교에서의 학습, 성과와 끝없는 반복들

고등학교에 입학하고 1년여 동안 수학과 영어 과목을 거의 매일 잠자는 시간과 밥 먹는 시간 빼고는 학습을 계속한 결과 1년의 시간에 혼자 공부로 고등학교 전체 수학 과정과 영어 과정을 마치게 되었다. 당시는 대학교에 입학할 때 학력고사라는 전국 공통의 입시 시험을 치렀다. 그 시험 성적에 따라 자신이 지원한 대학교 학과의 입학 여부가 결정되었다. 대입 학력고사의 수학·과학 과목 난이도는 상당히 높았다. 그래서 수학·과학 과목은 시험에서 많은 변별력을 지니고 있었다. 아마도 대입 시험의 난이도가 높지 않은 시절이었다면 내가 지원한 서울대학교 의예과에 시험성적으로 입학하지 못했을 것이다. 대입 시험의 난이도가 높은 이유 때문에 전남의 한 작은 항구도시 목포에서 홀로 독학하다시피 하며 학습한 나 같은 사람도 서울대 의대에 들어갈 수 있었다고 생각한다.

아무튼 나는 고1 마칠 즈음에 대입 학력고사와 유사한 고3들을 대상으로 하는 모의고사 시험의 수학·영어 과목 시험지를 구해 문제들을 풀어 보았다. 그때 거의 틀린 문제가 없었다. 그런 결과를 보고 형은 그간 다른 사람들이 평가해 온 것보다 내가 더욱 특별한 학습 능력을 지니고 있다고 했다. 형은 그런 학습 결과물들을 보고 나보다 더 즐거워했다.

"엄마, 대집이가 아무래도 공부하는 데 특별한 능력이 있는 것 같아. 어떻게 1년 공부해 고등학교 3년 수학·영어 과목을 다 이해하고 고3들 모의고사까지 다 맞힐 수가 있지? 이건 정말 불가능에 가까운 일이야!"

"그래? 대집이가 공부 잘한다는 말은 꼬마 때부터 많이 들었지만 그렇게까지 네가 말하니 어리둥절하구나. 엄마는 사실 그게 무슨 의미인지도 아직 잘 모르겠어."

어머니도 형의 그런 평가를 듣고 무척 기분 좋아했다. 자식이 공부를 잘한다는 데 기뻐하지 않을 부모가 어디 있겠는가. 그러나 정작 나는 이런 일들이 기쁘다든지, 자랑스럽다든지 하는 감정을 거의 느낄 수 없었다. 감정 세계가 특히 단순했고 무슨 일이 벌어지든지 기쁨, 슬픔 등 감정적으로 크게 반응하는 경우가 거의 없었다. 한 가지 예외는 부당함에 대한 분노, 자존심과 명예를 손상시키는 일들에 대한 분노는 폭발적인 수준이었다. 물론 감정적 반응이라기보다 이성적 판단에 따른 반응의 측면이 컸다. 나는 이를 의분義憤이라 부른다. 그것은 나의 천성 중 일부로 지금에 와서도 마찬가지다. 수많은 갈등과 분쟁 속에서도 내가 전국적 규모의 애국투쟁이나 의료 정책운동을 오랫동안 수행하는 데에 큰 기여를 한, 중요한 나의 성격

특성임에 틀림없다. 물론 반대로 그런 감정적 둔함이 가져오는 단점 역시 삶의 어떤 측면에서는 매우 큰 결과를 가져오기도 한다.

중3 가을부터 시작해서 고등학생 3년 내내 나는 미친 듯이 학습에 몰두했다. 당시를 회상해 보아도 '학습에 미쳐 있는' 청소년이었다. 고등학생 때도 학우들과 여러 선생님들도 나를 학습하는 데 미친 사람으로 간주했다. 점심 도시락을 먹을 때는 영어 단어장을 도시락 옆에 펼쳐 놓고 눈으로 보면서 식사했다. 화장실에 갈 때도 영어 단어장을 들고 보면서 왔다 갔다 했다. 늦게까지 자율학습을 하고 집에 귀가하면 간단히 씻고 난 후 밤 12시까지 내가 하고 싶은 공부를 했다.

고1에 이르러서는 열심히 공부하라던 어머니의 잔소리는 좀 쉬어 가며 공부하라로 바뀌었다. 고등학교에 갓 입학한 후 3개월 만에 첫 전국 단위의 국어·영어·수학 시험이 있었다. 10만 명 정도가 참여했다고 했다. 나는 거기에서 세 문제 틀린 세 명 중 한 명으로 전국 공동 1위를 했다. 당시에는 시험이 무척 많았는데 첫 교내 중간고사 시험도 있었다. 당시 고등학교의 교과목은 무척 많았다. 나는 무슨 생각이었는지 한 개도 틀려서는 안 된다는 일종의 강박에 사로잡혀서 평소에 전혀 학습하지 않던 국사나 사회, 윤리 같은 과목들은 시험 기간에 임박해서 공부했다. 과목이 너무 많아 그때 처음이자 마지막으로 3일 정도 밤을 새워 시험공부를 했던 것으로 기억한다. 잠을 한숨도 자지 않은 것은 아니었고 새벽녘이 되면 한두 시간 정도 책상 의자에 앉아 잠을 청했다.

그렇게 교내 중간고사를 마쳤다. 결과는 아마 지금 기억하기로 전

과목 평균 99점에 소수점 몇 자리가 더해진 점수였을 것이다. 학교 선생님들 사이에서는 이 학생 대체 뭐냐, 괴물이 나타났다는 등 학습에 있어서 학생들과 교사들을 놀라게 하는 일이 자주 벌어지게 되었다. 나는 그 전에도 학습을 위해 밤을 새운 적이 없었는데 고1 교내 중간고사 기간에 3일 밤을 새워보고는 비효율적 방법이란 것을 깨달았다. 건강에도 좋지 않은 일인 것은 물론이다. 그래서 아무리 학습을 많이 하더라도 하루 8시간 수면을 반드시 지키고자 했다. 휴식은 수면으로 충분한데 가급적 많이 자야 한다는 것이 오랜 경험을 통한 나의 학습과 연구·저술 활동을 위한 휴식으로서의 수면에 대한 지론이다.

고등학생 3년 동안을 거의 밤 12시에 자고 8시에 일어나는 생활을 했다. 그것이 가능했던 또 하나의 이유는 우리 집이 학교에서 도보로 5분 거리에 있었다는 사실이다. 학교 선생님들도 내가 하루에 엄청난 양의 학습을 하고 있다는 것을 알고 있었으므로 첫 1교시가 시작되는 오전 9시까지 등교할 수 있도록 나에게는 예외적으로 배려해 준 분도 있었다.

고3 내내 아주 독한 학습을 했는데 문제가 없었던 것은 아니다. 고1 끝날 때쯤 고등 수학과 영어 과목 학습을 끝마친 상태라 2학년부터는 그것을 계속 반복하는 학습 생활을 했다. 이미 이해한 것들을 시험을 위해 고2와 고3 2년 동안 무한 반복한다는 것은 나로선 크나큰 고통이었다. 고3 중반이 지나서는 지루함을 넘어 짜증과 피로가 유발될 지경이었다. 결국 고3 중반 이후 정신과 신경에 병 아닌 병을 얻고야 말았다. 피로감과 과민함. 대학에 들어가 이것을 극복

학습에 미치다, 청소년 시절

하기까지 2년의 시간이 걸렸다. 그나마 고1 끝날 때쯤 담임선생님이 건네준 대학교 수학 교과서들인 미적분학, 선형대수학, 정수론 등이 위안을 주었다.

다른 과목들은 그리 많은 시간을 들이지 않고 돌아가며 공부했다. 국어, 물리, 화학, 제2외국어 등은 시간을 충분히 갖고 꽤 오랫동안 꾸준히 학습해야 되는 과목들이었다. 나머지 문과 계열 과목들은 교과서 한 권을 읽는데 천천히 읽어도 2~3일이면 충분하여 시험 보는 데에 거의 부담되지 않았다.

국사 같은 과목은 교과서 내용은 많지 않아도 시험이 꼼꼼하게 출제되고 더러는 다른 문제가 출제되는 터라 한 달 정도를 매일같이 몇 시간씩 공부하며 책을 통째로 암기해 버렸다. 어떤 쪽에 무슨 단어, 무슨 그림이 나오는지 책 전체를 외워버렸던 것이다. 그냥 화가 났었다. 다른 문제가 출제되는 것에 대한.

학습 요체

학습은 선천적 능력으로 되지 않는다. 기존의 지식들을 습득하는 학습 과정은 나름의 원칙과 지론이 있어야 한다. 말하자면 모든 학습에 가장 중요한 요소는 많은 시간을 할애하는 것이다. 그리고 할애한 것을 효율적으로 쓸 줄 알아야 한다. 많은 시간을 학습하는데 비효율적으로 쓰면 학습 성과는 좋을 수 없다. 마찬가지로 많지 않은 시간으로 효율적인 학습을 했다 해도 학습 성과는 좋지 않다. 학습 성과를 가장 크게 높이기 위해서는 많은 시간을 학습에 투입하는 것과 그 시간 동안 고도의 집중 상태를 유지해 효율성을 높이는 것이다. 물론 쉽지 않은 일이다. 그렇지만 3개월 내외의 훈련으로 가능한 학습 습관을 만들어 낼 수 있다는 것을 강조하고 싶다.

또 하나 중요한 요소는 학습할 때 학습 성과를 높은 시험 성적으로 평가하지 말아야 한다는 점이다. 그러다 보면 시험 문제 중심으로 학습이 진행되기 때문이다. 시험 패턴이 갑자기 달라지는 상황에서는 성적이 하락할 수밖에 없다. 학습할 때 학습 목표는, 즉 학습 성과를 판정하는 기준은 학습 내용 전체를 얼마나 이해했고 암기했냐는 데에 있다. 학습한 내용을 정확히 이해하고, 암기할 것들을 확실히 암기하고 있으면 시험이 어떤 형태로 출제되든 높은 성적이 나오게 되어 있다. 그러니까 시험 성적은 학습 목표 달성의 자연스러운 귀결이거나 부수 효과로 생각해야 하는 것이다.

중고등학교 4년간 이른바 학습에 미쳤을 때 나는 이 원칙을 그대로 실천했다. 다른 누구보다 많은 시간을 할애해 공부했고 공부하는 시간에는 철저히 집중했다. 이를 실천하기 위해 하루 8시간 수면 원칙을 지켰다. 시험 성적에는 별로 관심을 두지 않았다. 공부해야 할 과목의 학습 내용을 얼마나 완벽히 이해하며 암기하고 있느냐를 스스로 평가하며 학습을 진행시켰다.

당연히 시험 성적은 잘 나왔다. 고3 때 매월 보던 전국 단위 모의고사에서 내가 지망했던 서울대 의예과 정원 180명 중 언제나 상위 5~10% 이내 합격 예상 결과가 나왔다. 서울대에서 의과대학은 이과 계통에서는 서울대의 서울대로 불린다. 거기에서도 상위 5~10% 합격으로 예상되는 성적이 나왔다. 그러니 "학습 목표는 학습 내용의 완벽한 이해와 암기에 두어야 한다"는 내 말은 매우 중요하다.

그렇다면 왜 학습을 해야 하는 것인가? 이 부분에 있어 부모님이나 형제들, 가까운 신뢰할 만한 사람들의 역할이 중요하다. 학습 동기를 계속 이야기해 주어야 하기 때문이다.

중고등학교 학습과 대학 학습이 중요한 이유, 그리고 왜 학습을 열심히 해야 하는가에 대해 간혹 물어오는 사람들이 있다. 그럴 때마다 나는 주저 없이 두 가지를 대답하곤 한다. 하나는 인생을 가치 있게 살기 위해서고, 다른 하나는 인생의 위기를 잘 극복하기 위해서다.

인생을 가치 있게 산다는 것에는 자신에게 적합한 좋은 직업과 경제적 안정 등이 포함되어 있다. 그렇지만 인생을 가치 있게 산다는 것은 그보다 훨씬 큰 목표다. 누구나 언제든 위기적 상황을 맞을 수 있는 게 인생이다. 그러한 위기 상황에서 중등 교육과 대학 교육의 학습 훈련으로 얻어진 지성적 역량은 위기를 헤쳐 나가는 데에 가장 중요한 역할을 한다. 학습 시기에 있는 청소년들, 청년들, 그리고 자녀 학습에 관심이 많은 부모님들을 위해 나의 학습론 핵심을 살짝 귀띔했다.

학습에 미치다, 청소년 시절

수학자의 꿈을 꾸며

중고등학교 교과목 중 내가 가장 집중적으로 공부한 것은 수학이었다. 선호가 가장 큰 이유였고 가장 많은 시간을 요하는 과목이었기 때문이다. 중3부터 고3까지 4년의 기간 동안 학습량의 약 60% 정도는 수학이 차지했다. 중학교 수학은 분량도 많지 않고 내용도 평이한 반면 고등학교 수학은 1980년대 당시 주요 선진국들에 비해 난이도가 높았다. 분량도 많았고.

수학을 공부하면서 분과 영역마다 나오는 주요 정리定理(이미 진리라고 증명된 명제)들을 나는 반드시 증명하는 과정을 계속 반복해 학습했다. 자연스럽게 증명 과정 전체가 이해되고 기억될 수 있을 때까지 했다. 내가 이해와 기억에 수동형 표현을 쓴 것은 수학 정리들을 암기라는 의도적인 기억 과정 학습에 적용하지 않았다는 점을 강조하기 위해서다.

그렇다면 수학 학습에 있어서 공리公理, 정의定義, 정리定理는 어떤 것인지 들여다볼 필요가 있다. 공리는 누구나 이해할 수 있는, 사전 전제된 수학적 사실들이니 한 번 읽고 생각해 보고 이해하면 되는 것이다. 정의는 만들어 낸 수학적 임의 규정으로 암기하면 된다. 정리는 기존의 정리들에서 증명이란 연역적 과정을 통해 새롭게 나온 수학적 사실들이다. 수학의 정리는 새롭게 발명한 것이라기보다 새롭게 발견한 것이라고 보아야 한다.

수학의 각 분과들을 학습한다는 것은 결국 여러 정리들을 증명 과정으로 이해하는 것이다. 그 정리들을 이용해 다른 수학적 문제들을 해결해 내는 것이다. 더 나아가면 물리적 현실 세계의 여러 실용적 문제들을 수학적 문제로 환원하고 그 환원된 수학적 문제들을 기존의 정리들을 이용하여 해결해 낸 후 수학적 해법을 다시 물리적 현실 세계 언어로 변환하여 해결책을 제시하는 것이다. 결국 수학 학습이 각종 문제 해결에 적용되는 방식이라고 하겠다. 수학 학습은 정리들을 이해하고 기억하는 것, 그리고 그 정리들을 이용하여 각종 수학적 문제들을 해결하는 것이다.

정리들을 이해하고 기억하기 위한 핵심 방법은 증명 과정을 계속된 반복 학습으로 이해하고 기억하는 것이다. 증명의 최종 결과물인 정리들만을 일종의 공식 형태로 암기하여 여러 가지 수학적 문제들을 풀어내는 데에는 한계가 있다. 많은 청소년들이 수학 학습에 흥미를 잃어버리고 성적도 잘 나오지 않는 핵심 이유 대부분이 여기에 있다.

수학의 정리들은 그 증명 과정을 한 단계 한 단계 진행하면서 증명의 전체 과정을 이해한 결과로 자연스럽게 기억되어야 한다. 그래

학습에 미치다, 청소년 시절

야 그 정리들을 어떻게 여러 문제들에 적용할 수 있는지 자연스럽게 알게 되는 것이다. 수학 학습에서 비약이라는 것은 없다. 수학에서 직관이라는 비약적 인식 방식이 필요한 것은 전문적인 수학자들의 영역이다. 기존의 지식들을 습득해야 하는 학습 과정은 인내심을 갖고 각 단계의 증명 과정들을 빈틈없는 논리적 추론에 의해 하나하나 진행해 나가야 한다.

수학 학습을 할 때는 모든 정리들을 전 증명 과정을 통해 막힘없이 진행했다. 또 그 증명 과정이 정리만 보아도 머릿속에 물 흐르듯 떠오를 수 있게 수없이 증명 과정을 반복했다. 잘 이해가 되지 않는 단계 하나를 이해하기 위해 몇 시간씩 시간을 보내기 일쑤였고 반나절, 하루 종일 공부한 적도 있었다.

수학 학습을 꽤 많이 해서 이해도가 어느 정도 높아졌을 때에는 교과서에만 나오는 증명 방법 외에도 새로운 방식의 증명 방법을 찾기 위해 애쓴 적도 많았다. 물론 이것은 누구의 도움 없이 혼자 했기 때문에 새로운 증명의 시도는 실패하거나 아주 더딘 경우가 많았다. 하지만 이런 노력들을 수많은 시간들을 할애해서 진행한 결과, 수학 과목의 각 분과 영역 정리들의 증명 과정 전체를 충분히 이해하고 기억할 수 있었다.

정리라는 결과물, 그 자체만을 의도적으로 암기하는 것은 수학 학습에서 거의 의미가 없다. 몇 개의 정리들에 대해서는 새로운 증명 방법을 만들어 내기도 했다. 나중에 도 단위 수학 경시 대회, 전국 단위 수학 올림피아드 등 이런 곳에서 꽤 난이도가 높은 수학 문제들을 대했을 때 기존 방식의 증명이 아니라 내가 고안한 새로운 증명 방법으로 증명을 해내어 시험을 출제한 교수 몇 사람들을 놀라게 한 적도 있었다.

이런 노력의 결과로 수학 시험을 볼 때면 거의 모든 시험에서 거의 한 개의 문제도 틀린 적이 없었다. 물론 간혹 문제를 틀리는 경우도 있었지만 이런 경우는 매우 드물었다. 수학 시험에서 그것이 어떤 시험이 됐든 한 개라도 문제를 틀리면 기분이 매우 불쾌해져 해당 문제들과 관련된 부분들을 몇 번이고 반복해 다시 보고 했던 기억이 있다. 왜 그렇게 집요하게 강박적으로 수학 문제 틀리는 것에 집착했는지. 다른 교과목들에 비해서 수학 과목에 대한 나의 선호와 집착은 유별난 것이었다.

학교에서는 여러 선생님들로부터 "저 학생은 나중에 훌륭한 수학자가 될 것이다"라는 말을 많이 들었다. 나도 대학교에서 수학을 공부해 볼까 하는 생각을 한 적이 있다. 나의 직업적 미래, 성인으로서의 생활에 대해 아무런 계획도, 꿈도 없었던 당시 나에게 거의 유일하게 미래 직업에 대해 한 번쯤 생각해 본 것이 수학자였다.

가지 못한 길, 가야 할 길

청소년 시절 중 일부 기간 동안 말 그대로 학습에 '미쳐' 있었다. 그 결과로 이후 인생을 살아가는 데에 도움이 된 것도 많았지만 청소년기의 과도한 학습이 부정적 영향을 끼친 점도 있었다. 그런데 중1~2학년 2년 기간은 또 다른 형태로 '미쳐' 있었다고 표현해야 할 것 같다. 사춘기를 2년 동안 아주 제대로 겪은 것이었다. 아이들마다 사춘기를 겪는 방식은 매우 다양하다. 나 같은 경우 뇌에 남성호르몬인 테스토스테론의 직격탄을 맞은 탓인지 초등학교 6학년 때에 비해 극적인 행태 변화가 나타났다. 매우 거칠고 폭력적으로 변한 것이었다. 그렇다고 누구를 폭행하고 다니거나 도둑질이나 강도질을 하고 다닌 것은 아니었다. 표면적으로 학교에서는 모범생으로 비쳐졌다. 집에서는 부모님의 속을 별로 썩이지도 않았다.

하지만 하루 종일 입에 거친 욕설을 달고 살았다. 학교에서 하라는 일들은 전혀 하지 않고 제멋대로 일찍 집에 가는가 하면 이상한 옷차림에 어른들 구두를 신고 다니는 등 지금 생각해 보면 왜 그랬는지 너털웃음이 나올 정도다. 중1때 친구들과 캔 맥주 파티를 열었다. 성인 영화도 보러 다니고 교사들과 계속 갈등을 빚는 등 뭔가 폭발할 것 같은 위태위태한 행동들을 아주 즐거운 마음으로 계속 해갔던 것으로 기억한다. 남자들의 사춘기는 진짜 남자로서 성장해 가는 과정에서 겪을 수밖에 없는 일로 나 역시 아주 격렬한 사춘기를 겪었다. 아마 당시에 학교를 그만두지 않고 계속 다니고 그나마 학교에서 학업을 게을리 하지 않았던 것은 언제나 아픈 몸을 이끌고 집안의 중심을 잘 지키고 있던 어머니 때문이라고 생각한다.

내가 중2로 올라가자마자 바로 고등학교를 기습적으로 자퇴해버린 형 때문에 '학교나 그만 둘까'라는 생각을 하고 있던 나의 허황된 꿈은 아예 사라지고 말았다. 어머니가 너무나 괴로워하는 모습을 보고 나는 끝났구나 하는 생각을 하고 학교를 자퇴하는 일을 완전히 포기해 버렸다. 그때 폭풍우처럼 몰아치던 신체 내부의 변화에 그냥 몸을 맡겼더라면 이후 나의 삶이 어떻게 전개되었을지 모르겠다.

아무튼 2년의 사춘기라는 폭풍과도 같은 시절이 지나간 후 중3 2학기에 이르자 키가 현재만큼 크고 목소리는 할아버지와 아버지를 닮아 아주 낮고 굵게 변해 있었다. 친구들과의 대화도 적어지고 아주 말수가 적은 청년기로 접어들고 있었다. 그렇게 사춘기를 지난 한 '크레이지 보이crazy boy'는 이제 곤충이 탈피를 하듯 학습에 미친 청소년으로 급격히 변해 버린 것이었다.

고3 시절 지원할 대학교를 선택하는 과정에서 당시 내 시험 성적으로는 이과계에서 서울대학교 물리학과와 의예과 두 곳이 적합했다. 사실 학교 측에서는 내 성적으로는 갈 곳이 딱 두 곳밖에 없다는 우스갯소리를 했었다. 당시까지도 내가 미래에 무슨 직업을 가질지, 성인이 되어 어떤 삶을 살지에 대해 아무런 생각이 없었다. 이상하게 들릴지 모르겠지만 이런 문제에 대해 부모님에게서 어떤 조언을 받은 적도 없었고 누구로부터도 이야기를 들은 바도 없었다. 물리학과에 가면 무엇을 하게 되는지, 의대에 진학하면 무엇을 하게 되는지 거의 정보가 전무했고 별 관심도 없었다. 어머니는 내가 태어날 때부터 중병을 앓고 있었기 때문에 병원이란 공간은 내게 매우 친숙했다. 하지만 그렇다고 의사가 되겠다고 생각해 본 적도 없었다. 둘 중 하나를 선택해야 하는 상황에서 그래도 의사가 하는 일에 대해 상식적으로 친숙했으므로 그냥 의예과를 가겠다고 했다. 1991년 입학을 두고 치러진 대학 학력고사에서 합격을 하고 서울대학교 의예과에 입학하게 되었다. 아버지도, 어머니도, 형과 누나도 무척 기뻐했지만 여느 때처럼 나는 별 감흥이 없었다. 그냥 뭐 그렇게 되었구나 하는 정도였다.

나중에 서울대학교 관악캠퍼스에서 의예과 2년을 다니며 내가 가장 많이 한 일은 중앙도서관 서가에서 책을 둘러보는 일이었다. 나의 학습에 있어, 지식 습득에 있어 일종의 기벽奇癖이 또 나타난 셈이다. 내가 흥미가 가는 분야만 주로, 내 멋대로 공부를 하는 나의 이런 습관은 종로 혜화동에 있는 의과대학 본과를 다니면서도 또 나타났다. 아무튼 대학교 1~2학년 동안 세상에 이렇게도 다양하고 방대한 지식과 기술이 있다는 것을 접하고 놀란 탓에 학과 강의를 들은 후에는 주로 중앙도서관에서 각종 분야의 책들을 둘러보면서 지식과 기술 분야들을 분류·정리하는 작업에 가장 많은 시간을 보냈다. 늘 도서관 서가에서 이 책 저 책을 꺼내보며 목차를 보고 서언들을 보는 일들을 하다 보니 어떤 학생들은 내가 도서관 사서인 줄 알고 나에게 찾고 있는 책 소재를 묻곤 했다. 도서관에 꽤 오래 있고부터는 어느 정도 서가에 배치된 책들을 알고 있었기 때문에 책을 찾아주는 일도 많았다.

의예과 2년 동안 자연과학의 기초학문인 수학 중 미적분학, 일반물리학, 일반화학, 일반생물학과 관련된 더 상세한 관련 과목들을 공부한 것 외에 내가 가장 많은 강의를 들은 학문은 서양철학이었다. 2년의 예과 생활 동안 아마도 철학과 학생만큼 많은 강의를 듣고 철학서를 읽었던 것 같다. 물론 무슨 말인지 이해할 수 없는 것들이 압도적으로 많았다. 아무튼 고등학생 때의 수학 학습, 대학교 신입생 2년 시절 기초 자연과학 학습과 서양철학 학습은 이후 30년간 내가 모든 학습, 조사 연구, 저작 활동을 하는 데에 가장 큰 자양분이 되었다. 무슨 지식과 기술을 습득하든 한 분야에서 최고의 전문가가 되기 위해서는 수학, 자연과학, 서양철학에 대한 총론적 지식이 매우 큰 도움이 될 것이라는 점을 말해두고 싶다.

의과대학 본과에 들어가게 되면, 내가 다니던 당시에는 본과 1~2학년 때에는 편의상 분류로 기초의학이라는 학문들의 엄청난 양을 공부하게 된다. 해부학, 생리학, 생화학, 병리학, 약리학 등 배우는 과목만 수십 과목에 이르고 그 양도 엄청나게 많다. 임상적 질병들을 체계적으로 다루기 위해서는 이런 기초의학 학문들에 대한 상당한 이해가 필수적이다. 이때에도 고등학생 때만큼은 아니지만 본과

학습에 미치다, 청소년 시절

1~2학년 때에는 학습을 열심히 했다. 학문들 중 흥미가 가는 것들이 꽤 많았다. 앞에서 말한 것처럼 나는 학교 강의를 들으며 공부한 것 외에 특히 약리학과 종양학에 관심이 많이 가서 방학 때는 약리학과 관련된 책 수십 권과 종양학 서적들을 읽으며 시간을 보냈다. 그때 항암 약물들을 검증하고 개발하는 약리학 학자가 내가 해야 할 일이란 생각이 들었고, 이후 임상 교육들을 받을 때 별 흥미가 없어 의과대학을 졸업한 후 약리학자의 길을 걸어야겠다고 생각했다.

물론 인생은 자기 생각대로, 자기 계획대로만 되지 않는 경우가 많은 것이기에 여러 가지 계기로 결국 내가 의도했던 것과는 전혀 다른 인생행로를 걸었다. 그렇지만 별반 후회 없이 살아온 나의 과반을 넘은 인생에서 수학 공부를 학습의 수준을 넘어 학문적 수준으로 더 하지 못한 것과 약리학자의 길을 걷지 못한 것에 대한 조금의 아쉬움은 남아 있다.

학습은 미친 듯이 해야

이번 장에서 청소년 시절 학습 이야기를 해보았다. 학습 문제는 학생 자녀를 둔 부모님들, 청소년들, 20·30대 청년들이 많은 관심을 가지고 있는 분야다. 그래서 나의 이야기를 전함에 있어 나의 경험을 바탕으로 학습에 관심이 큰 분들에게 도움 될 수 있는 점을 말하려고 노력했다. 모든 학습의 요체, 수학 학습 핵심 등에 대해 이야기한 것이 그것이다.

나의 청소년 시절 학습 생활을 돌이켜 보면 정말 미친 듯이, 깨어 있는 대부분의 시간을 투입하여 학습하고 또 학습했다. 그런데 청소년·청년 시절 학습의 중요성을 생각해 보면 열심히 학습하는 것은 좋지만 나는 그것이 극단적으로 과도해서는 안 된다는 것을 체험으로 깊이 깨달았다. 운동과 휴식, 다른 즐거움을 주는 활동과 병행해서 적절한 균형점을 찾는 것이 가장 바람직할 것이다. 나는 불행히도 그렇게 하지 못했다. 극단적으로 많은 학습을 고집하는 바람에 정신적 피로감과 과민함에 시달리며 이를 극복하는 데에만 대학교 입학 후 2년의 시간이 걸렸다. 운동을 꾸준히 하지 못해 학습하는 동안 체력이 많이 저하되었다. 이런 부분들을 잘 고려해서 부모님들이 꾸준히 지도하고 학습하는 자신들도 균형감을 잃지 않고 잘 조정했으면 한다.

특히 천성적으로 무심無心과 태평泰平을 타고 났지만 미숙한 청소년 시절 학습 이후 직업의 선택이나 성인이 된 후 스스로의 정신과 신체를 단련하는 수신修身의 삶에 대해 거의 지도나 조언을 받지 못했다. 10대 후반의 나이에 스스로 이런 일들까지 하는 것은 무리다. 따라서 부모님들의 지도와 꾸준한 대화는 필수적인 것이라 생각한다. 부모님에게 도움을 받을 수 없다면 학생 스스로 미래의 직업과 생활에 대해 조언과 지도를 구하려는 적극적 노력이 필요하다. 지도를 구하려는 노력의 필요성에 대해서만 자각하고 있어도 내가 겪었던 청년기의 오랜 기간, 극심했던 혼란을 줄일 수 있을 것이다. 이 점을 청소년들과 청년들에게 강조, 또 강조하고 싶다.

인생의 시기마다 반드시 해야 할 일들이 있다. 10대 청소년기와 20~30대 청년기에는 고도로 축적된 기존의 지식과 기술들을 열심히 습득해야 하는 것이 가장 중요한 일들 중 하나다. 즉, 학습이 필수적으로 중요하다는 것이다.

논어의 위정 편에서는 학이불사즉망學而不思則罔, 사이불학즉태思而

不學則殆라는 말이 있다. 우리가 학습과 생각, 즉 지성적 숙련을 하는 데에 매우 중요한 말이다. 배우기만 하고 생각하지 않으면 어둡고, 생각하기만 하고 배우지 않으면 위태롭다는 뜻이다. 따라서 기존의 지식들을 배우기만 하고 그 배움을 바탕으로 여러 가지 문제들을 스스로 생각하지 않으면 명철하지 못하게 되고, 또 기존의 지식에 대한 배움이 부족한 상태에서 스스로 생각에만 집착하게 되면 잘못된 판단으로 일을 그르칠 수 있다는 뜻 정도로 해석하면 되겠다. 이 말을 조금 더 생각해 보면 학습이 전제되어 있다는 것을 알 수 있다. 반드시 학습을 충분히 한 상태에서 그것을 바탕으로 스스로 생각해서 독창적인 판단을 해내야 한다는 것이다.

나는 많은 부작용에도 불구하고 청소년 시절 4년간 학습에 미쳤다. 청소년 시절 내 모든 것을 던져 학습을 한 결과, 좋은 대학에 들어간 성과를 낸 것이 아니라 그 후 더 높은 지식들을 습득하는 기초를 다졌다. 계속해서 새로운 지식들을 습득하고 새로운 영역에서 창의적인 성과물들을 만들어 내는 데에 핵심적인 지성적 역량을 평생 강화하기 위해 노력해 온 것은 청소년 시절 열심히 공부한 그 체험들이 가장 큰 원동력이 되었다고 말할 수 있겠다.

7
장

아내와 아들,
나의 가족 이야기

가족생활은 인간에게 가장 중요한 단체 활동이다. 우리들의 행복과 기쁨의 가장 큰 근원은 가족생활에 있다. 가정을 잘 경영하지 못하는 사람이 어떤 큰 조직과 사업체를 잘 경영하리라고 기대하기는 어렵다. 성공적인 가족생활을 위해서는 가족 모두가 노력해야 한다. 아버지는 가장으로서 아버지의 역할을, 어머니는 어머니의 역할을, 아이들은 아이들의 역할을 해야 한다. 각자의 분수와 별매을 잘 알아 각자의 역할을 충실히 행할 때 성공적인 가족생활이 가능하다고 본다.

100일의 기적, 가족이 된 아내

서울 플라자호텔 1층 로비 커피숍. 나는 약속 시간을 지나 한 시간 넘게 기다리고 있었다. 오후 2시 약속 시간을 막 넘어 만나기로 한 여자에게서 시간을 오후 3시로 잘못 전달받았다는 전화가 왔다. 곧 출발하니 오후 3시경 도착할 것이라 했다. 잠시 후 입구에서 흰 원피스를 입은 젊은 여자가 들어오고 있었다. 빠른 발걸음으로 입구에 들어선 것을 보니 내가 만나기로 한 그 여자인 듯했다. 두리번거리는 모습을 먼발치에서 보고 손을 흔들어 여기로 오라는 신호를 보냈다.

"약속 시간을 잘못 알았네요. 기다리시게 해서 죄송해요."

"아, 괜찮습니다. 뭐 그럴 수 있죠. 사는 데가 어디죠? 그래도 빨리 왔네요. 아, 그리고 올해 서른이라고 들었습니다. 그렇게 안 보이네요, 아직 대학원생 같아 보여요. 하하하. 한양대에서 박사 수료를 하셨다고. 저도 요새 우연찮게 한양대 철학과 대학원에 다니고 있습니다. 이것도 인연이라면 인연이군요. 하하하!"

2006년 10월, 아내를 처음 만났을 때 나는 30대 중반의 나이에 사회운동과 환자 진료, 대학원 공부 등을 하며 무척 바쁘게 지내고 있었다. 주로 사람들을 상대하는 일을 계속 하다 보니 초면의 사람들과도 대화하는 것에 제법 익숙해져 있었다.

"아, 네 그러세요. 네 올해 서른입니다. 저는 그건 못 들었네요, 한양대 철학과 대학원에 다니신다고, 의사신데 특별한 계기라도 있었나요? 흔치 않은 일인데."

나는 요즘 하고 있는 일들이며 진료하고 있는 병원, 당시 나의 가족 관계, 살고 있던 봉천동 이야기 등 거의 일방적으로 이야기를 계속 했다. 이것은 내가 여자들을 소개 받아 만났을 때 보통의 경우와 다른 일이었다. 아마 나도 모르게 지금 만나고 있는 사람이 마음에 들어 평소보다 말수가 많아진 것 같았다. 대화를 이어 가면서 미래의 아내는 나의 생소한 생활 방식과 온갖 잡학적 지식과 조금은 이상한 해석들, 그리고 이해할 수 없을 정도의 자신감 넘치는 태도에 미소와 호응하는 태도로 나의 말을 잘 들어주고 있었다. 나는 이런 여자의 태도가 맘에 들었다. 한 시간 반 정도를 주로 내가 나에 관해 말을 하고, 내가 묻는 질문들은 대개 가족 관계, 살고 있는 곳, 졸업한 학교들, 어린 시절 이야기 등 속칭 '호구 조사'라고 하는 것들에 해당하는 아주 관례적인 것들이었다. 대화를 마칠 무렵 내가 제안했다.

"우리 밖에 나가서 청계천을 한 시간 정도 걸은 후 그 옆에 있는 파이낸스 빌딩 지하에 가서 저녁 식사를 합시다. 식당과 메뉴는 가서 보고 원하는 걸 고르시고. 어때요?"

그녀는 나의 기습적인 제안에 약간 흠칫 하더니 이내 대답했다.

"네, 좋아요. 그렇게 하도록 하죠."

아주 유쾌한 기분은 아니어도 나의 제안을 받아들였다.

청계천을 걸으며 비로소 그녀의 이야기들을 들었다. 지금 하고 있는 대학 영문학 강사 이야기며, 함께 살고 있는 두 살 위 언니 이야기, 대학교 다니던 시절 이야기 등 한참 이야기를 들었다.

대화를 나누면서 이 여자에게서 섬세함이나 예민함이라는 요소보다는 일반적인 여자들에게는 좀 어울리지 않는 말들이지만 뭔가 활력과 패기라고 할까, 이런 것들이 느껴졌다. 직감적으로 나와 잘 맞는다는 느낌이 들었다.

그리고 함께 가을 저녁으로 접어드는 늦은 오후에 청계천을 걸으며 유심히 지금의 아내를 보니 준수한 얼굴과 균형 잡힌 몸을 지니고 있었다. 집사람은 예쁘다고 표현할 수도 있지만 뭔가 그것보다는 잘생겼다, 준수하다라는 표현이 더 잘 어울린다고 생각했다. 요즘도 가끔 집사람을 놀릴 목적으로 '거기 잘생긴 여자, 이리로 좀 와봐' 이런 식으로 부르곤 한다. 집사람은 여자에게 잘생겼다니 대체 무슨 말이냐며 예쁘다, 아름답다, 귀엽다 이런 말을 좀 쓰면 안 되느냐고 항변하지만 나의 '잘생긴 여자'라는 표현을 꽤 재미있어 한다. 그날 나는 저녁 식사를 가볍게 하고 헤어지며 일주일 뒤 삼성역 인근 일식집에서 저녁 식사를 함께하자고 했다. 그녀와 일주일 후의 약속을 잡았다. 처음 만남 이후 일주일 뒤에 그녀를 다시 만났다. 또다시 일주일 후 세 번째 만남을 가졌다. 세 번째 만남 후 나는 그녀와 계속해서 만나야겠다고 결심한 후 세 달 넘는 기간 동안 (아마 대략 100일 쯤 될 것이다.) 매일 그 사람을 만났다. 하루의 바쁜 일과를 끝내면 어떤 날은 자정이 될 때도 있었다. 그런 날은 그녀의 집 바로 근처까지 간 후 상가 건물의 술집으로 불러냈다. 새벽 2~3시까지 운영하는 선술집이 다행히 있어, 내가 자정쯤 도착했을 때에도 그녀와 한 시간 정도 가볍게 술잔을 기울일 수 있었다. 그날 있었던 일의 여러 가지 자질구레한 대화를 나누었다. 술자리에서 일어선 다음에는 그녀의 집 앞까지 데려다 주고 집에 들어간 것을 확인한 후 나는 택시를 타고 자택으로 향했다.

그렇게 나는 시한을 정해놓지 않고 그녀를 매일 만났다. 이것은 내가 최초 결심한 바를 고집스럽게 수행한 결과라기보다는 자연스럽게 그녀가 보고 싶은 생각이 들었기 때문이다. 유행가 가사 중에 '보고 있어도 보고 싶다'라는 말이 있는데 그녀를 만나면서 그런 생각이 들 정도였으니 그녀에 대한 연정戀情은 점점 깊어가고 있었다. 하루의 일을 마치고 그녀를 만나고 집에 들어와 새벽 1~2시에 누울 때면 이제 하루 일을 다 마쳤다는 안도감이 들었다. 그녀에 대한 생각을 하며 잠자리에 들었다.

그렇게 하루도 쉬지 않고 100일 정도를 만난 후 나는 그녀와 결혼해야겠다고 마음먹었다. 작은 일에 연연하지 않는 대범함, 나의 일상적이지 않은 삶의 방식에 대한 이해와 공감, 독서와 학문을 좋아해서 많은 대화를 나눌 수 있었던 점, 선한 마음과 배려심 그리고 누구에게나 친절하고 관대한 태도, '잘생긴' 얼굴과 호리호리한 듯해도 단단한 신체 등 그녀가 갖고 있는 요소들에 나는 강하게 끌렸다. 결혼하자고 명시적으로 청혼하지 않았지만 100여일의 만남 후 나도, 그녀도 앞으로 우리 두 사람이 결혼할 것을 자연스럽게 이미 받아들이고 있었다.

하지만 곧 성사될 것 같은 결혼은 나의 바쁜 일상과 또 재정적 문제 등으로 3년 후에 이루어졌다. 일종의 맞선 형식으로 만난 그녀와 나는 3년간 연애를 했고 그 후 결혼을 했다.

아내와 아들, 나의 가족 이야기

'아내를 좋아한다'는 남자의 말

아내에게 늘 연민의 감정을 지니고 있다. 아내는 10대 중반 나이에 아버님을 여의었고 20대 초반 나이에 어머님을 잃었다. 나는 20대 중반 나이에 아버님을, 30대 초반 나이에 어머님을 여의었다. 우리가 결혼할 때에는 나와 아내 모두 부모님이 돌아가시고 안 계셨다. 지금의 내 어린 아들은 그래서 할아버지, 할머니, 외할아버지, 외할머니가 없다. 아내가 10대에서 20대 초반까지 어리고 젊은 시절, 한참 아버지와 어머니의 사랑을 받고 보살핌을 받아야 할 나이에 아버지와 어머니의 죽음을 맞은 것은 무척 가슴 아픈 일이다.

'너무 어린 나이에 너무 큰일들을 당했어. 내가 당신 남편이지만 당신의 아버지 역할까지 내가 꼭 해 주겠어.'

아내와 결혼하기 전, 그리고 12년차 결혼 생활의 지금도 가끔 나는 그런 생각을 하며 각오를 다진다. 나야 아버지와 어머니의 비교적 이른 죽음을 겪었지만 그때는 장성한 남자였다. 집사람은 너무 어린 나이에 견딜 수 없을 만큼 큰 아픔을 겪었을 것이다. 내가 아내에게 늘 연민의 감정을 지니고 있는 가장 큰 이유는 한 번도 뵌 적 없지만 그렇게 끔찍이 아꼈을 귀한 딸을 두고 일찍 영면하신 장인어른과 장모님 때문이다.

2009년 12월 결혼식을 올리고 나서 나는 신혼여행을 가지 않았다. 진료 업무가 너무 많아 당시 신혼여행을 갈 수 있는 상황이 아니었다. 아내에게는 나중에 시간적 여유가 있을 때 가자고 했다. 신혼집은 집사람이 당시 경기도 남양주에 살고 있던 전세 아파트에 내 짐을 가지고 들어갔다. 내 짐이라고 해야 옷가지들과 책만 약 4,000권. 많이 버리고 정리했는데도 역시 책이 많았다. 당시 재정 상태가 좋지 않았던 것은 내가 직업 생활을 소홀히 했거나 무분별한 소비를 해서 그렇게 된 것은 아니었다. 나라를 지키기 위한 운동을 2003년부터 본격적으로 시작했는데 진료로 벌어들인 수입의 상당 분을 계속해서 애국운동에 사용했다. 이게 오래 축적되다 보니 재정 상태가 좋을 리 없었다. 결혼 당시 모아 놓은 돈이 있는 것이 아니라 부채만 있었다. 아내가 살고 있는 전세 아파트로 트럭에 짐만 싣고 들어간 것이었다.

결혼 이후 부채를 정리하고 이번에는 제대로 개원하기 위해 일주일에 하루만 쉬고 계속해서 병원에 근무하며 진료에 매진했다. 추가로 야간 진료를 하였고, 휴일 진료도 맡아서 하고 새벽에 집을 나서고 자정에 집에 들어가는 생활이 약 2년 정도 계속되었다. 결혼 당시 38세의 나이로 좀 늦은 결혼이어서 이제 가장으로서 책임을 다하지 않으면 안 되었다. 2년 정도를 하루 종일 일만 하는 생활을 계속하여 부채를 정리하고 개원 자금을 조금 마련했다. 2012년 10월, 경기도 안산에서 당분간 진료와 개인병원 운영에만 집중하리라 단단히 마음먹고 본격적인 개원을 했다. 개원 후 2년간은 진료와 운영에만 집중하였고 병원도 자리를 점점 잡아가고 있었다.

2015년에 나는 또 우연한 계기로 결국 거리로 다시 나서게 되었다. 이후 의료 정책운동에 본격적으로 임하게 된다. 2016년 말에서 2017년 초까지 탄핵정국에서 상한 반대운동, 그리고 전국의사총연합 활동, 대한의사협회 회장 활동 등 나는 또 예측불허의 생활들로 귀환하고 말았다. 순탄하게 생활을 이어 갈 수 있었고 적어도 상당 기간 동안은 그렇게 해야 했음에도 불구하고 그렇게 하지 못했다. 나의 천성에 따라, 나에게 주어진 역사적 소명에 따라 험로의 길을 자청해서 걷게 된 것이었다.

이런 불안정하고 가변적인 상황을 아내로서 함께하는 것은 쉬운 일이 아니었을 것이다. 아내는 결혼 이후 나의 모든 결정에 비록 쉽게 수긍할 수 없는 일도 많았지만 결국은 나를 믿고 지지해 주었다. 아내와 부부싸움이란 것을 해본 적이 없다. 그것은 두 사람의 타고난 성격 때문이기도 하지만 서로에 대해 애틋한 연민 같은 것을 각자 가슴 속 몰래 간직하고 있었기 때문이다. 서로에게 말을 하지 않을 뿐. 나의 거친 성격의 일면들과 안정을 우선시하는 아내들이 동의하기 어려운, 갑작스러운 생활의 큰 변화를 가져올 결정들, 이런 일들에 처해 서로의 의견이 맞지 않을 때도 간혹 있지만 거의 대부분의 경우 아내가 말을 아끼고 동의해 주어 부부싸움이 없었다고 생각한다. 나도 집사람과 무슨 싸움을 한다는 생각에 미치면 이런 생각이 저절로 들어 고개를 절레절레 젓는다.

'에이, 저 사람과 어떻게 그런 일을 해, 난 무슨 일이 있어도 저 사람과 싸움 같은 건 못해. 할 생각이 전혀 없어.'

관례적이지 않고 평범치 않은 일들을 수없이 벌여 온 나의 삶에 대해 연애하던 때부터 지금껏 결혼 생활까지 관대함과 포용심으로 숱한 헌신을 보여 준 아내에게 나는 깊은 고마움을 갖고 있다. 아내를 만난 이후 지금까지 '사랑한다'라는 말을 하지 못했다. 내게 '사랑'이라는 말은 너무 큰 말이었다. 신의 인간에 대한 사랑, 신에 대한 사랑, 국가에 대한 사랑, 국민에 대한 사랑, 그리고 부모의 자녀에 대한 사랑. 이런 경우에만 쓸 수 있었다. 그래서 그토록 평생을 좋아하고 아끼던 어머니께도 돌아가실 때까지 사랑한다는 말은 하지 못했다. 아내에게도 마찬가지다. 아내에게도 아마 죽는 날까지 사랑한다는 말은 사용하지 못할 것이다. 그 경지까지 갈 자신이 없기 때문이다. 하지만 아내를 정말로 좋아하고 무엇보다 귀하게 여기는 마음을 늘 지니고 있다. 사랑한다는 말 대신에 아내에게 다음과 같은 나의 마음을 보낸다.

"나는 당신을 무척 좋아하고 다른 무엇보다 당신을 귀하게 생각해. 아들과 나에 대한 헌신, 평생 잊지 않을 거야, 고맙고 또 고마워!"

아내와 아들, 나의 가족 이야기

그리고 또 아들과 나

2019년 7월 마지막 주, 7월 초반에 몹시 힘들고 위험했던 8일간 단식 투쟁을 했다. 그리고 병원에 7일간 입원 후 일단 퇴원하여 여러 가지 대한의사협회 사무를 보았다. 몸이 많이 회복되지 않았지만 처리해야 할 일들이 많아 그렇게 할 수밖에 없었다. 7월 마지막 주는 의협에서도 휴가 주간이었다.

건강 회복을 위해 이번 휴가는 확실하게 대략 일주일을 쉴 계획이었다. 그래서 가까운 일본 도쿄로 가서 도쿄 안에서만 머물며 몇 군데만 돌아보고 여유 있게 시간을 보내기로 했다. 4박 5일 일정으로 김포를 출발해 도쿄 하네다 공항에 내렸다. 미리 예약한 신주쿠 거리의 호텔에 짐을 풀고 아내에게 몇 군데만 같이 갈 테니 더 가보고 싶은 곳이 있으면 여섯 살 아들과 함께 다녀오라고 했다. 호텔 창문을 통해 바라본 도쿄 시내는 세계 최대 규모 도시 중 한 곳답게 고층 빌딩들이 끝을 알 수 없도록 넓게 퍼져 있었다. 도착한 첫날 호텔에서만 머물며 일찍 잠을 청했다. 오랜만에 일은 전혀 생각하지 않고 제법 깊은 잠을 잤다.

나의 아들 최무일. 무일無逸, 안일함이 없다는 뜻이다. 사서오경에서 오경 중 하나인 서경 또는 상서라는 책은 역사서라고 할 수 있는데 중국 고대의 요순, 하, 상, 주라는 국가들의 역사와 관련해 여러 사람들의 이야기를 엮은 책이다. 그중 주서 「무일편」에는 '군자는 안일함이 없어야 한다君子所基無逸'(군자소기무일)라는 대목이 있다. 오래전에 서경을 읽으며 특히 이 말이 마음에 들었다. 안일함이 없어야 한다. 편안함이 없어야 한다 라는 말은 일신의 편안함을 구하지 말고 소임에 충실하라는 뜻일 것이다. 아버지도 우리 형제들에 대해 돌림자를 쓰지 않았기에 나 역시 돌림자를 쓰지 않고 그냥 내가 아들 이름을 지었다. 바로 무일이라고. 장성한 후 노력해서 많은 일들을 하라는 아버지의 바람을 담은 이름이었다. 아내는 처음 이름을 제안했을 때에는 탐탁하게 여기지 않았지만 지금은 무일이란 이름을 좋아한다.

아들놈은 일본 여행을 할 때 만 여섯 살이었는데 아빠, 엄마와 함께하는 긴 기간의 여행을 할 기회가 많지 않아서인지 공항에서부터 무척 좋아했다. 호텔에 도착해서도 호텔 로비에서부터 방방 뛰면서 즐거워하는 모습이었다. 아들놈은 엄마와 함께 이전에도 두 번 일본 서부 지방을 여행한 적이 있었으니 벌써 세 번째 일본 여행이었다. 7월 하순의 일본 날씨는 무척 무더웠다.

다음 날 오전 중 택시로 도심의 도쿄대학교에 도착했다. 두 번째 도쿄 방문이었지만 첫 번째 방문은 업무 상 목적으로 왔었고 가족과 함께한 여행은 이번이 처음이었다. 일본의 그토록 대단한 학자들을 배

아내와 아들, 나의 가족 이야기

출한 학교에 아들과 함께 왔다고 생각하니 일본 여행을 온 보람이 있구나 하는 생각을 했다. 아들놈 손을 잡고 도쿄대학의 도서관, 의학부 등 여러 학부 건물들을 돌며 아들에게 도쿄대학교에 입학하는 것이 얼마나 어려운 일인지, 얼마나 공부를 열심히 해야 하는지 말해 주었다. 사실 도쿄대학교에 들어가는 것은 우리나라에서 서울대학교에 들어가는 것보다 서너 배는 더 어렵다. 여섯 살짜리 아이가 무슨 말인지 이해라도 할까, 나중에 기억이라도 할까 하는 생각이 들었지만 예전 서울대학교에 갔을 때 해 주었던 말을 회상시키면서 열심히 어린 아들에게 설명했다. 아들이 성인이 된 후 경제학자, 특히 금융경제학의 전문가가 되었으면 좋겠다는 생각을 갖고 있다. 물론 아들의 직업 문제는 아이가 더 크면 충분히 대화해서 결정할 생각이다.

***

2013년 10월, 아내는 아들을 출산했다. 진료 중 분만실에 들어갔다는 소식을 듣고 산부인과 병원을 찾았는데 아이가 나올 때 아빠가 탯줄을 자르는 게 당시의 관행이라고 해서 그다지 내키지 않았지만 분만실로 들어갔다. 심한 산통을 겪으며 아기가 드디어 나왔고 우렁찬 울음을 울어 젖혔다. 마음을 안도하며 조금 후 입원실로 옮겨 아기에게 젖을 물리고 있는 아내에게 고생 많았다는 말을 건넸다. 아내는 아기를 안고 젖을 먹이며 자애로운 미소를 짓고 있었다. 그렇게 작은 생물체로 태어난 아기가 6년이 지나 아빠 손을 잡고 도쿄대학을 활보하고 다닐 정도로 컸다고 생각하니 새로운 감회에 젖었다.

아무 일도 새로울 것이 없었는데 갑자기 내 손을 꼭 잡고 있는 아들놈을 좋아하는 감정이 분출해서 어찌할 바를 모를 지경이었다. 아버지란, 부모란 원래 이런 것인가 하는 생각이 들었다. 요즘 자주 쓰이고 있는 '아들 바보', '딸 바보' 이런 말들을 좋아하지 않는다. 물론 그런 표현을 쓰는 취지는 충분히 이해하고 있다. 그러나 아들과 딸에 대한 아버지의 사랑은 본능적인 것 그 이상의 숭고함을 지니고 있다. 대부분의 부모들처럼 내가 죽어 아들을 살릴 수 있는 상황이 온다면 나 역시 당연히 나의 죽음을 택해 아들을 살릴 것이다. 아들을 나 자신보다 크고 깊고 넓게 사랑하지만 그렇기에 잘못된 행동에 대해서는 매우 엄격한 훈육을 하지 않을 수 없는 것도 사실이다. 물론 아동들에 대한 일체의 폭력을 싫어하고 반대한다. 아버지의 엄격한 말과 태도로써 아들의 잘못된 언행은 바로잡아 놓을 수 있는 것이다.

도쿄대학교를 찾은 다음 날에는 긴자 식스라는 인근의 큰 복합쇼핑몰을 방문했다. 아내는 볼게 많다며 더운 날씨에 여기저기를 계속 돌아다녔다. 나와 아들은 함께 손을 잡고 별 흥미도 없는 장소를 열심히 따라다녀야 했다. 오후에는 나의 제안으로 가부키초로 들어가는 어귀의 한 작은 술집에 들러 와규에 사케 몇 잔을 들이켰다. 단식에서 건강이 회복되지 않은 탓인지 사케 대여섯 잔에 취기가 올라왔다. 거리가 어둑어둑해지자 취기도 오른 김에 가부키초 거리를 걸으며 어린 아들에게 "노래방에 한 번 가볼래?" 하는 제안을 했다. 아들놈은 좋다고 했고 유흥가인 가부키초의 노래방을 찾아 들어서니 손님을 맞는 사람이 조금 당황해하는 것 같았다. 엄마, 아빠와 어린 아이가 함께 들어오니 워낙 생소한 장면이었을 것이다.

나는 방을 하나 잡아 아들놈에게 마이크를 건네주고 부르고 싶은 노래를 마음껏 불러 보라고 했다. 생각해 보니 우리 가족이 함께 처음으로 노래방에 온 것이었다. 한글 노래, 영어 노래, 일본 노래 등이 모두 있었다. 아들놈이 노래방을 날아다니면서 노래를 불러대는 통에 아주 정신이 없었다. 아무튼 오랜만에 유쾌한 시간을 보내고 호텔로 다시 돌아왔다. 일본 서부에 사는 처형 가족과 처음으로 만나 함께 식사도 했다. 호텔에서도 충분한 휴식을 취하면서 오랜만에 가족들과 휴가다운 휴가를 보낸 시간이었다.

***

나는 자주 남산의 안중근의사기념관을 찾는다. 중요한 일이 있을 때도 찾고, 인근에서 행사가 있을 때 시간적 여유가 있으면 찾는다. 오랜 시간 안중근의사기념관을 찾아 걷고 생각한다. 2019년 겨울, 아내와 함께 아들을 데리고 안중근의사기념관을 방문하여 기념관 내부를 돌면서 조금 자세히 아들에게 설명해 주었다. 안중근 의사의 전기에 근거하여 조성된 이 기념관은 신축한 이후 내용들이 더 알차게 꾸며져 있다. 아들의 손을 잡고 한참을 이 사진, 저 자료 앞에서 설명해 주었고 아내는 안 의사 수결 앞에서 나와 아들의 사진을 찍어 주었다. 아빠는 젊은 청년 시절 안중근 의사의 삶을 보며 강한 사람으로 일어설 수 있는 계기가 되었다는 이야기, 아빠가 안중근 의사를 떠올리며 거리에서 수없이 집회·시위를 하며 나라를 위해 싸운 이야기 등 몇 마디만 알아들어도 좋겠다는 생각으로 열심히 설명하고 또 설명했다. 아들에 대한 나의 바람이 어떤 것인지 만약 이런 일들을 아들이 나중에 회고해 낸다면 한 번쯤 진지하게 생각해 보는

나는 최대집

계기가 될 것이라 생각한다.

아들은 지금 만 8세, 초등학교 2학년이다. 그간 두세 살 생일부터는 책 선물을 하나씩 꼭 추가로 넣어 두었다. 아동용 안중근 의사 전기, 왕건 전기, 박정희 전기, 이승만 전기 등이 그간 내가 아들의 생일에 선물한 책들이다. 책의 표지를 넘긴 첫 면에서는 아빠가 아들에게 바라는 바를 적어 두었다. 몇 년 더 지나면 이제 그 책들의 의미를 이해하며 읽을 날들이 오리라 생각한다. 안중근 의사 전기, 안응칠 역사는 원문은 한문으로 쓰여 있는데 이를 내가 해설하면서 아들과 함께 읽는 계획을 갖고 있다. 좀 더 아이가 성장해야 할 수 있는 일일 것이다.

가족생활은 인간에게 가장 중요한 단체 활동이다. 우리들의 행복과 기쁨의 가장 큰 근원은 가족생활에 있다. 가정을 잘 경영하지 못하는 사람이 어떤 큰 조직과 사업체를 잘 경영하리라고 기대하기는 어렵다. 성공적인 가족생활을 위해서는 가족 모두가 노력해야 한다. 아버지는 가장으로서 아버지의 역할을, 어머니는 어머니의 역할을, 아이들은 아이들의 역할을 해야 한다. 각자의 분分과 별別을 잘 알아 각자의 역할을 충실히 행할 때 성공적인 가족생활이 가능하다고 본다. 부모는 본능적으로 또 윤리적으로 무한한 자애를, 남편과 아내는 각자의 역할을 구분하고 존중과 배려를, 자녀들은 부모에 대한 효孝를, 자녀들 간에는 서로 아끼고 위하는 제悌를 실천해야 한다.

아내와 아들에 대한 글을 마치면서 2017년 5월, 불현듯 아들을 생각하며 진료실에서 쓴 시 한 편을 싣는 것으로 이 장은 마무리하고자 한다.

무일無逸, 언젠가 헤어지는 날

서투른 언어 한 뜸 한 뜸

걷는 걸음 마디마디

이 무정無情 무심無心한 아비에게

찰나마다, 감동感動이었다

대체 어디에서, 무엇하러

천년 유정有情, 엄마 아빠에게

느닷없이 나타나

속세에 미련 없다 한없이 되뇌었던

이 바위 같은 아비의 깊은 마음 속,

그 요동搖動을 일으켰느냐

어쩔 수 없이, 어쩔 수 없이

이 또한 하늘의 명命일 터,

후회 없이 너와 나 헤어지는 날,

하늘과 땅 품고, 아빠와

돌아올 수 없는, 그저 가슴 저린 몸짓 한번 나누어 보자

진료실에서

진료란 창의적 과정이다. 새로운 환자들이 매일 새로운 질병이라는 문제를 갖고 나를 찾고 나는 그 의학적 문제 해결을 위해 날마다 문제를 풀어 나간다.

의사는 환자의 질병뿐 아니라
'질병을 가진 환자'를 진료하는 것

　평소 만성질환으로 나에게 진료를 받으러 다니는 50대 초반 여자 환자. 내가 2012년 10월, 경기도 안산에서 개업한 이래 수년간 나의 병원을 찾던 환자다. 환자는 대부분의 건강 문제를 나와 상의하러 왔고 의사로서 나를 신뢰하고 있었다. 당연히 나도 그 환자를 신뢰했고 성의 있게 진료와 상담에 늘 응했다. 어느 날 그 환자는 조금 난감한 표정으로 내게 말했다.

　"원장님, 한 가지 부탁이 있습니다. 제 남편이 최근 몇 년 전 당뇨병으로 다른 병원에서 진단을 받았는데 꾸준히 약을 먹지 않아요. 집 가까운 병원을 다니다 한두 번 바꾸었는데도 한두 달 다니다 또 몇 달씩 병원에 가지 않고, 제가 가끔 혈당을 집에서 재보면 꽤 높게 나와요, 당화 혈색소는 본인이 검사를 하지 않으니 모르겠지만 당연히 높지 않겠어요? 제가 한번 데리고 올 테니 꼭 약을 꾸준히 먹어야 한다고 단단히 말씀 좀 해 주세요."

"아, 부군께 그런 사정이 있었군요. 그런데 자택이 좀 먼 걸로 아는데 두 분이 여기까지 한 달에 한 번씩 오시는 게 괜찮을까요? 아무튼 한번 모시고 오십시오, 제가 말씀을 나누어 보겠습니다."

마흔 중반의 나이로 임상 현장에서 진료를 시작한 지 20년 가까이 될 즈음이라 나는 환자의 연령, 성별, 직종별 그리고 성격 등 매우 다양한 요소에 따라 환자들의 행태가 다르다는 것을 경험으로 충분히 알고 있었다. 그래서 환자를 대할 때 환자 개인마다 깊이 있는 대화로 환자에게 맞는, 환자 개인의 고유한 방식을 취해야 한다는 점을 진료 원칙으로 삼고 있었다.

다양한 환자들을 대하며 가장 대하기 어려운 환자군을 성별과 연령이라는 기준만 가지고 이야기해 보자면 나의 경험으로는 50대 남자 환자들이라고 생각한다. 50대~60대 초중반 정도 장년의 남자 환자들은 대화를 진행하기 가장 어렵다. 환자와 신뢰 관계를 구축하기도 어려운데다 의사의 여러 치료적 조언들을 실천하게 하는 것도 쉽지 않다.

"네, 누구누구님, 들어오세요. 이리 앉으세요."

진료실에서 나의 진료를 보조하는 간호조무사가 친절하고 활달한 목소리로 환자를 불렀다. 50대로 보이는 환자는 약간 언짢은 표정으로 천천히 진료실 문을 열고 들어와 의자에 앉았다. 잠깐 사이, 진료실 문이 조금 열리며 자신의 남편을 부탁했던 여자 환자가 얼굴을 보이며 말했다.

"저번에 말씀드린 저희 남편이세요. 잘 부탁드릴게요, 원장님!"

"아아, 네, 잘 알겠습니다. 조금 있다 진료 끝나고 또 말씀 나누시지요."

이어 내 앞에 앉은 환자를 보고 나는 부드럽게 말을 건넸다.

"부인께서 저희 병원에 꾸준히 다니시는데 부군이라 말씀을 들었습니다. 뵙게 되어 반갑습니다. 당뇨병 진단을 몇 년 전에 받았다 들었는데 요즘은 좀 어떠십니까?"

"아, 요즘엔 한 6개월 약을 안 먹은 것 같습니다."

예상한 대로 단답형의 대답이 돌아왔다. 오랫동안 임상 현장에서 환자를 보다 보면 진료실 입구에서 의자에 앉는 아주 짧은 시간 동안 환자의 표정, 얼굴, 몸 전체, 걸음 등의 여러 가지 요소들을 관찰하게 되는데 진료를 시작할 때 도움이 되는 요소가 발견되기도 한다. 대화를 첫 시작할 때 어떤 대답이 나오는지도 꽤 많은 것을 시사할 때가 있다. 이미 짐작한 바가 있어 더 친절하고 포용적인 태도로 물었다.

"당뇨병 약을 드시는 것이 많이 불편하셨습니까? 약물의 부작용이 있었다든지, 아니면 매일 복용하는 방법이 불편했다든지 등등 말입니다. 병원을 한 달에 한 번 방문하시는 게 많이 불편하십니까? 사업 상 바쁜 분들은 한 달에 한 번 시간 내기 쉽지 않은 경우도 있지요. 아니면 무슨 특별한 이유라도 있었는지요?"

"아니, 약을 먹을 때 뭐 특별히 불편하지 않았어요. 그리고 저는 개인 사업체를 해서 그렇게 바쁘지는 않아요."

의도적으로 각 질문들을 천천히, 또박또박, 충분히 예의를 갖추어 물었고 환자도 그런 질문들에 대해 짧지만 분명한 대답을 주었다. 이 정도면 조금 더 허심탄회하게 대화를 진행해도 되겠다 싶었다. 여러 가지 복잡한 병력 청취와 과거력 청취, 신체 진찰, 기본적인 검사에 앞서 50대 남자 환자의 경우 왜 당뇨병을 진단받고 치료를 제대로 받고 있지 않은지 이유를 정확히 파악하는 것이 가장 급선무다. 환자가 치료 동기를 갖고 있지 않으면 아무리 정확히 진단하고 치료법을 갖고 있더라도 질병 치료와 관리는 성공할 수 없다. 꾸준히 관리해야 하는 만성질환의 경우는 특히 환자의 질병 관리와 치료에 대한 동기의 유발과 유지, 환자의 질병에 대한 정확한 의학적 지식 등이 중요하다. 그래서 이 환자의 경우에는 치료를 받지 않고 있는 이유를 정확히 알아내서 그 문제를 해결해 주고 치료 동기를 스스로 갖게 하는 것이 우선 가장 중요한 일이었다.

"그러면 분명 무슨 다른 이유가 있을 것 같습니다. 왜 치료받고 있지 않은지 그냥 편하게 말씀을 한 번 해주십시오, 저도 무슨 이유인지 무척 궁금하군요. 부인께서 많이 걱정하고 계십니다. 그리고 당화 혈색소 검사는 혈액 검사를 해봐야 알겠지만 7% 후반이나 8%대로 꽤 높게 나올 수도 있습니다. 우선 꼭 약물 치료를 꾸준히 받으셔야 하고 운동도 꾸준히 하고, 식사도 생활에서 실천할 수 있는 것들부터 좀 조절을 하셔야 합니다. 당뇨병은 마라톤 같은 병이거든요. 인내심을 가지고 환자 본인이 꾸준히 노력을 하셔야 합니다. 의사는 옆에서 계속 머물면서 의학적인 도움을 주는 것뿐입니다."

환자는 잠깐 생각하는가 싶더니 이내 말을 꺼냈다.

"참, 원장님도 의사인데 의사 선생님 앞에서 이런 말씀드리기가 좀 뭣하지만 그렇게 말씀 하시니 좀 말씀을 드리겠습니다. 저번에 다니던 병원 의사가 저보다 한참 젊은 것 같은데 이 약을 먹어라, 저 약을 먹어라, 왜 약을 제대로 안 먹었느냐, 혈당 조절이 잘 안 된다, 운동은 하고 있는 거냐 이러면서 나이도 어린 사람이 계속 명령을 하는 겁니다. 기분 나빠서 제가 거길 다닐 수가 없더라고요. 그렇다고 싸울 수는 없는 일이고. 그래서 그 병원은 절대 갈 생각이 없고 다른 병원에 가는 것도 또 처음부터 이것저것 얘기할 생각을 하니 영 내키지가 않았어요."

환자는 결국 자신을 존중해 주지 않는 의사의 태도와 말투에 기분이 상한 것이었다. 그 의사도 분명 적절한 당뇨병 약을 권하고, 당화혈색소, 혈당의 조절을 위해 노력했을 것이다. 동반된 고혈압이나 고지혈증 검사도 꾸준히 해 왔을 것이다. 그러나 환자는 자신의 연령이나 직업에 따른 사회적 지위가 있는데 거기에 대한 존중이나 예의가 적절치 않은 것에 화가 난 것이다. 그다음부터는 의사의 다른 모든 이야기들이 귀에 들어오지 않았을 테고. 환자 입장에서 의사가 자신을 무시한다거나 자신이 호소하는 증상에 집중하지 않는다든지 하는 이유로 의사에게 부정적 감정을 가지게 되면 환자의 질병을 정확히 진단하고 치료하는 과정이 쉽지 않다. 매우 힘들어진다.

이 환자는 자신이 무슨 특별하고 높은 사회적 지위를 지니고 있기에 거기에 걸맞은 특별한 대우를 원한 것이 아니다. 50세가 넘은 자녀들의 아버지로서 또 개인 사업체의 사장으로서 합당한 존중과 상식적 차원의 예의를 당연한 것으로 전제하고 기대하고 있었던 것이다. 임상 현장에서 오랜 경험을 쌓고 나이가 들다보면 자연히 느끼게 되는 것이 의사들은 '환자의 질병'을 보는 것이 아니라 '질병을 가진 환자'를 보는 것이라는 것을 깨닫게 된다. 더 정확히 표현하자면 환자의 질병뿐 아니라 질병을 가진 환자를 대하며 진료하고 있다는 것을 체득해야 한다는 것이다.

환자의 말을 경청한 뒤에 대답했다.

"아, 그러셨군요. 이제 선생님의 마음을 충분히 이해하겠습니다. 하지만 오늘은 그래도 부인의 말씀을 듣고 어렵게 제게 오셨으니 이제 당뇨병을 꾸준히 치료해 보시지요. 당뇨병은 그냥 방치해 두면 중장기적 합병증이 아주 좋지 않은 결과를 초래하는 것을 잘 아실 겁니다. 아까도 말씀드렸지만 당뇨병 같은 만성질환들은 환자 스스로가 꾸준히 병을 관리하겠다는 생각이 제일 중요합니다. 자신이 실천할 수 있는 치료 방법들을 의사와 잘 상의해서 결정하고 매일 실천해야 합니다. 의사는 최선의 방법을 제시하고 도와드리는 겁니다. 저와 한번 잘 해보시지요."

환자는 아주 흔쾌히 동의하지는 않았지만 그래도 나의 진지한 태도와 자신의 건강을 위하는 진심어린 조언에 못이기는 척하고 그렇게 하겠다고 했다. 그 후 그 환자는 가끔 바쁘다면서 두 달 분의 약을 요구할 때도 있었지만 꾸준히 내 병원을 다니며 약물 치료만으로 적절한 범위에서 혈당이 관리되었다.

의사는 환자가 하는 말을 있는 그대로 중요하게 생각해야 한다. 하지만 모든 말들을 사실로 믿어서는 안 된다. 진실의 일단이 있지만 일부에서는 의도적이든 비의도적이든 사실과 다른 부분이 있기 때문이다. 특히 다른 의사나 의료기관에 부정적 입장일 때에도 그런 입장에 동조해서 다른 의사나 의료기관을 비난해서는 안 된다. 환자 입장에서는 일시적으로 자신과 함께 비판하고 있는 지금의 의사에게 호감을 가질 수 있으나 장기적으로 보았을 때는 환자로부터 신뢰를 잃게 되는 경우가 많다.

50대 이상 장년층 남자들은 우리 사회에서 근로자든 자영업자든 기업인이든 한 가정을 책임지는 가장들인 경우가 대다수다. 자녀들의 아버지이자 오랜 결혼 생활을 함께해 온 부인의 남편이다. 이들은 진료실뿐 아니라 다른 곳에서도 그런 자신의 중요한 사회적 책무와 지위에 존중과 예의를 원한다. 특히 진료실에서 그런 부분을 주의 깊게 배려하지 않으면 안 된다. 모든 환자가 마찬가지겠지만 존중에 예민한 50대 이상 장년 남성에게 있어 환자와 의사간의 신뢰는 매우 중요하다. 환자의 질병을 전문적 의학 지식으로 잘 치료하는 것만큼이나 환자를 배려하고 예절을 지키는 일도 중요하다.

50대 남성 환자의 이야기에서 보듯이 의사는 환자 개인의 특성에 맞는 고유한, 질병과 환자를 종합적으로 진료하는 자세를 체득해야 한다. 오랜 임상적 경험과 환자와의 깊이 있는 대화로 가능한 일이었다. 2021년 현재 22년차 의사인 나의 가장 중요한 진료 철학이기도 하다.

성숙한 한 인간으로, 의사로 우뚝 서게 해 준

질병은 걸리지 않는 게 좋겠지만 그렇다고 질병에의 이환罹患을 늘 불행한 것으로만 볼 수는 없다. 치료 가능한 질병들은 치료 과정을 통해 자신의 삶을 성찰하는 의미 있는 기회를 갖는 경우가 많다. 분명 질병은 역경을 극복해 나가는 과정이다. 자신의 삶을 되돌아보고 삶의 방향을 다시 정향해 보는 진지한 성찰의 계기가 될 수 있다. 질병을 불운하고 불행한 것으로만 여기지 말고 이미 발생한 질병에 긍정적 의미를 부여하여 최선의 치료에 임하면서 새로운 삶의 계기로 만들어 가는 자세는 질병 치료에 많은 도움이 된다.

1차 의료 현장에서 오랫동안 일해 오면서 의사란 직업의 가장 큰 장점이 무엇이냐고 묻는다면 그것은 타인에게 선의를 바탕으로 좋은 일을 해 줄 수 있는 직업이라고 말할 수 있다. 환자의 치료 결과는 아무리 최선을 다해도 좋을 수도 있고 나쁠 수도 있다. 최선의 진료를 다해도 환자의 치료 결과가 좋지 않을 수 있다는 것은 우리 인간의 한계다. 치료자인 의사 입장에서 너무 안타까운 일이 아닐 수 없다. 한편으로 '불행한 의식'을 평생 지니고 살아갈 수밖에 없는 직업이기도 하다.

그러나 의사는 환자를 진료함에 반드시 좋은 일을 하겠다는 선한 의도를 갖고 있다. 누군가의 잘못을 거론할 필요도 없다. 누군가를 심판하고 평가할 이유도 없다. 아무런 조건 없이 모든 사람에게 직업적으로 행하는 모든 일들이 타인에 대한 선한 의도가 스며들어 있는 것이 의사란 직업의 가장 큰 장점이다.

진료 현장에서 환자를 진료하는 의사들은 각자의 역할에 따라 몇 가지로 대별할 수 있다. 중증 환자나 난치성 질환을 진료하는 대학병원의 의사들은 대개 의과대학 교수들이다. 지역 사회에서 흔히 발생하는 질병 진료, 만성질환 관리, 환자에 대한 종합적 건강 상담 등을 수행하는 1차 진료 의사, 지역 사회에서 전문 분과 영역의 진료를 담당하는 개원 전문과 의사들, 그리고 종합병원이나 병원급 입원실을 갖춘 의료기관에서 각 전문 분과 영역의 진료를 담당하는 병원 근무 전문과 의사들. 이렇게 의사들은 각자의 영역에서 역할에 따라 최선을 다해 진료하고 있다.

의학은 '의과학'이라고도 부른다. 자연과학의 원리들을 인체의 질병을 진단하고 치료하는 데 적용하여 성립된 학문이다. 인류 수천 년의 역사를 통해 축적된 지식이 바탕이 되고 근대 서구 자연과학에 의해 과학적 체계를 정립하여 오늘날의 현대의학이 되었다. 의학은 실제 환자의 질병이란 문제를 해결하기 위한 학문이자 기술이므로 응용

과학이라 할 수 있다. 그래서 기술적 측면이 또 한편 중요하다. 의술이란 개념이 사용되는 이유이기도 하다.

진료는 의학과 의술 지식으로 환자가 호소하는 주관적 증상이나 환자에게 나타나 있는 객관적 징후로부터 시작한다. 자세한 병력의 청취와 신체의 진찰 과정에서 진단의 단서를 잡은 후 명확한 진단을 위한 각종 의학적 검사 장비나 도구를 이용한 검사 과정을 종합적으로 판단하여 최종적인 진단에 이른다. 그 진단에 근거하여 기존의 유효한 치료 방법들을 망라해 최선의 치료법을 적용하여 환자의 질병을 치료하는 행위라고 할 수 있다.

진료란 창의적 과정이다. 새로운 환자들이 매일 새로운 질병이라는 문제를 갖고 나를 찾고 나는 그 의학적 문제 해결을 위해 날마다 문제를 풀어 나간다.

의학적 문제 해결. 나는 의사로서 진료를 수행하며 말할 수 없는 힘든 일을 많이 겪었다. 그렇지만 매일 매일 새로운 의학적 문제들을 기존의 의학적 지식을 활용하여 해결해 나가는 창의적 작업을 해왔다는 점에서 매우 역동적이라고 여긴다. 위험했던 순간들, 힘들었던 시간들이야 헤아릴 수 없이 많았지만 이런 의학적 문제 해결의 과정들이 내가 진료 현장에서 흥미를 갖고 진료를 지속할 수 있는 원동력이 되었다.

2021년 현재 나는 22년차 의사다. 1차 의료 영역에서 진료를 수행해 왔다. 22년 중 대한의사협회 회장 3년간은 진료를 하지 않았으니 실제로 진료 업무를 수행한 것은 19년쯤이다. 의사 한 사람이 자신의 온전한 책임 하에서 환자를 진료하는 독립적 의사로 서기까지는 오랜 수련의 시간이 필요하다. 공식적 수련 과정인 전공의 과정을 마치든, 임상 현장에서 선배 의사들에게 배우든 의사로서 자신의 환자들에 대한 책임감을 갖고 독립적 진료를 위해서는 공식적·비공식적 수련 과정이 필수적이라는 얘기다. 그런 점에서 의학 지식과 기술을 자세히 가르쳐 주고 전수해 준 많은 선후배와 동료 의사들에게 감사의 마음을 전한다.

한편, 진료는 앞에서도 말했지만 질병을 지닌 환자를 진료하는 것으로 인간의 이해가 중요하다. 독립적 진료를 수행하는 의사에게 어느 정도 나이와 경륜이 필요한 이유다. 나 역시 독립적 의사로서 환자를 진료하기까지 꽤 오랜 시간이 걸렸다. 환자를 인간적으로 따뜻하게 배려하면서도 정확한 진단과 치료를 제공하는 의사의 본질적 책무를 잘 수행하기까지 많은 시행착오를 겪었다. 반드시 오랜 시간이 지나야만 가능한 경륜의 축적이라는 과정을 거쳐야 했다. 그래서 환자들은 의사들에게 도움을 받으러 방문하지만 의사들 역시 임상 현장에서 환자들로부터 많은 것을 배운다.

그런 면에서 나의 20년 넘는 의사 생활을 회고해 보면 소수지만 젊은 시절 나의 미숙함으로 사소한 갈등을 겪었던 환자와 보호자들에게 미안한 마음이 든다. 아울러 나를 믿고 찾아준, 개업했던 지역의 수많은 환자들에게 깊은 감사의 마음을 전한다.

의사는 분명 환자에게 질병의 진단과 치료로 큰 이익을 끼치는 반면, 환자들에 의해 성장해 가며 더 훌륭하고 성숙한 인간이 되어 간다. 깊은 신뢰로 연결된 의사와 환자. 치료적 동맹 관계이기 때문이다.

내게 남은
궁극의 여정들

철학자 헤라클레이토스의 말처럼 '만물은 흐른다.' 인간은 무슨 일을 하든지 시간 속에 있는 존재다. 시간 속에서의 역사성을 자각하고 있어야 한다.

대한민국의 흘러가는 긴 역사적 시간 속에서 '대한민국의 대도약'은 역사의 한 정점을 이룰 것이며 되돌릴 수 없는 자유주의적 국가 개혁이라는 역사의 새 물길을 만들어 낼 것이다. 이것은 내가 앞으로 걸어갈 내 인생길의 궁극의 여정들이 될 것이다.

왜 20대 대선에 출마하게 되었나

2016년 10월 중하순, 당시 박근혜 대통령과 관련된 최서원 원장의 태블릿 PC 보도가 언론에서 터져 나왔을 때, 직감적으로 이 사건들은 매우 심각하고 비상한 중대 사태로 전환될 가능성이 높다고 생각했다. 그때부터 나는 서울 광화문 집회 현장을 방문하고 소셜미디어에 연일 글을 올렸다. 많은 집회 현장에서 탄핵에 반대하는 연설도 했다. 대규모 집회에서 일단의 사람들과 함께 행진하며 '국회 탄핵무효, 헌재 탄핵기각'을 계속 주장했다. 2017년 3월 10일까지 혹한의 겨울에 이 일을 계속하였으니 5개월간 집중적으로 탄핵반대 투쟁에 동참한 셈이었다. 거짓과 기만과 사기에 의한 헌재의 인용으로 끝내 탄핵 사건은 결론 났다. 현직 대통령은 특검과 검찰의 수사로 아무런 죄가 없는 무고한 상태에서 뇌물죄를 뒤집어쓰고 독방에 갇힌 영어의 몸이 되었다. 2021년 8월, 4년이 넘은 이 시점까지 불법·위헌으로 탄핵당한 대통령은 여전히 서울구치소 독방에 갇혀 있다. 2017년 3월 10일 이후에도 나는 여전히 거리에서 탄핵무효화 투쟁을 지속적으로 전개했다.

2018년부터 2021년까지 3년간 대한의사협회 회장직을 수행한 이후 나는 2021년 4월 30일 자정을 바로 넘은 시간, 즉 5월 1일 00시 01분에 서울구치소 정문 앞을 찾았다. 탄핵의 부당성에 대해 강하게 주장하고 의협 회장 이후의 나의 투쟁이 탄핵 진실 규명과 무효화 투쟁이 될 것임을 예고한 것이었다. 이날 나의 행동은 꽤 오랜 기간 생각 끝에 기획했다. 향후 국민운동을 수행할 때에 내가 어떤 국민들과 함께할 것인지를 보여 준 것이다. 다른 한편으로는 2016년 말 당시 99%의 언론이 거짓과 기만과 사기 탄핵에 동조하였으므로 기존 언론들과 철저한 관계 단절을 선언하기 위한 목적 역시 포함되었다.

의협 회장 퇴임 이후 전국적 국민투쟁조직을 만들어 문재인 정권의 실정을 집중적으로 비판하고 전국적인 탄핵 진실 규명과 무효화 투쟁을 전개하면서 조직 설립과 내실화에 많은 노력을 할 계획이었다. 제도권 정치 역시 각종 선거에 시간표를 맞춰 차근차근 계획을 세워나가고 있었다. 그러나 2021년 5~6월, 대선 판에서는 여권, 야권, 무소속 어느 유력 대선 후보도 탄핵 진상 규명과 무효화 투쟁을 할 만한 사람이 전무했다. 이것이 내가 20대 대선에 뛰어든 가장 중요한 계기였다. 또 하나 중요한 것은 코로나19 국가 방역 전략과 대책에 있어 문재인 정권은 실정에 실정을 거듭했다. 당시 거론되던 유력 후보 중 다음 정부에서 코로나19와 공존이란 전제하에 그것을 안정적으로 관리하며 국민의 모든 사회적 활동을 정상화할 수 있는 역량을 갖춘 후보를 찾을 수 없었다. 문재인의 종북반미 사회주의 정권의 실정을 철저하게 바로잡고 단죄할 것들은 단호하게 단죄하며, 국가의 자유주의적 개혁을 큰 역사적 관점 하에서 근본적으로 힘 있게 추진할 만한 후보가 별로 보이지 않았다.

누구의 제안이나 권유도 없이 이런 제반 사항들을 깊게 생각을 거듭한 결과 2021년 7월 초, 나는 직접 20대 대통령 선거에 출마하겠다는 결심을 했다. 제도권 정치를 하겠다는 사람의 첫 공직 선거가 대통령 선거가 된 것이다. 처음으로 목표하는 선출직 공직이 대한민국 대통령이었던 것이다. 결단코 쉬운 일이 아님이 자명했다. 그렇지만 나에게 주어진 또 한 번의 역사적 소명으로 여겼다.

결심이 선 직후 4일간 칩거하며 대선 출마 선언문을 작성하고 2021년 7월 8일 기자회견을 열어 공식 선언했다. 일주일 후에는 중앙선거관리위원회에 필요 서류들과 기탁금 6000만 원을 내고 대선 예비후보로서 공식 등록했다. 장장 8개월여에 걸친 대통령 선거에 본격적으로 뛰어들었다. 2021년 7월 8일 발표한 대선 출마 선언문, '국가 대수술을 단행하겠습니다'라는 제하의 글을 맨 마지막에 첨부한다.

국가 개혁과 자유 통일, 내 궁극의 여정들

2018년부터 2021년까지 3년간 대한의사협회 회장직을 수행하면서 많은 일들을 했다. 몇 개월간 거의 집에도 들어가지 못하고 전국의 수많은 산하단체와 조직들을 방문했다. 전문 학회들을 방문하여 의견을 경청하고, 전국 주요 수련병원을 방문했다. 끝없이 터지는 긴급 현안들에 대응하고, 언론에 직접 대응해야 할 필요가 있을 때 회장으로서 직접 언론에 대응하는가 하면 국회와 협의, 보건복지부와 협의 등 쉴 틈 없는 바쁜 생활을 지속했다. 이 책에서 의료 정책운동을 다룬 부분들은 의협 회장 중 활동한 것들을 추려 정리해 넣었다.

2021년 5월 1일, 의협 회장을 퇴임하고 앞으로 해야 할 일들에 대해 많은 생각을 했다. 20년 넘는 애국투쟁과 의료 정책투쟁을 생각할 때 나의 인생에서 공적인 사회운동은 이미 충분하다는 생각도 했었다. 오랜 기간 숱한 사람들을 만나고 셀 수 없는 공적 활동들을 하다 보니 이제는 이 생활에서 은퇴해도 무방하다는 생각이 들 때가 많았다. 우리 사회에서 사회적 지위라는 측면과 활동 수준, 그리고 규모라는 측면에서 대한의사협회 회장직 3년을 수행하고 나니까 이제는 공적 활동을 마감해도 좋겠다는 생각이 자연스레 들었다. 한 개인의 일상으로 돌아와 개인병원에서 진료하며 가족들을 위해 많은 시간을 할애하고 가족을 위한 삶을 살아야겠다는 생각을 한 것도 사실이다. 국가관과 정치경제사상 교육을 수행하는 교육기관을 설립하여 후학들을 양성하는 사업을 계획한 것이 있어 공적 활동 은퇴 후 자유민주 정치인, 사회운동가, 교육자들을 길러내는 일을 하려고 했었다.

그러나 나는 대한민국과 운명을 함께하기로 하늘 앞에 맹세한 사람으로서 대한민국과 국민들에 대한 막중한 책무의식을 갖고 있다. 그래서 이제 남은 인생에서 새로이 해야 할 일들을 명확하게 몇 가지로 정리해야 하는 입장에서 2017년부터 생각해 왔던 제도권 정치를 해야만 한다는 결심을 다시 한번 확고하게 하지 않을 수 없었다. 정치 활동의 일부로서 국가관과 정치경제사상 교육기관을 운영하여 교육 사업을 꾸준히 펼쳐내는 일도 함께하지 않으면 안 된다. 이 교육기관은 자신의 정신과 육체를 단련시키는 수신修身의 도장이 되기도 할 것이다. 고려문무원高麗文武院이라는 교육 수신기관이 바로 그것이다.

제도권 정치 활동은 당연 정당 창당 작업을 포함한다. 내가 정치를 하고 정당 활동을 하는 1차적 목표는 국가 최고 정치권력의 획득이다. 어느 정당이든 목표로 하는 것이다. 나의 정치 활동에서 국가 최고 정치권력의 획득, 즉 집권執權은 대한민국의 자유민주주의와 자유시장경제 체제 확립·수호와 국가 대도약이란 목표의 핵심 수단이다. 나는 반드시 정치를 통해 집권할 것이고, 집권으로 자유주의적 국가 개혁을 철저하게 단행해 다시는 이 나라가 자유주의적 개혁의 물길을 되돌릴 수 없도록 할 것이다. 또 하나 자유민주주의 통일, 자유 통일을 반드시 이루어 낼 것이다.

내기 정치를 하면서 집권을 하고 대통령이 되고, 대한민국의 자유주의적 개혁을 하고 자유 통일을 완수한다고 해서 대한민국 역사는 거기에서 멈추지 않을 것이다. 철학자 헤라클레이토스의 말처럼 '만물은 흐른다.' 인간은 무슨 일을 하든지 시간 속에 있는 존재다. 시간 속에서의 역사성을 자각하고 있어야 한다.

대한민국의 흘러가는 긴 역사적 시간 속에서 '대한민국의 대도약' 은 역사의 한 정점을 이룰 것이며 되돌릴 수 없는 자유주의적 국가 개혁이라는 역사의 새 물길을 만들어 낼 것이다. 이것은 내가 앞으로 걸어갈 내 인생길의 궁극의 여정들이 될 것이다.

애국운동으로서의 정치, 애국지사로서의 정치가

이 책 전체는 자유민주주의 대한민국을 지켜 내기 위한 나의 안
보투쟁 역사와 국민의 생명과 건강을 지키기 위한 의료 정책투쟁
의 중요한 역사를 중심으로 정리했다. 안보투쟁과 의료 정책투쟁
은 모두 내 삶의 본령인 애국운동의 한 부류다.

나는 2017년 상반기부터 제도권 정치를 해야겠다는 명확한 결심
을 했다. 2017년 3월 10일 헌법재판소에서 현직 대통령 탄핵을 인
용한 이후부터 수개월간 곰곰이 생각한 결과였다. 제도권 정치를 한
다는 것은 더 좁혀서 말하면 공직 선거에 출마하여 선출직 공직자가
되는 것을 의미한다. 대통령, 국회의원, 지방자치단체장, 지방의회의
원 등이 모두 선출직 공직자다. 선출직 공직자가 되어 국가 또는 지
역의 운영 원칙을 확립하고 사회경제적 발전의 정책 방향을 정립하
여 정책을 실행하여 성과를 내는 작업들, 큰 규모의 사회적 갈등을

조정해 내는 일들, 국가의 필수적 기능들을 잘 구현해 내는 일들이 정치의 내용들이라고 할 수 있겠다. 제도권 정치를 위해 2018년 지방 선거와 2020년 총선, 2022년 대선 등을 염두에 두고 정당 창당과 기존 정당 입당 등의 여러 방안들을 모색했다. 그러다가 2017년 5월 문재인 정부 출범 이후로 비급여의 전면 급여화, 즉 문재인 케어 정책이 발표되면서 또 한 번의 운명적 계기로 대한의사협회 회장 선거에 출마하고 회장으로 3년간 의료 정책운동에 종사하게 되면서 본격적인 제도권 정치 운동의 시작이 사실상 3년간 유예된 셈이다.

이제 본격적으로 제도권 정치에 투신하게 되면서 나에게 있어 정치란 무슨 의미인가 하는 점을 명확히 해보고자 한다. 나에게 정치는 역시 애국운동의 일종이다. 대한민국을 사랑하기 때문에 대한민국을 지키고 도약시키기 위한 공적 활동들이 애국운동인 바, 대한민국과 나의 명운을 함께하기로 결심한 사람이므로 정치 역시 나에게는 애국운동인 셈이다.

정치를 직업적으로 행하는 사람을 정치가라 한다. 20대 대선에 출마하기 위해 대선예비후보로 활동하고 있으니 나 역시 정치가임이 분명하다. 나의 정치는 곧 애국운동인 바, 애국운동을 수행하는 애국지사愛國志士로서의 정치가라고 할 수 있다. 명백히 말해두는데 선출직 공직 획득 그 자체가 목적인 직업적 정치인들과 나는 완전히 다른 존재다. 물론 직업적 정치가들 중에도 선출직 공직 획득 자체가 목적이 아니라 국가와 지역 발전에 기여하기 위해 공직을 수단으로 생각하는 사람들도 분명 있을 것이다.

나에게 대통령 등 선출직 공직이란 지위는 최고 수준의, 최대 규모의 애국운동을 수행하기 위한 하나의 강력한 수단이다. 대한민국을 지켜내기 위해 언제든지 초개처럼 목숨을 버릴 수 있다는 애국지사로서의 강한 자부심을 갖고 있다. 애국지사로서의 명예와 자부심은 오랜 기간 지난했던 애국운동의 결과로 생겨났다.

정치가로서 나에게 주어진 여생을 살아갈 것이지만 어디에서 어떤 직업적 정치인으로 활동을 하고 있을 때에도 나의 본질이 애국지사임을 분명히 할 것이다. 독창적인, 고유한, 특수한 사회역사적 존재인 애국지사임을 언제나 의식하고 그렇게 애국지사로서 나의 궁극의 여정들을 걸어갈 것이다.

내게 남은 궁극의 여정들

에필로그

최종 종착지는 국민을 치유治癒하는 것이다

자전적自傳的 에세이를 쓰면서 안보투쟁을 중심으로 한 애국운동과 의료 정책운동 등 20년 내외의 공적 활동의 역사를 정리했다. 개인사적으로는 중등·대학 학습의 과정, 사상의 확립 과정과 편력을 정리해 보았고 나에게 평생 깊은 영향을 끼친 나의 어머니의 이야기며, 지금 나의 아내와 가족 이야기도 해보았다. 진료에 대한 나의 생각들도 일부 이야기했다. 과반을 훌쩍 넘는 나의 인생에서 개인사적으로도, 공적 활동의 역사로도 거칠고 험난한 여정이었음은 이 책을 읽은 독자라면 공감할 것이라 생각한다.

나는 앞으로 제도권 정치인으로 살아갈 것이다. 또 진료하는 의사, 소설가, 아내의 남편이자 아들의 아버지 등 여러 가지 사회적 역할을 하면서 살아갈 것이지만 나의 삶은 이제 단순해졌다. 여러 가지 역할들 속에서의 통합성을 깊게 느낀다. 아버지로서, 가장으로서, 의사로서, 소설가로서, 출판인으로서, 정치가로서의 삶을 모두 일관하는 사상과 정서, 의지에 의해 복잡한 듯하지만 아주 단순하게 충일되고 통합되어 있다는 것이다. 이런 단순하고 통합된 삶을 바탕으로 남은 생의 궁극적 목표로 대한민국을 지키는 일과 대한민국을 자유와 풍요가 넘치는 나라로 만드는 것을 제시했다.

대선 출마 선언문에서 국가 대수술을 단행하겠다고 했다. 썩은 고름과 암종을 몸에 지니고 살 수는 없다고도 했다. 썩은 고름은 짜서 내버려야 하고 암종은 빨리 잘라내 버려야 함도 말했다. 정치사회적인 운동을 오랫동안 해 오면서 사회 운동가의 역할이 환자를 대하는 의사의 역할과 비슷하다는 것을 체험적으로 느껴왔다. 이는 우리 사회에서 상식처럼 되어 있는 말들이다.

나는 임상 현장에서 수없이 많은 힘들고 아파하며 지친 환자들을 치료했다. 신체의 질병과 마음의 질병 그리고 그런 질병을 일으킬 수밖에 없는 환자가 처한 사회경제적 조건들. 어찌해 볼 수 없는 사회적 조건들 아래서 사람들은 살아가며 신체의 질병을 얻기도 하고 정신의 질병을 얻기도 한다. 물론 우연한 계기로 얻게 되는 질병들이 가장 많을 것이다.

정치가는 사회의 병리 현상들을 정확히 파악하고 정교하게 진단해야 한다. 그런 진단 하에서 병리 현상을 고칠 수 있는 최적의 치료법을 고안해 낼 수 있다. 잘못된 사회 제도와 병폐들은 힘들고 아파하며 지친 국민들을 만들어 낸다. 힘들어 하는 국민들과 아파하는 국민들, 지칠 대로 지쳐서 항의조차 할 수 없는 국민들을 대할 때마다 나는 우리 사회가 중대한 병태病態에 처해 있다고 직감해 왔다. 환자의 고통을 보고 환자의 질병을 정확히 진단하고 치료해 내는 진료의 경험처럼 나는 정치가로서 국민의 고통을 정확히 응시하고 국민의 고통을 일으키는 사회 제도와 정책의 문제점을 정확히 진단해 그 개선책을 제시하고 실천하여 제도와 정책을 바로잡아 국민의 고통을 치유하고자 한다. 내가 의사로서 늘 마음속 깊은 곳에 '환자를 위해, 인류를 위해'라는 생각을 되뇐 것처럼 나는 이제 정치가로서 마음속에 '국민을 위해, 국가를 위해'를 되뇌고 있다.

그래서 내가 행하는 정치의 최종 종착지는 국민을 치유治癒하는 것이라 할 수 있다. 제도와 정책을 개혁하여 힘들어 하고 아파하며 지친 국민들이 다시 행복해 하는 모습을 보고 싶은 것이 나의 궁극의 바람이다. 썩은 고름과 암종처럼 우리 사회를 병들게 한 잘못된 제도와 정책들을 국가 대수술로 고쳐내는 것의 최종 목적은 결국 생명을 다시 살려내는 일일 것이다. 나는 정치가로서 이런 일을 반드시 이루어 행복해 하는 국민들의 '생生의 약동躍動'을 다시 보고 싶다.

정치가로서 개인의 영광, 이런 일에 내가 관심을 두기에는 나는 무척 험난한 삶을 살아왔다. 고통 받는 환자들과 국민들을 너무 많이 만났다. 영광과 부귀는 나의 몫이 아니다. 나는 국민과 함께 국민들의 삶을 향상하기 위해 내 모든 것을 던져 싸워 마침내 민생의 향상을 이루어 낸, 용기 있고 지혜로운 정치가였다고 기억되고 싶다. 그것이 아마도 나의 과반을 넘긴 남은 인생에 최고의 명예가 될 것이다. 정치가로서 나의 분투와 헌신이 우리들의 후손들, 아들, 딸, 손자, 손녀들이 미래에 희망을 갖고 삶을 살아갈 수 있는 나라를 일구어 내는 데에 막대한 기여를 했으면 한다. 아주 간절히.

대선 출마 선언문

국가 대수술을 단행하겠습니다

    안녕하십니까, 최대집입니다. 저는 내년 2022년 3월, 20대 대한민국 대통령 선거에 출마하기로 결심하고 오늘 저의 의지를 국민 여러분께 밝히고자 합니다.

    대한민국 대통령은 국가 원수로서 국가의 독립, 국토의 보전과 국민의 생명과 재산을 보호하는 것을 제 일의 사명으로 합니다. 그러나 현 문재인 대통령 치하에서 국가 안보는 망국을 걱정해야 할 지경이고 국민의 생명은 보호받지 못하며 국민의 재산은 사방에서 위협받고 있습니다.

    저는 문재인 대통령이 자신의 본분을 다하지 못해 국민들로 하여금 커다란 고통을 당하게 하는 참혹한 현실을 그대로 두고 볼 수 없었습니다. 그래서 제가 이번 대선에 나서는 것이고, 절대로 패배해서는 안 되는 선거이기에 제가 임하는 이번 대선은 '전쟁' 바로 그것입니다.

    대한민국이 중병重病에 걸렸습니다. 이대로 가다가는 더 이상 소생蘇生 가능성이 없을지 모릅니다. 하루라도 빨리 대한민국이 앓고 있는 심각한 경제 자유의 억압, 위중한 국가 안보, 과중한 세금과 준조세들, 나날이 비대해지는 공공 부문, 맹목적 평등주의에 경도된 교육 등 이런 중병들을 치료하지 않으면 안 됩니다. 썩은 고름과 암덩어리를 몸에 지니고 살 수는 없습니다. 썩은 고름은 짜내버려야 하고, 생명을 좀먹는 암 덩어리는 잘라 내버려야 합니다.

저는 문재인 정권 4년간 대한민국이 사망에 이를 만큼 악화되어버린 국가의 중병을 치료하기 위해 국가 대수술大手術을 단행하고자 합니다. 생명을 살려내고 치유와 회복의 시간을 앞당기기 위해 위기에 처한 정책 영역에 대한 대수술을 정교하면서도 단호하게 단행하여 대한민국을 다시 살려내겠습니다.

문재인 정권은 완전하게 종식終熄되어야 합니다. 문재인 대통령과 문재인 정권의 핵심 주사파-부패 운동권 인사들을 우리 정치계에서 퇴출시키고 그들의 유산은 이제 사라져야 합니다. 문재인 정권을 완전하게 종식해서 문재인 세력으로 대표되는 사회주의 이념 세력, 종북 주사파 운동권 정치 세력, 부정부패 세력들을 이 땅에서 일소一掃하겠습니다.

문재인 정권을 교체한 후의 모든 혜택은 새로운 대통령과 집권 세력이 아니라 주권자인 국민에게 모두, 100퍼센트 돌아가야 함을 말씀드립니다. 정권 교체와 새 집권 세력의 등장으로 발생하는 모든 경제적·사회적·정치적 이득과 혜택은 반드시 힘들고 지친 국민 여러분들에게 모두 돌아갈 수 있도록 노력할 것입니다.

새로운 집권 세력에 참여하는 어느 누구도 대통령의 임기가 끝난 후 재산이 늘어나서는 안 된다는 것이 제 소신입니다. 다시 한번 말씀드리지만, 새로운 대통령이 국가를 경영하고 통치해 맺어낸 열매는 100퍼센트 국민 여러분에게로 돌아가야 할 것입니다. 저는 그렇게 만들 것입니다.

지난 2016년 말, 2017년 초 대통령 탄핵 사태는 완전한 기만 그 자체였습니다. 거짓의 광풍狂風이 촛불 사이로 불어닥쳤고 이는 우리 언론, 국회, 검찰과 특검, 헌법재판소와 사법부를 완전히 망가뜨렸습니다. 그야말로 국가 붕괴 사태였습니다. 이제 4년이 넘은 이 시점에서 우리는 당시 대통령 탄핵 사태가 완전한 기만과 사기에 의한 것이었음을 알게 되었습니다. 당시 속았던 수많은 국민들께서는 이제는 진실을 제대로 알아야 하고, 그 잘못을 인정해야 합니다. 그럼으로써 국가 붕괴 사태였던 탄핵 사태를 반드시 바로잡아야 합니다. 2017년 탄핵 사태를 바로잡지 않고서는 대한민국의 역사 발전은 불가능하다는 것이 저의 확고한 소신입니다.

대한민국 대통령에게 있어 가장 중요한 것은 무엇입니까? 저는 대통령은 무엇보다도 자유와 풍요를 핵심 원리로 하는 정치경제 사상을 확고하게 지니고 있는 것이 가장 중요하다고 생각합니다. 대통령과 집권 세력이 지니고 있는 사상이 그대로 국가의 정책 방향에 투영되는 것이므로 그러하다 하겠습니다.

다음으로 중요한 것은 그 사상을 좋은 정책으로 실현시킬 수 있는 강력한 의지와 행동력입니다. 강한 의지, 불타는 투혼, 강력한 행동력이 없다면 아무리 훌륭한 사상도 우리 현실에서 실현시킬 수는 없는 것입니다.

또 다음으로, 대통령은 국가의 각 정책 분야에 대한 광범위한 총론적 지식을 갖추고 있어야 합니다. 고도화된 산업 지식 사회에서 대통령의 지적 소양은 매우 중요합니다. 특히 과학·기술의 기본 지식과 논리에 대한 소양은 현대 고도화된 산업 과학기술 문명 시대에 필수적이라고 하겠습니다. 그간 문재인 대통령을 필두로 국가 지도자들 중 일부가 사회의 패망을 초래할 수밖에 없는 화석화된 사회주의-평등주의-좌파 이념과 사상에 매몰되고 과학기술의 지식이 너무나 미비했던 탓에 대한민국을 퇴보시키고 발전을 가로막는 일들이 있었습니다. 그래서 대통령의 지적 역량과 지식 소양은 매우 중요합니다.

요약하면 대한민국 대통령이 갖추어야 할 세 가지 요소는 자유와 풍요를 핵심 원리로 하는 정치경제 사상 그리고 이를 정책으로 구현할 강한 의지와 실행력과 비판적 지성 역량과 지식 소양이 되겠습니다. 감히 말씀드리건대 저 최대집은 이 세 가지가 이미 준비돼 있는 사람입니다.

거듭 말씀드리건대 이번 대선에서 문재인 정권은 반드시 참패하고 정권은 교체될 것입니다. 그런데 누가 교체된 정권을 떠맡을 것인가 하는 문제가 중요합니다. 저는 철저한 자유민주주의자로서 정권 교체의 주역이 되어 사회주의 이념 세력과 종북 주사파-부패 운동권 세력들과의 전쟁에서 반드시 승리할 것입니다. 그래서 대한민국 정치가 대한민국 건국을 긍정하고 자유민주주의에 대한 확고한 신념을 지닌 세력들 간의 선의善意의 경쟁의 장이 되도록 만들겠습니다.

이번 대선 이후에 차기 정권이 담당할 가장 시급하고 중요한 국가적 과제는 코로나19 극복입니다. 향후 수년간 완전 종식이 불가능할 코로나19에 대한 우리의 목표는 코로나19를 통제 가능한 수준으로 관리하면서 우리 사회의 경제적 활동을 포함한 필수적 활동들을 정상화하는 것이어야 합니다. 이 목표는 철저하게 의학과 과학에 근거해야 하는 한편, 국민의 기본권 또한 보장해야 하는 것으로 매우 정교한 방역 대책과 치료 대책에 의해 달성이 가능합니다. 저는 최근의 대한의사협회 회장으로서 코로나19 국가 비상사태의 중심에 서서 이 문제에 가장 효과적인 대응을 위해 적실適實한 정책 대안들을 거듭해서 내놓은 바 있습니다. 차기 대선 후보 중에서 과연 누가 이런 어렵고도 중대한 과제를 제대로 수행해 낼 수 있겠습니까? 이러한 과업의 최적임자가 바로 저 최대집이라고 확신을 갖고 말씀드릴 수 있습니다.

그리고 사회 기강을 단호하게 확립하겠다는 것도 말씀드립니다. 저는 20대 대통령에 당선되면 취임 즉시, 현재 사형 선고를 받고 미집행 상태로 있는 61명의 사형수 전원을 즉각 사형 집행할 것입니다. 국민들의 민생을 침해하는 범죄에 대해서는 절대로 용서하지 않겠습니다. 공권력의 방치 속에서 국민 생활에 치명적 피해를 주고 있는, 우리 일상에 깊이 침투한 보이스 피싱 등 사이버 범죄와 사기 범죄들, 학교 폭력, 지역 토착형 조직폭력배 등 이런 범죄자들을 반드시 법정 최고형으로 단죄하고 그들로 하여금 피해 배상토록 할 것입니다. 촉법 소년 등 형사미성년자의 연령도 과감하게 하향하여 잔혹한 범죄 행위를 저지르는 자들은 이 땅에 설 자리가 없다는 것을 분명히 보여 주도록 하겠습니다. 정치 파업을 일삼고 법을 유린하고 오로지 자기들만 잘 먹고 잘 살면 그만이라는, 사실상 치외 법권 지대에 살고 있는 일부 강성 노조 세력들 역시 발본색원하여 철저하게 단죄하고 그 뿌리를 뽑아 버리도록 하겠습니다. 우리 사회는 언제부터인가 범죄 피해자 보호에는 소홀하고 가해자 인권을 더 소중한 것처럼 여기는 분위기가 만연해 있습니다. 사회의 기강과 질서를 확실하게 다잡아 정말 정직하고 성실한 국민들이 안심하고 잘살 수 있는 사회를 만들겠습니다.

또한 세금을 과감하게 깎고 불필요하고 과도한 일부 세금은 없애도록 하겠습니다. 국민에게 부과하는 세금 정책은 근본적 개혁이 필요합니다.

문재인 정권은 국민의 헌법적 권리인 국민의 재산권을 근본으로부터 부정하고 심각하게 침해했습니다. 문재인 대통령과 그 종북 주사파 운동권 세력들은 도무지 자유 사회에서 개인의 사유 재산권에 대한 기초적인 개념조차 지니지 못한 사람들인 것 같습니다. 감당할 수 없을 만큼 급격히 올린 세금들이 사실상 국민들의 사유 재산을 국가가 강탈하는 수준까지 왔습니다. 문재인 정권의 흉악한 가렴주구苛斂誅求 세상을 끝내도록 하겠습니다.

문재인 정권 실정失政의 구체적인 예로, 이 정부가 국민들에게 커다란 고통을 안긴 정책은 최저 임금의 급격한 인상이었습니다. 사업체로서 재무 구조가 극히 취약한 영세 자영업자, 소상공인, 소기업, 중소기업들이 회복할 수 없는 피해를 입었을 뿐 아니라 역설적으로 저임금·미숙련 근로자들 또한 무수히 일자리 자체를 잃어버렸습니다. 결국 폐업과 파산으로 내몰린 자영업자들, 실업자로 길거리로 내몰린 근로자들 일부는 자살의 막다른 길로 내몰리고 있습니다. 이는 즉각적인 정책 개선이 필요한 문제로, 저는 최대한 빨리 최저 임금 제도의 개혁을 단행하여 일자리를 복원하고 자영업자와 소상공인과 근로자들이 살 길을 마련하도록 하겠습니다.

기업의 자유는 자유시장 경제 제도에서 매우 긴요합니다. 일자리는 정부가 만들 수 없습니다. 일자리는 기업인들이 만듭니다. 창의적인 기업인들이 도전하고 활약할 수 있는 경제 질서와 환경을 만들어야 하겠습니다. 1만 명의 고용을 창출하는 기업인 500명이 등장한다면 500만개의 일자리가 만들어지는 것입니다. 일자리는 그렇게 만들어지는 것이고 그렇게 만들어져야 합니다.

현재 이 나라는 가족을 위해 주택이 필요한 사람들이 수도권에서 평생토록 주택을 구입할 희망이 사라진 나라가 돼 버렸습니다. 문재인 정권에서 부동산에 가해진 각종 규제들부터 모두 걷어내고 폐기토록 하겠습니다. 부동산 시장의 자생적 시장 질서를 중심으로 한, 정부의 제한된 정책 수단으로 주택 실수요자들의 문제를 해결할 것이며 다주택자들을 범죄자 취급하는 각종 규제 정책들도 폐지하도록 하겠습니다. 내 집 마련의 꿈을 꿀 수 있는, 그리고 그 꿈이 노력하면 반드시 이루어지는 세상을 창출해 내겠습니다.

국가 에너지 정책은 백년대계입니다. 문재인 정권은 과학적 근거를 무시하고 고의로 원전 전문가, 과학자들을 배제하며 심지어 자료조작까지 하면서 탈원전 정책을 강행하고 비효율적인 태양광과 풍력의 신재생 에너지 정책을 무리하게 밀어붙이는 등 국가 에너지 정책을 망가뜨리며 국가 발전의 동력을 심각하게 훼손하고 있습니다. 비리의 온상이 되고 있는 이런 신재생 에너지 관련 당사자들에게는 엄중한 법적 책임을 물을 것입니다. 기존 원전의 수명 연장, 신규 원

전 건설, 안전한 원자력 사용을 위한 동아시아 협력 체계 구축 등 원전 정책을 합리적으로 복원할 것이고 태양광·수소 등의 신재생 에너지 정책은 비용 효과성을 확실히 따져서 착실히 육성해 나가도록 하겠습니다.

이제 안보 문제에 대해 말씀드리겠습니다.

국가 안보와 외교 문제는 우리 삶의 터전인 대한민국의 소멸을 가져올 만큼 중요한 문제임에도 불구하고 국민적 관심사에서 한발 물러나 있는 것이 현실입니다. 그러나 우리 앞에 놓인 안보 위기와 외교 위기는 건국 이래 최대의 위기라고 할 만큼 심각합니다.

북한 김정은 체제는 북핵을 폐기할 생각은 전혀 없이, 핵무기를 계속 증강시키고 그 투발 수단인 중장거리 탄도미사일, 대륙간 탄도미사일 기술까지 사실상 개발 완료 단계에 이르렀습니다. 북한 인권 문제는 전혀 개선의 기미 없이 북한 동포들은 기본적 인권을 유린당하며 자의적 체포와 구금, 학대와 고문, 살해에 노출되어 있습니다. 문재인 정권은 북한 인권 개선 노력은 전혀 없이 되레 김정은을 칭찬하고 김정은 체제의 안전을 위해 그들의 입장을 국제 사회에 대변하기 위해 동분서주하고 있습니다. 미국과의 동맹 관계는 심각하게 훼손되었으며, 일본과의 우호 협력 관계는 파국으로 치달아 역대 최악의 상황입니다. 미국과의 동맹 관계를 복원하고 일본과의 우호 협력 관계를 되살려야 합니다. 중국과도 일방적인 사대事大 외교를 할 것이 아니라 주권 국가로서 대등한 상호 호혜의 원칙하에 우호 협력 관계를 발전시켜 나아가야 합니다.

북한에 대해서는 대북 정책 신4원칙을 제시합니다. 대통령은 자유민주적 기본 질서에 입각한 평화적 남북통일을 위해 노력해야 할 헌법적 의무가 있습니다. 대북 정책 신4원칙은 남북 간의 자유민주적 기본 질서에 입각한 평화 통일을 가져오는 첩경으로 생각합니다. 그것은 다음과 같습니다.

1. 일체의 대남 도발 불관용의 원칙입니다. 즉, 도발 시 도발 원점과 지원 세력까지 초토화, 추가 대응 도발 시 전면전을 불사한, 도발 최종 책임 세력까지 응징하는 것입니다.
2. 북한 인권 실질적 개선 원칙입니다. 국제 사회와의 공조를 통해 국제 사회에서 통용되는 보편적 기준의 인권 수준으로 북한 주민의 인권을 향상시켜야 합니다.
3. 북핵과 대량살상무기 폐기의 원칙입니다.
4. 북한 체제 내부 사태에 대한 일체의 불간섭 원칙입니다. 불간섭의 핵심은 대북 인도적 지원을 포함한 일체의 지원과 일체의 교류 협력을 중단하는 것입니다.

마지막으로 공공 개혁 문제를 말씀드리겠습니다.

공무원은 국가 기능상 꼭 필요한 존재이지만 필요 최소한의 원칙을 준수해야 합니다. 공무원은 국민의 혈세로 평생 보수를 주어야 하고 그 역할의 본성은 규제입니다. 문재인 정권은 이러한 공무원 수를 임기 중 17만 명 늘리겠다는 또 하나의 사회주의적 정책을 내놓았고 4년이 지난 지금, 10만 명 이상의 공무원이 실제 늘었습니다. 공무원이나 다름없는 공기업과 공공기관의 직원도 문재인 정부 4년간 10만 명 넘게 늘어났습니다.

전체 공무원 숫자가 120만 명에 달합니다. 또한 공무원이나 다름없는 공공기관과 공기업의 직원 수도 40만 명을 넘어서 있습니다. 공무원의 수를 대폭 줄여서 이들로 말미암아 행해지는 규제를 과감하게 줄여야 하겠습니다. 필수적인 것을 제외한 다수의 공공기관과 공기업은 없애거나 민영화해야 하겠습니다. 필수적 공기업 역시 방만하고 나태한 경영으로 국민 세금을 축내지 않도록 민간 기업들처럼 경쟁 시스템을 도입하여 자립 가능한 경영 상태를 만들겠습니다.

관존민비官尊民卑의 오랜 악습惡習, 국민을 노비奴婢 취급하고 군림하려는 일선 말단 공무원부터 최고위 공무원들까지, 이제부터 공무원은 더 이상 국민들을 노비와 무지렁이 취급을 해서는 안 되며 민생 향상을 위해 헌신 봉사하는 직군으로 거듭나도록 해야 합니다.

저는 오늘 20대 대통령 선거 출마를 선언하면서 대선 전쟁에 임하는 각오와 대한민국이 나아가야 할 큰 방향에 대한 총론적 생각을 말씀드렸습니다. 저는 나라를 사랑하는 뜨거운 마음으로, 국가 개혁의 대수술을 통한 과업들을 대한민국을 위해, 죽어도 우리 국민을 위해 쟁취爭取해 내겠다는 각오를 국민 여러분께 말씀드립니다.

감사합니다.

2021년 7월 8일

최대집崔大集

나는 최대집

발행일 2021년 10월 12일 초판 1쇄

지은이 최대집
기획 플로우북스
책임편집 박지영
발행인 김용성
발행처 지우출판

주소 서울시 동대문구 휘경로 2길 3, 4층
전화 (02) 962-9154
팩스 (02) 962-9156
이메일 lawnbook@naver.com
등록 2003년 8월 19일(신고 제9-118)

ISBN 978-89-91622-84-5 (03340)